"삼보는 단순한 스포츠가 아니라 생활 철학이다. 삼보는 완벽함을 위한 열망과 긴장감, 반응에 대한 민첩성과 실행력, 용기 그리고 상황 파악의 정확성을 의미한다."

블라디미르 푸틴

지은이 셰스타코프 바실리 보리소비치

소련 체육인, 교육학 박사, 러시아 명예 코치. 러시아 연방 명예 스포츠체육인
2009년부터 국제삼보연맹의 회장으로 추대
유도 방법론에 대한 내용을 다루는 『블라디미르 푸틴과 함께 유도를 배우다』
『유소년-청년을 위한 유도 이론과 방법론』, 『유도 이론과 실제』의 공동 저자. 『유럽 스포츠 정치』 시리즈 저자.
조국 공헌 2급 훈장 수훈, 몽골 훈장 '북극성' 수훈
러시아 연방 4대, 5대, 6대 국회의원

지은이 예레기나 스베틀라나 블라디미로브나

러시아 연방 체육인, 교육학 박사. 모스크바 명예 스포츠체육·문화인
60개 이상의 학술 논문 및 유소년 체육 및 인재 양성에 관한 논저 집필
학생들을 위한 유도 기본 자세 교육 등과 관련된 유도 교육과정과 지침서 연구를 위한 공동 저자 중 대표
스포츠체육 발전에 기여한 공로로 명예 마크가 수여됨

지은이 예멜리아넨코 효도르 블라디미로비치

세계 무대에서 뛰는 톱클래스 유도인, 삼보 명예 체육인
2002년 - 컴벳 삼보 챔피언(그리스)
2002년 - 컴벳 삼보 무제한급 챔피언(파나마)
2003년, 2004년, 2005년, 2006년 - 프라이드 FC 무제한급 챔피언
2005년 - 컴벳 삼보 챔피언(체코)
2008년 - 세계종합격투기연합 헤비급 챔피언
2009년 - 러시아 컴벳 삼보 챔피언십 우승
조국 공헌 2급 훈장 수훈

옮긴이 사단법인 대한삼보연맹 (회장 문종금)

2002년 11월 국내 최초의 삼보 전문도장 개관
2004년 9월 대한삼보연맹 창설
       12월 제1회 대한삼보연맹 회장배 전국 삼보선수권대회
       현재까지 5회 대한삼보연맹 회장배 전국선수대회 개최
2005년 8월 제1회 전국 삼보선수권대회 겸 국가대표 선발전
       현재까지 10회 전국 삼보선수권대회를 개최
2013년 5월 아시아삼보선수권대회 개최
2014년 9월 서울 세계 삼보 청소년선수권대회 개최
2018년 삼보 선수권대회에서 한국 삼보선수들이 다수의 메달 획득
2019년 11월 세계삼보선수권대회 유치(서울)

삼 보
승리의 과학

삼보선수 양성을 위한 교육 이론 및 방법론

지은이　바실리 셰스타코프
　　　　스베틀라나 예레기나
　　　　효도르 예멜리아넨코

뿌쉬낀하우스

목차

발간의 글	06
추천의 글	08
축하의 글	09
대한민국과 삼보	14
삼보선수에게 드리는 조언의 글	18
머리말	23

1장 삼보의 일반적 특성 ······ 27
  1.1 러시아에서 삼보가 발전하게 된 조건 ······ 28
  1.2 러시아와 해외에서의 삼보 발전 단계 ······ 39
  1.3 삼보의 대중화 ······ 50
  1.4 삼보선수들의 기술 훈련 ······ 53
    1.4.1 메치기 기술 배우기 ······ 55
    1.4.2 굳히기 기술 배우기 ······ 76
    1.4.3 통증기술 배우기 ······ 84
    1.4.4 삼보선수의 기술 훈련 ······ 102
  1.5 훈련 및 경기 전술 적용 ······ 105
  1.6 삼보선수의 몸에 미치는 신체 훈련의 영향 ······ 110
    1.6.1 힘을 키우는 훈련 방법 ······ 112
    1.6.2 속도 훈련 방법 ······ 120
    1.6.3 지구력 개발 방법 ······ 126
    1.6.4 조절 능력 훈련 방법 ······ 130
    1.6.5 유연성 개발 방법 ······ 135
  1.7 삼보 훈련 체계에서 인성 교육과 정신 훈련 ······ 138
  1장 결론 ······ 144

2장 삼보선수를 위한 다년 훈련의 기본 원칙들 · 149
2.1 훈련 시설과 운동 장비 · 150
2.2 교육-훈련 과정의 조직 · 152
2.2.1 다년 훈련 모델 · 153
2.2.2 훈련의 수단과 도구, 종류 · 155
2.2.3 다년 훈련 체계 구성 원칙 · 167
2.2.4 훈련 수준 컨트롤 · 177
2.3 경쟁적 활동 및 스포츠 경기의 체계 · 180
2.3.1 삼보선수의 경기 중 활동의 효율성 판단 기준 · 180
2.3.2 삼보 경기 체계(일정) · 182
2.3.3 경기 조직 · 186
2.3.4 심판의 기본 · 191
2장 결론 · 198

3장 응용 스포츠 훈련 시스템(컴벳 삼보) · 203
3.1 컴벳 삼보의 기본 기술 · 204
3.2 전술적 훈련 · 212
3.3 신체 훈련 · 213
3.4 심리적 훈련 · 214
3.5 훈련 과정의 조직 · 216
3.6 스포츠 커리어 모델링 · 220
3장 결론 · 224

결론 · 227

용어 · 231
참고문헌 · 235
부록 · 239

발간의 글

바실리 셰스타코프
(국제삼보연맹 회장)

존경하는 독자 여러분!

최근 세계는 2018년 평창 동계올림픽에 열광했습니다. 많은 이들이 자국의 선수들을 응원했고, 유치국인 한국은 특히 빙상종목, 쇼트트랙 경기에 큰 관심을 보였습니다.

스포츠에 많은 관심을 가지고 있는 한국에서 『삼보: 승리의 과학』을 출판하게 되어 매우 기쁩니다. 러시아에서 출발한 스포츠 삼보는 이미 많은 국가들에 보급되어 주요 스포츠 종목의 반열에 포함되어 육성되고 있습니다. 삼보는 단순히 스포츠가 아니라 인격을 가꾸는 도구이기도 합니다. 삼보인은 육체와 정신이 강인한 사람입니다. 삼보는 남녀노소 누구나 즐길 수 있는 운동입니다.

세계적인 명성을 가진 삼보선수들이 배출되는 등 한국에서 삼보는 성공적인 발전을 이룩해 내고 있습니다. 2009년 한국선수 최초로 국제 대회에서 메달을 획득한 김광섭 선수(68kg, 동메달), 2015년 세계선수권대회에서 은메달을 수상한 이상수 선수(+100kg), 2017년 한국선수 최초로 세계챔피언 타이틀을 거머쥔 고석현 선수(82kg) 등이 한국 삼보의 성장을 드러냈습니다. 또한 2018년 세계 랭킹에 전영준(100kg), 어선경(74kg) 선수 등이 상위권에 진입하여 두터워진 한국 선수층을 보여주었습니다.

많은 젊은 선수들이 스포츠뿐 아니라 인생 롤모델로 삼는 효도르 예멜리아넨코 삼보 홍보대사가 이 책의 공동 저자이기도 합니다. 세계 각국은 언어는 달라도 삼보를 통해 하나의 스포츠 가족을 구성하고 있습니다. 삼보는 운동의 언어, 우정의 언어, 상호이해의 언어입니다.

이 책을 통해 한국 청소년들이 삼보를 시작하게 되는 계기를 얻었으면 합니다. 삼보를 적극 추천합니다!

추천의 글

야마시타 야스히로
(유도 올림픽 금메달리스트, JOC 차기 회장)

제 친구들인 바실리 세스타코프, 스베틀라나 예레기나 그리고 효도르 예멜리아넨코가 저자로 참여한 삼보에 관한 이 책의 출판을 진심으로 축하드립니다. 이 훌륭한 책에는 무술로서 삼보에 관한 모든 것이 담겨 있습니다.

저도 한때 삼보를 배웠습니다. 제가 현역 유도선수였던 시절 러시아의 경쟁자들을 이기기 위하여 삼보를 공부했던 것입니다 (사실 삼보는 어느 정도는 유도에 기반하고 있습니다). 이후 저는 삼보의 역동적인 메치기와 누운 자세로 싸울 때 상대방을 제어하는 다양한 기술에 깊은 인상을 받았습니다.

삼보는 아나톨리 하를람피예프가 스포츠로 만들었습니다. 그는 구 소련 전역의 여러 공화국들의 무술을 하나로 통일시키면서 삼보로 발전시켰습니다. 하를람피예프는 바실리 오세프코프의 영향을 받았습니다. 오세프코프는 1911년 유도를 배우기 위해 도쿄의 코도칸 유도학원에 등록했고, 그곳에서 2단을 땄습니다. 블라디보스토크로 돌아온 오세프코프는 유도학원을 차리고 학생들에게 유도를 가르치기 시작했습니다. 그렇기 때문에 삼보는 부분적으로 유도에 기반을 두고 있다고 볼 수 있으며, 개인적으로는 이 스포츠가 전 세계에 전파되어 가는 것을 보면서 기쁨을 느낍니다.

삼보는 러시아 전역에 흩어져 있는 다양한 무술의 장점을 결합하며 러시아 내 여러 민족을 하나로 묶는 신체의 '언어'로서 기능해 왔습니다. 또한 삼보는 유도정신 또는 '개인과 전체의 상호 발전'이라는 것을 공유하고 있습니다. 삼보는 스포츠 또는 무술로서 정체성을 나타냄으로써 많은 분야에서 국제 교류를 촉진했습니다. 삼보가 앞으로도 인류의 우정을 굳건히 하고 평화를 창출하는데 있어 소중한 역할을 계속하기를 바랍니다.

축하의 글

손경식
(CJ그룹 회장, 제43회 세계삼보선수권대회 대회장)

러시아에서는 삼보창설 80주년을 맞아 2018년을 국가적으로 '삼보의 해'로 지정하여 기념대회를 개최한 것으로 알고 있습니다. 한국에서는 2003년 대한삼보연맹이 창립되면서 본격적으로 도입 된 지 아직 20년이 되지 않았음에도 불구하고 제43회 세계선수권대회를 서울에서 개최할 정도로 장족의 발전을 이루었으며, 이것은 크게 축하할 일입니다.

몇 년 전까지만 해도 국민들에게 삼보가 낯설게 느껴졌지만 2018년 아시안게임에 이어 올림픽에도 진입함으로서 국민들의 관심이 높아지고 선수층도 두터워지고 있어서 이제 한국 삼보가 한 단계 도약할 시점에 진입했다고 전문가들이 평가하고 있습니다.

일반인들이 흥미롭게 읽을 수 있고, 선수들에게는 훈련의 지침 역할을 할 수 있는 기본서의 필요성이 대두되고 있는 차에 삼보이론과 실제에 있어 뛰어난 전문가 3명이 저술한 저서가 국내에서 출판되게 된 것은 매우 뜻깊은 일입니다.

삼보의 기본과 정수를 다룬 이 책자가 많은 사람들로부터 사랑을 받아 한국에 삼보를 널리 보급하고 실력을 높이는데 크게 기여하게 되기를 기원합니다.

2002년 대한삼보연맹을 창립하여 지금까지 이끌어 온 문종금 회장이 바쁜 시간을 할애하여 번역서를 발간하게 된 데 대해 감사드립니다. 그리고 편집과 출판을 맡아주신 뿌쉬낀하우스 김선명 원장님과 직원들의 노고를 치하합니다.

축하의 글

구자열
(LS 그룹 회장, 제43회 세계삼보선수권대회 공동 조직위원장)

러시아의 국기인 삼보가 2018년 아시안게임 정식 종목 채택에 이어 올림픽 예비종목에도 진입함으로써 이제 러시아와 독립국가연합(CIS) 범위를 넘어 인류의 생활 스포츠로 자리잡아 가고 있습니다.

1990년 한-러 수교와 함께 도입된 삼보가 그간 국내에서 많이 전파되고 매년 주요 국제대회에서 우리 선수들이 많은 메달을 획득할 정도로 실력이 향상된 것은 매우 고무적인 일입니다. 이제 우리나라 삼보 선수들과 지도자들은 체계적인 훈련을 통해 세계 수준으로 성장해야 하는 과제를 안고 있습니다.

본인의 오랜 친구로서 두터운 우정을 나누고 있는 바실리 셰스타코프 국제삼보연맹 회장 등 러시아 내 최고 전문가 3명이 공동으로 저술한『삼보: 승리의 과학』이 한국어로 출판된 것을 진심으로 환영합니다.

이 책은 삼보의 역사를 쉽게 기술하여 일반인들이 재미있게 읽을 수 있고, 기본이론을 체계적으로 제시하고 있어서 지도자들과 선수들에게는 훈련을 위한 매뉴얼로 유용하게 활용될 것입니다. 이 책의 출간과 더불어 삼보가 올림픽 정식종목으로 발전하고, 올림픽에서 한국의 남녀 선수들이 메달을 획득하는 날이 곧 오길 기대합니다.

한국 삼보발전을 위해 노력해 오면서 이 책을 펴낸 문종금 대한삼보연맹 회장과 옥동자의 분만을 위해 음양으로 도움을 제공한 모든 분들에게 고마움을 표시합니다.

축하의 글

박선경
(용인대학교 총장, 제43회 세계삼보선수권대회 공동 조직위원장)

20세기 초, 러시아 전통 씨름과 중앙아시아, 몽골, 일본, 중국의 무술과 격투기의 장점을 원용하여 체계를 잡은 삼보는 누구에게나 익숙한 무술이면서도 러시아의 정신이 담겨져 있습니다.

대학시절 소련 삼보선수권대회 챔피언 출신인 블라디미르 푸틴 대통령은 "삼보를 부단히 연마하면 정신과 체력이 완전한 경지에 도달할 수 있다"고 했습니다. 스포츠는 정신과 체력 단련뿐만 아니라 세계무대에서 우애를 다지고 소통을 원활히 하는 역할을 합니다.

삼보는 러시아를 비롯한 독립국가연합(CIS) 및 중앙아시아와의 교류를 촉진시키고, 국민들의 시각을 넓히는 데에 기여할 것입니다. 그리고 우리 문화와 스포츠 역량을 세계에 널리 알리는 또 다른 채널 역할을 할 것으로 기대됩니다.

이제 삼보가 올림픽 정규종목 진입을 눈앞에 두고 있으면서 국민적 관심이 높아지고 있는 가운데 세계 최고 권위자들이 공동 집필한 『삼보: 승리의 과학』이 한국 독자들에게 선보이게 된 것을 축하드립니다.

용인대학교는 이미 삼보 과정을 정규 교과로 편성하고 있으며, 2021년부터는 전공을 개설하여 우수 선수와 지도자 양성에 앞장설 계획입니다. 이 책이 앞으로 삼보를 수련하는 지도자와 학생들로부터 널리 사랑받기를 기대합니다.

대한삼보연맹 문종금 회장님, 뿌쉬낀하우스 김선명 원장님 등 이 책이 한국에서 발간되기까지 수고해 주신 모든 분들께 깊이 감사드립니다.

축하의 글

문성천
(재)세화문화재단 이사장, 세계삼보선수권대회 공동조직위원장

러시아의 대표적인 고유 무술인 삼보, 우리에겐 다소 생소한 종목처럼 여겨지지만 동유럽과 중앙아시아를 중심으로 인기를 독차지하고 있는 대중 스포츠입니다.

지난 18여 년 전부터 우리 한국에 보급되기 시작한 삼보는 유도, 레슬링, 권투, 민속 씨름 등의 장점을 고루 갖춘 현대화된 러시아의 고유무술로 그 가치를 높이 평가받고 있습니다.

근래에 삼보 스포츠에 대한 관심이 높아지면서 전국 지역마다 삼보체육도관이 증가하고 있고 참여 동호인도 꾸준히 늘어나고 있습니다. 이러한 결과는 그간 문종금 대한삼보연맹 회장님과 지도자, 회원 모두가 한마음으로 삼보 보급에 헌신해 오신 값진 열매가 아닌가 생각합니다.

아울러, 바실리 셰스타코프, 효도르 예멜리아넨코, 스베틀라나 예레기나님이 공동으로 저술한 『삼보: 승리의 과학』의 한글본이 2019년 서울 세계삼보선수권대회의 개최와 더불어 출간하게 됨을 진심으로 축하드립니다. 이번 출간은 지난 29년간 한국과 러시아가 맺어온 수교를 바탕으로 삼보 스포츠의 발전뿐만 아니라 양국의 우호증진과 교류 확대에도 큰 기폭제가 될 것으로 기대합니다.

교육 측면에서는 스포츠 삼보와 컴벳 삼보에 대한 전문기술과 체계적인 지도방법 등의 실천을 통해 한국의 삼보를 한 단계 성숙시키는 큰 발판이 될 것으로 믿어 의심치 않습니다.

이 도서의 출간에 수고하신 세 분의 저자님들과 문종금 대한삼보연맹 회장님, 뿌쉬낀하우스 김선명 원장님께 감사드립니다.

축하의 글

문종금
(대한삼보연맹 회장)

러시아의 전통무술이자 국기인 삼보는 무기를 사용하지 않는 맨손 호신술로 널리 알려져 있습니다. 삼보는 세계 110여 개국에서 국민건강을 유지하고 증진시키는 생활스포츠로 널리 보급되어 큰 사랑을 받고 있습니다. 연중 활발하게 열리고 있는 각종 삼보경기는 국가 간의 친선과 교류 활성화라는 든든한 촉매제 역할도 수행하고 있습니다.

21세기에는 스포츠가 빛을 더욱 발하고 있습니다. 삼보는 자신을 보호하며 상대를 존중하는 가장 혁신적인 스포츠로 심신을 수양하고 단련하며 때로는 짧고 격렬하게, 때로는 자신을 보호하는 최정예 무술로 그 가치를 높여가고 있습니다. 비록 한국에 보급된 연륜은 짧지만 전국삼보선수권대회, 세계 청소년선수권대회 그리고 2019년 세계 100여 개국 이상이 참가하는 세계삼보선수권대회까지 치를 만큼 한국의 삼보는 성장과 발전을 거듭하고 있습니다.

삼보는 2018년 자카르타 아시안게임의 정식종목에 이어 국제올림픽위원회(IOC)의 예비종목으로 선정되었습니다. 이제 우리는 삼보의 종주국인 러시아의 경기기술을 접목시키고 한국 선수 특유의 정신력을 가미하는 다양한 기술을 연마하고 습득해야 될 때입니다. 이러한 때에 『삼보: 승리의 과학』의 출간은 가뭄으로 메마른 대지를 촉촉이 적시는 단비처럼 한국의 삼보를 한 단계 성숙시키고 발전을 견인하는 값진 종합지침서가 될 것으로 확신합니다.

그간 많은 삼보가족이 기다려 온 『삼보: 승리의 과학』 출간을 진심으로 축하드리며, 한국 출판에 적극적 지원을 아끼지 않은 바실리 셰스타코프, 스베틀라나 예레기나, 효도르 예멜리아넨코 세 분의 저자들에게 깊은 감사를 드립니다.

대한민국과 삼보

삼보는 세계적으로 급성장하는 스포츠 종목이다. 피트니스 삼보, 비치 삼보, 장애인 삼보, 데모 삼보, 대학 삼보, 학생 삼보 등 각자 자신에게 알맞은 삼보를 접할 수 있다.

삼보 대회는 스포츠 삼보(남녀)와 컴뱃 삼보로 구성되어 있다. 연령대는 카데트부(만 15~16세)부터 마스터부(만 35세 이상)까지 다양하다.

국제삼보연맹(FIAS)이 세계 삼보 발전을 지원하며 대한민국 내 삼보 발전은 대한삼보연맹이 수행하고 있다.

삼보는 2003년 현 대한삼보연맹 문종금 회장에 의해 한국에 도입되어 유도, MMA와 같은 격투기선수들이 배우기 시작했고, 2006년에 대한삼보연맹이 결성되었다. 현재 서울, 경기, 전남, 전북, 인천, 대구, 부산, 울산, 경주, 군산 등에서 지역 지부들이 활동 중이다. 구리시는 대한민국에서 첫 삼보 세미나를 개최한 장소로 대한민국 삼보 역사에 이름을 남겼다.

한국에서 가장 유명한 삼보선수는 이상수 선수(컴뱃 삼보, +100kg)로 2015년 세계대회에서 은메달을 수상했으며 2014년부터 2016년까지 3년 동안 하를람피예프 월드컵 대회(삼보 창시자인 아나톨리 하를람피예프를 기리고자 매년 개최되고 있는 세계 대회)에서 매년 금메달을 차지했다.

삼보선수 교육의 구성

선수 훈련 체계는 다음과 같이 구성되어 있다 : 삼보선수 모델, 훈련 목표 및 과제, 훈련 내용 구성(도구 및 방식), 훈련 및 대회 빈도 결정, 훈련 형식(트레이닝, 스파링) 결정, 훈련 조건 결정, 선수 상태 체크 및 훈련 프로그램 수행 능력 평가 등.

컴뱃 삼보의 모델은 이상수 선수이다.

삼보선수 모델은 일반적으로 평준화된 기준이다. 예를 들어 각 체급별로 챔피언들과 수상자들의 신체 조건이 전형적인 신장과 체형이 될 수 있다. 전국 단위 또는 국제적 수준의 삼보선수의 기술 및 전략이 모델이 될 수도 있다. 모델은 다양하게 구상할 수 있으며 특정 선수를 이 표준과 비교해서 평가할 수 있다.

삼보선수 모델

삼보선수 모델을 활용하면 첫째로 선수가 대회 출전을 할 때 그 대회의 특징을 분석하여 대회 출전에 맞추어 알맞은 훈련 프로그램을 구상할 수 있게 해준다. 두 번째로는 특정 대회의 정보를 분석하여 선수 개인의 훈련 외에 팀 전체 훈련에 활용할 수 있다.

스포츠 삼보의 모델은 다음과 같은 대회 특징 및 요구사항을 고려해야 한다(국제적 수준의 삼보선수 기준). 즉, 뛰어난 삼보선수는 아래 능력을 갖추어야 한다.

- 여러 종류의 기술과 전략 구사
- 뛰어난 체력
- 풍부한 대회 참가 경력 및 탁월한 전술 판단력
- 어떤 상황에서도 유지되는 평정심(불리한 심판 판정, 긴장감)

삼보선수들의 훈련 목표 및 과제

훈련 계획의 중간 과제와 최종 목표는 선수의 나이, 실력 수준, 경력과 삼보의 특징 및 훈련 진행 방식을 고려해서 수립한다. 최종 목표는 장기적으로 설정되며(일반적으로 1년 이상) 기간이 비교적 짧은 중간 단계별로 과제들을 수립하여 순차적인 달성으로 최종 목표에 도달하는 구조로 계획 구상한다.

삼보선수가 초보에서 마스터가 되는데까지는 장기간에 걸친 훈련이 필요하며 10~15년 정도 소요된다.

삼보선수 훈련 구성

삼보 훈련의 목표와 과제가 설정되면 훈련 프로그램 구성을 고안한다. 필요한 지식, 능력, 기술을 파악하여 삼보의 기술과 전략을 체계화하고 분류한다. 이론과 훈련을 통해 축적한 경험을 토대로, 특히 신체 적응 능력을 고려하여 선수 상태를 점검하고 평가하면서 진행한다.

개인별로 특화된 훈련 과정에서 중요한 것은 과도한 훈련으로 인한 심신쇠약 증세를 미연에 방지하는 부분이다.

고석현 선수는 전술이 승리의 핵심이라고 말한다.

체계적인 삼보 훈련을 위해서는 훈련을 올바르게 조직하고 훈련 후 체력 회복을 잘 하는 것이 중요하다. 삼보선수들의 휴식은 능동적인 휴식(다른 활동으로 전환), 수동적인 휴식(움직임 부재)으로 구분할 수 있다. SNS를 하는 것을 잘 쉬는 거라고 생각하는 선수들이 있는데 잘못된 생각이다. 수동적인 휴식을 취하면 근육이 이완되어 있으므로 신경계와 함께 일정한 회복기를 필요로 한다. SNS를 통해 정보를 인지하게 되면 두뇌 휴식이 이루어지지 않기 때문에 이어서 훈련하는 데 방해가 된다.

삼보선수들에게 정신교육이 필요한 이유

심리교정의 도구와 방법은 주로 선수의 성격교정(또는 개선), 특수 능력 개발 및 심리상태 최적화를 목표로 한다. 이 도구들과 방법들은 통합 체계를 구성하여 정신교육이라고도 부른다. 정신교육은 일반교육(매일 훈련하는 과정에서 적용), 특수교육(대회 준비 기간에 적용)으로 구분된다.

일반 정신교육은 1. 훈련 동기 강화, 2. 훈련 과정에 대한 긍정적인 자세 형성, 3. 선수 장점의 강화, 약점의 보완, 4. 공격, 반격, 방어 기술에 있어 심리적 요소 형성, 5. 특수 운동 능력을 정의하는 심리적 특성 개발을 목적으로 한다.

특수정신교육은 중요한 대회를 앞두고 선수의 심리상태를 최적화하는 것이다. 대회에서 발생할 수 있는 상황에 대비, 대회 조건 적응 및 순발력 강화, 선수 개인적 특징의 부정적인 영향 제거(불안감, 분노조절장애, 과민성 등), 선수에게 적합한 사회적 가치 재고, 선수 및 팀의 심리적 지주 확보, 선수 성격, 성향의 장점 적극 활용 등 다양한 활동으로 특수정신교육을 진행한다.

    심리교정을 위한 도구와 방법을 선택하는데 있어 대회 기간 및 장소, 팀 분위기, 선수 개인적 특징 및 심리교정 진행자의 특성을 잘 고려해야 한다. 선수의 효과적인 심리교정을 위해 코치는 심리학자와의 상담을 통해 이성적으로 접근해야 한다.

삼보선수에게 이론교육이 필요한 이유

    삼보선수는 이론교육을 통해 삼보를 성공적으로 연마하기 위한 최소한의 기본적인 지식을 망라해야 한다.

    이론교육은 강의, 대화로만 진행하지 않고 실습에서도 병행한다. 이론수업의 구성은 체력, 기술, 의지력 훈련과 관련된 내용과 특히 대회와 심판 판정의 특성을 공부하는 내용으로 이뤄진다.

    한국 삼보는 계속 발전해 가고 있으며 한국 선수들이 세계적인 성과를 거두면서 삼보 역사에 이름을 남기고 있다.

삼보선수에게 드리는 조언의 글

김광섭

생년월일: 1981년 9월 3일

국적: 대한민국

삼보 경력: 10 년

종목: 스포츠 삼보

저는 삼보를 시작하기 전 유도 국가대표선수로 활동하였습니다. 삼보는 그라운드 기술과 발기술 등의 허용범위가 넓어서 실전격투에 가장 가까운 종목이라고 생각합니다. 그만큼 상하체 발란스가 중요한 삼보는 정신적, 신체적인 역량을 끌어올리기에 가장 적합한 스포츠입니다.

저는 2009년에 그리스에서 열린 세계삼보선수권대회에서 한국 최초로 삼보종목의 동메달을 획득했습니다.

이제 삼보는 우리 한국을 비롯하여 세계 110여 개국에 보급되어 각종 대회가 국내외에서 연중 활발하게 개최되고 있습니다. 삼보스포츠에 대한 세계인들의 관심이 높아지면서 각 대학교에서도 삼보전공학과 등의 개설이 확대되고 있고 삼보를 즐기는 동호인도 꾸준히 증가하고 있습니다.

삶의 질이 중요한 현실을 감안하면 삼보와 스포츠의 활성화는 미래의 건강을 견인하는 원동력이 될 것입니다. 또한 수시로 열리는 삼보대회 참가를 통해 세계인 화합과 평화분위기 조성에 크게 기여할 것을 믿어 의심치 않습니다.

컴벳 삼보를 갓 시작하는 선수들에게 조언드립니다. 다른 종목도 마찬가지겠

지만, 삼보는 무엇보다 기초체력의 육성이 매우 중요합니다. 그리고 내 자신을 믿고 설정된 목표를 향해 뚜벅뚜벅 변함없이 걸어 나갈 때 반드시 꿈은 이루어진다고 확신합니다.

이상수

생년월일: 1983년 4월 5일

국적: 대한민국

삼보 경력: 10년

종목: 컴벳 삼보

Q. 삼보를 시작하기 전?

A. 유도, 복싱, 킥복싱을 연마했습니다.

Q. 컴벳 삼보의 장점은?

A. 타격, 스탠딩, 그라운드를 종합적으로 다 할 수 있는 점이 컴벳 삼보의 장점이라고 생각합니다.

Q. 컴벳 삼보 전술의 핵심은?

A. 컴벳 삼보는 타격도 중요하나 점수를 따기 위해 던지는 기술이 매우 중요합니다. 그리고 강한 정신력이 필요합니다. 이것이 컴벳 삼보 전술의 핵심입니다.

Q. 누구에게 추천?

A. 생각보다 부상 위험이 적기 때문에 스트레스를 풀며 몸과 마음을 단련할 수 있어서 컴벳 삼보를 청소년들에게 추천합니다.

Q. 최초 수상경력은?

A. 처음으로 수상한 대회는 2008년 푸틴 대통령 배 삼보선수권대회이며 동메달을 획득했습니다.

Q. 경기에서 이기면 코치가 하는 말은?

A. 잘했다. 더 적극적으로 하면 더 잘할 수 있다.

Q. 경기에서 지면 코치가 하는 말은?

A. 다치지 않았냐? 다음에 더 잘하면 된다. 잘했다.

Q. 스포츠계에서 존경하는 인물은?

A. 효도르 예멜리아넨코.

Q. 삼보인 중 존경하는 인물은?

A. 효도르 예멜리아넨코.

Q. 컴벳 삼보를 시작하는 선수들에게 해 주고 싶은 말은?

A. 무서워하지 말고 항상 도전하라, 그리고 즐겨라.

고석현

생년월일: 1993년 9월 24일

국적: 대한민국

삼보 경력: 3 년

종목: 컴벳 삼보

Q. 삼보를 시작하기 전?

A. 전 유도와 종합격투기를 연마했습니다.

Q. 삼보는 어떤 운동인가?

A. 삼보는 실전 같은 운동이며 자기자신을 보호하는 운동입니다.

Q. 삼보 전술의 핵심은?

A. 유도를 베이스로 한 전술이 승리를 좌우하는데 이 전술이 큰 역할을 하며 타격 기술도 매우

중요합니다.

Q. 누구에게 추천?

A. 자기자신을 보호하는데 좋고, 건강뿐만 아니라 정신, 생각 수련을 하는 데에도 좋아 청소년뿐만 아니라 모든 사람들에게 삼보를 추천하고 싶습니다.

Q. 최초 수상경력은?

A. 처음으로 수상한 대회는 2017년 9월 컴벳선수권대회, 2017년 11월 소치 세계선수권대회이며 두 대회에서 1위를 기록했습니다.

Q. 경기에서 이기면 코치가 하는 말은?

A. 잘했어! 거 봐, 된다고 했잖아.

Q. 경기에서 지면 코치가 하는 말은?

A. 수고했어, 아직 기술적인 부분이 조금 부족하네. 조금 더 연습하고 훈련하자!

Q. 스포츠계에서 존경하는 인물은?

A. 김동현 선수(UFC)

Q. 삼보인 중 존경하는 인물은?

A. 장재희 선수(74kg)

Q. 컴벳 삼보를 시작하는 선수들에게 해주고 싶은 말은?

A. 정말 매력 있고 재미있는 운동이며 살면서 한 번쯤은 해봐야 하는 운동이다. 강추!

머리말

격투기 스포츠 종목인 삼보는 세계 대부분의 나라에 보급되어 발전하고 있다. 삼보를 하기 위해서는 일정한 체격 조건이 필요하며, 한편으로 삼보는 신체 조직에 커다란 영향을 준다. 삼보를 함으로써 다양한 연령대의 삼보인들의 성격 형성에 교육적인 영향을 미친다.

스포츠로서 삼보는 1930년대 후반 구 소련에서 만들어졌다. '삼보'라는 단어는 '맨손 호신술'(러시아어로 'SAMozaschita Bez Oruzhiya')이라는 단어 조합에서 파생되었다. 바실리 오세프코프와 빅토르 스피리도노프가 삼보를 창설했으며 아나톨리 하를람피에프가 기술을 체계화하고 용어를 정리했다.

스포츠 이론의 입장에서 삼보는 일반 스포츠와 다른 것이 없다.

삼보는 최초에 겨루기 형태로 만들어진 스포츠이다. 즉, 삼보는 격투기 스포츠이다.

스포츠의 필수 부분으로서 경기 규칙은 경쟁 형태에 따라서 구분되는데 삼보는 스포츠 삼보와 컴벳 삼보로 나뉘어져 있다.

삼보는 경쟁을 하여 메달을 따는 방식(체급별)으로 경기를 진행한다.

현재의 삼보선수 양성 훈련 체계는 삼보 이론 및 기술의 오랜 축적 과정에서 형성되었다.

현재 전 세계에서 삼보는 점점 인기가 높아지고 있어서 현대인의 사회 생활 전반의 한 요소가 되었다. 다양한 측면에서 개인의 조화로운 발전을 도와주는 삼보는 훈련에 참여하는 모든 사람들이 삼보 훈련을 하는 동안 모두가 빠짐없이 자신의 능력을 발휘할 수 있도록 만들어준다는 점에서 그것을 증명하고 있다. 모든 삼보인들은 자신을 표현하고 성취할 수 있는 기회를 갖게 된다. 한편, 삼보 훈련은 운동 능력의 향상(숙달도 향상)을 이룩하게 해주고 다른 한편으로는 생활의 실천, 즉 다양한 유형의 활동(훈련, 직업, 일상)을 할 준비 자세를 만들어준다.

책의 주요 자료들은 삼보선수이자 이론가이며 협회 조직에 참여하고 있는 바실리 오세프코프, 빅토르 스피리도노프, 아나톨리 하를람피예프, 예브게니 추마코프, 다비드 루드만, 일리야 시프로스키 등의 전문가들의 작업들을 인용했다. 교재로서 이 책은 다음과 같이 세 부분으로 나누어져 있다.

   1장. 삼보의 일반적 특성
   2장. 삼보선수를 위한 다년 훈련의 기본 원칙들
   3장. 응용 스포츠 훈련 시스템(컴벳 삼보)

1장
삼보의 일반적 특성

1.1. 러시아에서 삼보가 발전하게 된 조건

삼보는 세계 곳곳에 마니아들이 있는 국제적인 스포츠 종목이다. 삼보의 발전은 러시아에서 시작되었고, 이후 해외로 퍼져 나갔다.

넓은 의미에서 삼보의 설립과 발전은 두 가지 요소에 의해 영향을 받았다.

첫 번째 요소는 고대 러시아의 일대일 격투 경기이다. 러시아 민족의 격투기뿐만 아니라 다른 민족의 격투기들이 러시아 영토 내에서 다양한 형태의 일대일 격투기로 발전했고 삼보의 공격 기술 형성에 영향을 미쳤다.

두 번째 요소는 러시아 국가의 정치 발전과 다양한 역사적 사건의 영향과 관련이 있다. 삼보의 설립과 발전은 적군과 백군의 러시아 내전(1918-1920), 10월 혁명(1917), 2차 세계대전(1941-1945), 소련의 해체(1991) 등의 영향을 크게 받았다.

고대 러시아에서의 격투기의 발전

고대부터 러시아에는 다양한 유형의 격투기가 있었다. 이러한 일대일 격투기는 음악, 춤 또는 문학 작품과 달리 러시아 문화 유산 중 연구가 가장 부족한 분야이다. 고대 러시아의 무술은 다른 문화와 분리되어 논할 수 없다. 독창적인 일대일 격투기를 만든 대부분의 민족(예: 한국인, 일본인)은 기술적인 면뿐만 아니라 종교적, 철학적 및 역사적 발달 측면에서 스포츠의 발전 모습을 관찰했다. 여러 세대를 통해서 유지된 다양한 기능과 안정성을 가진 격투 체계는 새로운 세대의 문화적 지속성을 확립해 주며, 신체적, 정신적 수양을 위한 최선의 방법으로 성장하게 된다.

고대 러시아 격투기는 다른 나라의 격투기와는 별도로 독립적으로 발전했다. 힘, 민첩성 및 체력은 항상 러시아 국민이 높이 평가해 온 것이다. 고대 러시아에서는 민속적인 행사나 축제를 격투기로 마무리했다. 맨손으로 싸우는 격투기는 당시 전사를 훈련시키기 위해 중요한 것이었다.

고대 러시아 격투기는 일정한 규칙에 따라서 진행하는 일대일 싸움으로 상대방보다 우위를 점하는 것이 이 경기의 목적이다. 고대 러시아 격투기의 기술 동작은 상대방의 저항을 물리치기 위한 것이었고, 일상 생활에 적용할 수 있는 실용적인 기술이었으며, 용기, 자신감, 인내 및 기타 개인적 자질을 구축할 수 있는 기회를 제공해 주었다.

고대 러시아에서는 근위대가 왕자들을 보필했는데, 그들은 칼, 철퇴, 창 등으로 무장했으며 전쟁에도 직접 참여했다. 이런 부대를 드루지나(Druzhina)라고 불렀고, 이 부대는 '왕자의 부하'인 나이든 그룹과 젊은 그룹인 '몰로드샤야(molodshaya)'로 나누어져 있었다. 부대원인 '드루지니크(druzhinnik)'는 무기를 사용하는 기술뿐만 아니라 무기 없이 맨손으로 싸우는 기술도 배웠다.

힘과 용기는 러시아 국민들이 항상 높게 생각해온 것이었다. 러시아인들은 서사적인 영웅을 자랑스러워했고 국가를 지킨 장군들을 '보가티르(bogatyr)'라고 불렀으며, 그들의 업적은 브일리나(bylina)(러시아 구전 서사시)로 또는 전설과 노래로 칭송되어 왔다.

《르보프 연대기(Lvov Chronicle)》는 러시아의 서사적 영웅인 보가티르들의 전투 이야기로 당시의 격투기의 모습을 생생하게 보여준다. 993년 페체네기(Pechenegi, 우크라이나 하리코프 지역에 있었던 도시국가)의 왕자는 블라디미르 대공에게 보가티르들의 경기로 전투의 승자를 결정할 것을 제안하여 경기가 성사되었다. 페체네기 왕자 측의 선수는 거인처럼 큰 키와 힘을 가졌음에도 불구하고 블라디미르 대공의 러시아 선수에게 졌다. 강한 러시아 선수는 상대 선수를 두 팔로 번쩍 들어서 땅으로 내동댕이쳤다. 1022년 러시아 대공 미스티슬라프 체렘느이(M. Cheremniy)는 카소기(Kassogi, 러시아 남부에 살고 있는 아디게야인들의 조상이 만든 도시국가)의 거인 같은 왕자 레데야(Rededya)와 격투기를 겨루어서 이겼다.

고대 러시아에는 15세기 말까지 격투기로 분쟁을 해결하는 관습이 있었다. 법률상 판사의 결정에 만족하지 못하면 결투로 정의를 찾았다. 분쟁은 칼과 창으로 무장한 라이벌과의 결투로 해결했다.

1497년에 이반 3세(Ivan III)는 '수데브닉(Sudebnik)'이라는 법률을 발표했는데, 살인을 하면 죽음으로 처벌한다는 내용이었다. 즉, 이 법률에 따르면 결투를 하여서 죽음에 이르게 하면 안 되었다. 16세기 모스크바에는 '사법적 결투'를 개최할 수 있는 특별한 지역이 있었다. 그곳은 네글린카(Neglinka) 강 근처의 들판(성 삼위일체 성당 옆)이었다.

러시아의 민속 격투기에 '움켜잡지 않기'라는 것이 있었는데 사냥 격투기라고도 불렀다. 격투기가 진행되면 격투기선수는 한쪽 손으로 서로의 옷깃 또는 벨트를 잡고, 상대방의 한쪽 다리를 걸면서 땅으로 쓰러뜨리는 것이다. 격투기는 시골뿐만 아니라 도시에서도 성행했다(그림 1).

러시아 민족은 역사와 함께한 자신들의 격투기와 호신술의 기술들을 축적하고 잘 보존했고 세계 다른 나라의 일대일 격투기도 연구하면서 수비와 공격 체계를 보완했다.

그림 1. 시골의 격투기선수들(1839)
이그나티 셰드로비스키(I. Schedrovitsky)의 그림

러시아 내 다양한 민족의 격투기들

다양한 민족이 러시아의 영토에 거주하면서 자신 민족의 격투기의 전통을 보존하고 발전시켜 왔다.

각 민족의 격투기는 민족의 전통을 기반으로 이루어진 일대일 격투기 방식으로 발전했고, 이들 격투기의 명칭은 자신들이 쓰는 민족 언어에 따라 다르게 불렸다. 예를 들어 격투기는 조지아어로는 '치다오바(chidaoba)', 타지크어로는 '구쉬티(gushti)', 카자흐어로는 '쿠레스(kures)'라고 불렸다.

각 민족의 격투기는 특성에 따라 두 개의 그룹으로 나눌 수 있다.
1. 서서 하는 격투기(다리 동작과 허리 아래 잡기 불가, 다리 동작 및 허리 위 잡기 가능, 다리 동작 및 허리 아래 잡기 가능)
2. 서서도 하고 누워서도 하는 격투기(다리 동작 및 허리 아래 잡기 불가, 다리 동작 및 허리

위 잡기 가능, 서브미션 기술 사용)

예를 들어, 카자흐스탄의 쿠레스(Kures)는 다리 위 메치기가 주요 기술(특징 기술)로 옷을 잡는 것은 금지이며, 15분 동안 싸운다. 우즈벡의 쿠라쉬(Kurash)는 상당한 체력을 요구하는데 오른손으로 허리를 고정되게 잡고, 왼팔은 제재가 없으며, 상대방의 등을 바닥에 메쳐야 하고, 다리로 메치기는 허용되지 않고, 경기 시간은 무한정이다. 조지아 민족 격투기인 치다오바(Chidaoba)는 다리로 메치기 및 다양한 잡기를 사용하며 경기의 지속 시간은 5분이며, 한판(폴) 승리를 하지 못하면 선수는 절반만 승리한 것으로 한다. 타타르 민족의 격투기인 쿠리야시(Kuryash)는 양쪽 허리를 잡을 수 있다. 이기기 위해서는 상대방을 들어야 하고, 상대와 함께 떨어지거나, 상대방이 등으로 떨어지게 해야 한다.

이것 외에도 러시아에서는 다양한 민족의 다양한 격투기들이 널리 퍼져 있다. 몰다비아의 '트린테-드랴프테(Trynte-Dryapte)', 타지크 민족의 '구쉬티(Gushti)', 투르크멘의 '고레쉬(Goresh)', 아르메니아의 '코흐(Kokh)', 야쿠티아의 '하프사가이(Khapsagai)' 등 여러 가지가 있다.

세계인들의 민족 격투기

'프랑스' 격투기(그레코로만 레슬링) 또한 삼보 기술 형성에 영향을 주었다. 그레코로만 레슬링 선수는 공격기술의 일환으로 '브릿지'를 행한다. 브릿지를 사용하면 누워서 하는 격투의 굳히기 공격으로부터 성공적으로 벗어날 수 있다. 결합된 기술이 만들어지기도 했다. 그레코로만 레슬링에서 사용된 아치형 메치기(ura-nage)가 다리 동작과 함께 적용되기도 했다.

미국 레슬링(자유형)의 서서 싸우기 기술들은 삼보를 더욱 풍성하게 했다. 자유형 레슬링에서 잡기 기술을 적용하여 격투가 더 역동적으로 변했으며, 누워서 싸우기의 기술적 동작 요소도 강화되고 상대방을 뒤집는 기술도 추가 되었다.

1898년 배런 키스터(Barron M. Kister)는 《격투기(Combat)》라는 책을 집필하여 다양한 방법의 이론과 실습을 분석했다(그림 2). 저자는 원칙, 규칙, 관습, 기술 및 비밀 기법(트릭)으로 다양한 경기 방법을 설명했다.

일본에는 주짓수가 있다. 차르 정부는 1892년 22세의 히로세 다케오를 러시아에 초청했다.

그는 러시아 장교에게 1898년까지 6년간 주짓수 기술을 가르쳤다. 히로세 다케오의 이름은 코도칸(Kodokan) 학교의 가장 우수한 졸업생 명단에 올라 있으며, 그의 초상화는 당대 최고의 주짓수 고수들의 초상화들보다 더 특별한 위치에 있었다. 그는 러일 전쟁 당시 해상 전투에서 목숨을 잃었다.

러시아 민족의 특유한 격투기는 프랑스식 레슬링의 길을 열어 주었고, 프랑스식 레슬링이 러시아 전역에 퍼질 수 있도록 하는데 도움을 주었다. 각종 대회에서 러시아 선수들이 두각을 나타냈다. 1895년은 러시아에서 레슬링이 아마추어 스포츠로서 공식적으로 인정을 받은 해로 간주된다. 그 후 역도를 즐기던 그룹이 페테르부르크에서 프랑스 격투기 경기를 하기 시작했다. 경기는 페테르부르크의 의사 크래브스키(V. Kraevsky)에 의해 조직되었다. 젊은 사람들은 쉽게 '프랑스식' 레슬링을 배웠다.

1906년에는 어빙 핸콕(I. Hancock)과 카츠쿠마 히가시(Katsukuma Higashi)가 《완전한 카노(Complete Kano)》(영어판)를 출판하고 주짓수 보급에 힘을 썼다. 격투기 전문가들은 이 책에 큰 관심을 보였다(그림 3).

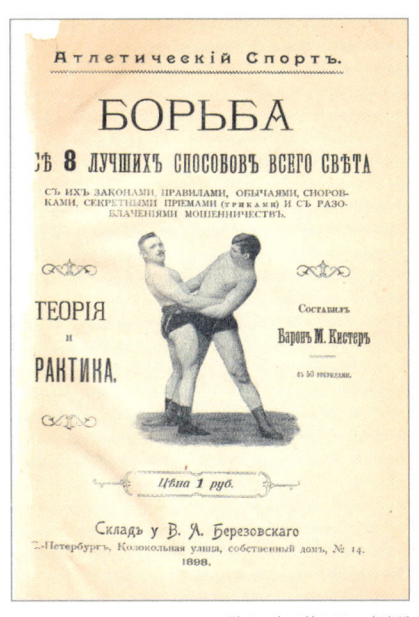

그림 2. 키스터(M. Kister)의 책

그림 3. 어빙 핸콕과 히가시의 책

블라디보스토크에서는 1914년 바실리 오셰프코프(코도칸 유도학교에서 배움)의 지도하에 사람들이 유도를 배우기 시작했다.

러시아에서 새로운 스포츠 삼보가 생기게 된 이유

혁명 이전 러시아에는 격투기가 다른 스포츠보다 훨씬 더 광범위하게 보급되었다. 이것은 주로 관중의 호응을 얻고 다양한 기술과 속임수로 경기에 관심을 갖게 한 프로 레슬링의 공이 컸다. 러시아의 아마추어 격투기선수들의 수준은 꽤 높았기 때문에 많은 선수들이 국제 무대에서 성공을 거두었다. 체계적으로 격투기가 발전하기 위해서는 대중의 관심 외에도 국가의 지원이 필요했으나 당시에는 스포츠에 재정적인 지원이 거의 이루어지지 않았다. 러시아에서 격투기는 그렇게 계속해서 자생적으로 발전을 이어갔다. 1913년이 되어서야 상트페테르부르크의 '사니타스(Sanitas)'(1912년에 상트페테르부르크에 설립된 스포츠클럽)의 회장인 류드비그 차프린스키(L. Chaplinsky)의 주도하에 운영체제가 만들어졌으며, 격투기 발전을 위해 16개 도시가 참여했다.

소련 초기인 1917년 10월 혁명 이후, 나라를 보호할 수 있는 체력도 필요했을 뿐 아니라 시민들에게 애국심도 부여해야 했다. 이를 위해 신체 훈련의 수준을 향상시키고 국민의 품성을 향상시킬 필요가 있었다. 그래서 군대에서 무기를 사용하여 호신술 기술을 가르치기 시작했다(그림 4).

이때부터 새로운 스포츠의 기본 요소들이 만들어지기 시작했고(처음에는 자유형 레슬링, 이후에는 삼보), 이것은 훈련체계를 위해 다음과 같은 구체적인 사항들이 요구되었다.

- 훈련 체계는 현대과학의 수준에 맞추어 현대적으로 만들어야 한다.
- 다른 격투기의 최고의 요소를 받아들이기 위해 무조건적으로 개방적이어야 한다.
- 최대한 생활에 적용 가능하도록 한다.
- 스포츠 훈련 선전 방법 중 하나로서 시각적 요소가 매우 두드러져야 한다.
- 외상을 방지하기 위해 필요한 조치 및 체계적인 의료 시스템을 제공한다.
- 스포츠에 기반한 격투 기술을 만든다.

역사적으로 살펴봤을 때, 삼보 계발의 필요성은 1920년대 소련에서 이미 형성되었다. 새로운 일대일 격투기를 만드는 주요 목표는 건강한 노동 활동을 할 수 있는 시민을 준비시키고, 군대를 양성하고, 국가방위를 위해 법을 집행하는 기관의 (전투 기술을 습득한) 요원들을 준비하는 것이었다. 이 목표는 러시아 내전 이후에 정부에 의해 공식화되었다. 다양한 형태의 경기에 대한 훈련들이 조직

그림 4. 붉은군대의 노동자와 소작농들이 호신술을 습득하고 있다

되었으며, 다양한 훈련 체계의 효율성을 비교하기 위한 실험이 수행되었다. 가장 효과적인 기법을 바탕으로 새로운 종류의 공격과 수비의 기술이 제안되었다.

삼보의 역사는 삼보의 체계가 다양한 격투기로부터 어떻게 만들어졌으며, 이 스포츠가 어떤 권위를 가지고 어떻게 세계 여러 나라에서 인정을 받았는지를 보여준다. 삼보는 고대 러시아의 일대일 격투기, 러시아내 다양한 민족의 격투기와 다른 나라들의 민족 격투기들의 경기 체계와 개인 훈련 방식 등에서도 영향을 받았다.

삼보 발전 역사의 성격

빅토르 스피리도노프(V. Spiridonov, 1883~1943)(그림 5)는 자신이 만든 격투기를 '삼 (SAM)'이라고 부르며 "나는 내 격투기의 체계가 완벽하다고는 생각하지 않지만, 우리 작업의 특성과 관련해서 최소한의 체계적인 호신술에 대한 기본은 만들었다고 생각한다"라고 말했다.

스피리도노프는 러시아에서 최초로 격투기 시합의 방식에 대해서 논한 사람이다. 그는 주로 권력 기관의 직원들이 훈련을 하는 '디나모(Dynamo)' 클럽에서 훈련을 하는 사람들의 시합은 비공개로 이루어져야 한다고도 했다.

1933년 스피리도노프는 호신술 책을 냈는데 그는 호신술에 대한 체계적인 접근 방법을 설명

했으며, 다음과 같이 책의 내용을 분류했다.
- 이론(체육 및 호신술, 준비, 타격, 기술)
- 훈련(훈련의 의미와 목적, 서서 잡기 연습, 자율 훈련)
- 실습을 위한 지침(기술 적용 방식)

스피리노도프는 러시아 삼보 개발의 창시자이다. 그는 러시아에서 처음으로 호신술 기술을 분류하고 명칭을 부여했다. 그는 적극적으로 호신술 강사들을 가르쳤으며 호신술 기술에 관한 책을 쓰기도 했다. 스피리노도프는 호신술을 육군 및 특수 기관을 위한 것이라고 생각했다. 그는 러시아에서 최초로 호신술 시합의 방식을 체계적으로 설명했다. 그리고 그의 제자인 솔로마틴(M. Solomatin)과 다비도프(D. Davydov)는 호신술에 대한 연구를 이어 나갔다.

바실리 오셰프코프(V. Oshchepkov, 1892~1937)는 호신술의 이론, 교육 방법 및 실습 방법의 발전에 중요한 기여를 했다.
- 그는 다양한 맨손 격투기 체계를 분석했다.
- 그는 준비 운동 방법의 특성을 분석하고 체계화했다.
- 그는 맨손으로 상대와 싸울 때 어떤 동작을 해야 하는지 상세하게 묘사했고, 서서 또는 누워서 하는 기술, 킥에 대한 수비, 팔과 다리 통증기술 수비에 대한 기술을 설명했다.

그림 5. 스피리도노프와 제자들

- 그는 맨손 선수와 무장한 선수 사이의 경기에 관해 연구하고 설명했다(위에서 타격, 오른쪽에서 타격, 왼쪽에서 칼이나 막대기로 타격, 총에 대한 대항, 총검으로 가슴을 찌를 때에 대한 대항).
- 그는 무장한 상대와 경기할 때 갖추어야 할 기본 자세와 호신술 기술과 메치기 기술의 결합에 대해 설명했다.
- 그는 경기 규칙(참가자를 체급별로 나누기) 및 참가자의 예절(악수)에 관한 필수 사항을 개발했다. 메치기 기술(상대방이 넘어지도록 하기 위해서 상대방 앞으로 넘어지지 않는 방법)을 개발하고 통증기술과 굳히기 기술을 사용할 수 있게 했다. 경기의 승자는 얻은 점수로 결정하게 했다.

바실리 오셰프코프(V. Oshchepkov, 1892~1937), 그 역시 러시아 삼보 개발의 창시자이다. 그는 코도칸 유도학교를 졸업하고 유도 2단을 취득했다. 그는 1914 년 블라디보스토크에서 유

그림 6. 오셰프코프(가운데)와 제자들. 6개월간 진행된 세계 최초의 유도 강사들의 회의, 1926, 블라디보스토크

도협회를 창설했고 1925년 노보시비르스크에서, 1929년에는 모스크바에서 맨손 격투기 수업을 진행했다. 1930년부터 스탈린 국립중앙체육대학의 '방어와 공격'분과 교수로 재직했다. 그는 1930년대 초 GTO 규범 중 남녀를 위한 호신술과 맨손 격투 기술에 관한 2단계 규범 개발에 적극적으로 참여했다.

오셰프코프는 안정적인 호신술 기술은 스포츠를 기반으로만 형성될 수 있다고 믿었다. 그의 제자들은 삼보를 가르치는 코치, 연구하는 연구자 그리고 홍보하는 선전가가 되었다(그림 6). 오셰프코프는 1937년에 일본에 대한 간첩 혐의로 체포되어 부티리스카야(Butyrskaya) 교도소에서 사망했다.

바실리 오셰프코프의 제자들인 갈로코프스키(N. Galkovsky), 사가텔리안(B. Sagatelyan), 쉬콜니코프(R. Shkolnikov), 하를람피예프(A. Kharlampiev)는 스승이 했던 작업을 계속 이어갔다. 이미 1938년에 바실리예프(V. Vasilyev)와 라리오노프(A. Larionov)는 기본 기술(그림 7)부터 기술의 완벽한 수행에 이르기까지 호신술의 체계화된 방법을 제시한 그림과 함께 호신술 표를 완성했다(그림 8).

아나톨리 하를람피예프(1906~1979)는 오셰프코프의 지도하에 유도를 배우기 시작했고, 1934년부터 1937년까지는 레슬링의 자유형 기술

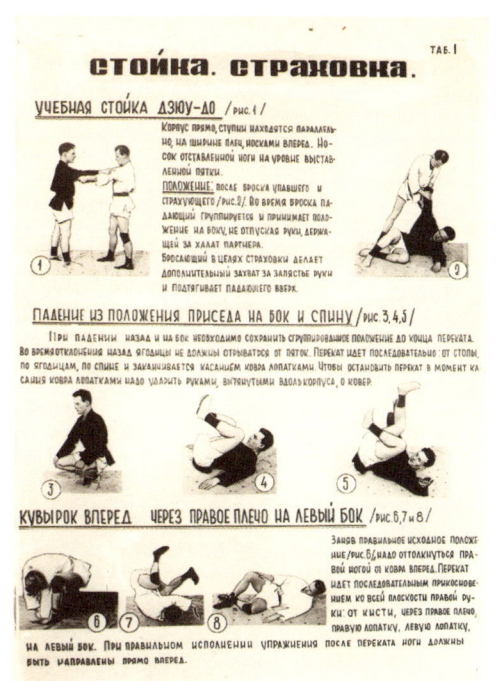

그림 7. 기술 학습 패턴의 예

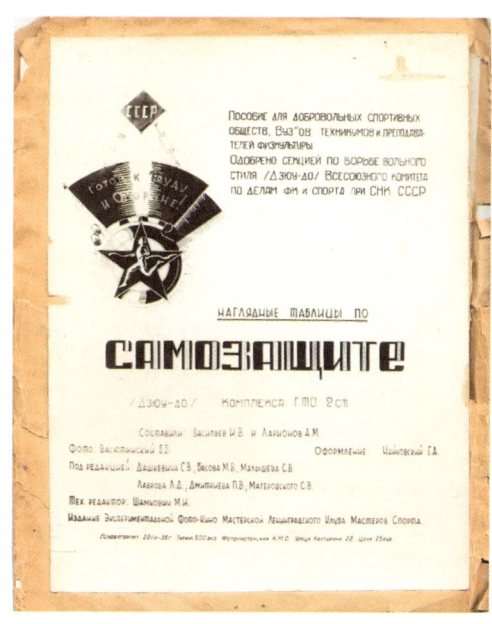

그림 8. 호신술 표 커버

1장 삼보의 일반적 특성 37

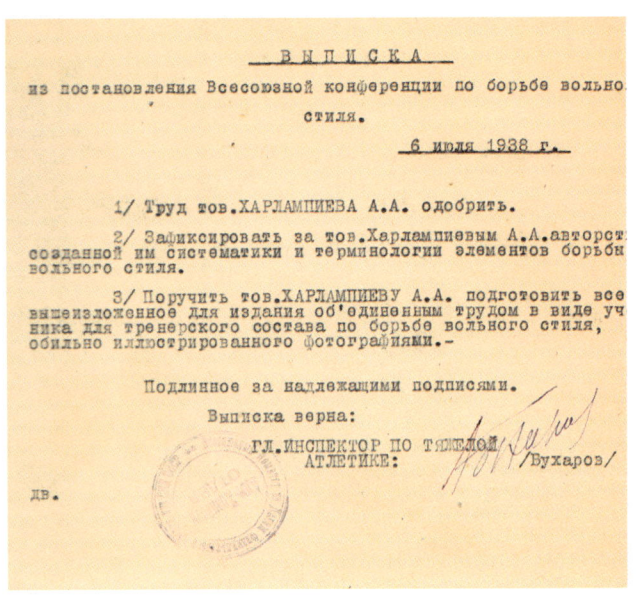

그림 9. 총 연합 자유형 레슬링 컨퍼런스 결의안

로 이어졌다. 이어 1938년 하를람피예프는 전(全)러시아연방 자유형 레슬링 컨퍼런스에서 이 격투기의 체계와 용어에 대해 발표했다. 이 컨퍼런스에서 결정한 바(그림 9)에 의해서 자유형 레슬링 강사를 위한 사진이 담긴 교재를 출판하게 되었다. 하를람피예프는 자유형 레슬링의 기본 체계를 정의했다. 여기에는 다양한 유형의 민족 격투기의 기술 체계, 선수별 체질분석 체계, 상대방의 공격에 따른 위급한 상황에서 사용 가능한 기술을 포함한 격투기 시스템, 훈련 기간에 따른 훈련 프로그램 지도안이 포함되어 있다.

새롭고 현대적인 유형의 일대일 격투기를 창조하고자 하는 아이디어는 삼보의 발달에 많은 영향을 미쳤고, 많은 전문가들이 삼보 개발의 기원에 대한 주요한 분석 및 연구 작업을 수행했다. 1934년 오셰프코프는 "통합 정치국의 요원들과 경찰, 노동자와 농민으로 구성된 붉은 군대에서 효율적으로 사용될 소련의 호신술 통합 체계 문제를 검토할 필요가 있다"고 지적했다. 그리고 "일본, 독일 및 다른 나라들에서 볼 수 있는 자유형 레슬링을 스포츠 종목으로 소련의 대중들 사이에서 널리 확산시켜야 한다"라고 말했다.

1.2. 러시아와 해외에서의 삼보의 발전 단계

삼보는 러시아와 해외에서 여러 단계를 거쳐 발전했다.

I 단계(1923~1935)
소련에서의 삼보의 탄생과 형성

삼보는 이 기간 동안 두 가지 방향으로 발전하였다. 오세프코프는 다양한 종류의 일대일 격투기의 원리를 연구하고, 유도의 다양한 기술에 변화를 주어 새로운 스포츠를 개발하고, 그것에 따른 이론을 확립하고, 그것을 수행할 스포츠 단체를 만든 뒤 대규모 경기를 열었다(1935년 모스크바 챔피언십과 레닌그라드(현 상트페테르부르크) 챔피언십이 시작되었다). 스피리도노프는 새로운 스포츠의 적용 분야 개발에 참여했는데, 경기 영역을 확대했고, 경기를 진행할 요원들을 조직하고 훈련시켜서 대회를 열었다.

1923년에 모스크바에서 스피리도노프는 호신술협회를 조직한 후, 1927년, 1928년, 1933년에 책을 출간하면서 자신의 활동을 기록했다. 그의 저서의 주요 내용은 호신술의 훈련 방법과 경기를 결합하는 방법에 대한 것이었다. 그의 가장 유명한 책 중 하나는 군인들의 훈련을 목적으로 한 《주짓수 체계에 따른 맨손 호신술》(1927년)이었다.

1925년 블라디보스토크에서는 오세프코프가 체육 강사 훈련 과정의 일환으로 유도 경기를 조직했으며, 1928년에는 노보시비르스크에서 유도를 가르치기 시작했다. 1931년 오세프코프는 모스크바에 위치한 국립중앙체육대학에서 새로운 유형의 경기를 만들기 위한 작업을 계속했다.

통중기술은 코로노프스키(V. Koronovsky), 야코블레프(M. Yakovlev), 솔로네비치(I. Solonevich), 부첸코(A. Butsenko), 오즈노비신(N. Oznobishin) 등의 사람들에 의해서 개발되었다. 구소련 시대의 삼보 개발은 국민들이 쉽게 접근할 수 있는 새로운 종류의 격투기를 개발한다는 데 목적을 두었고, 이것은 국가 이데올로기와 시민들의 체력향상 및 애국심 고취를 강화시키기 위한 것이기도 하였다.

코로노브스키와 야코블레프는 격투기와 복싱(야코블레프), 펜싱과 사격(코로노브스키)의 연구를 수행했다. 이들은 '수비와 공격'을 기본으로 하는 스포츠의 교범들에 대한 연구를 하였던 것이다. 특히 격투기와 권투의 훈련 방법에 대한 검토가 다방면으로 이루어졌으며 이들 기술의 체계화를 시도하였다. 이러한 연구의 결과는 1925년에 책으로 출판되었다(그림 10).

솔로네비치(I. Solonevich)는 다양한 형태의 일대일 격투기를 연구하고 자신의 책 《호신술과 비무장 공격》(그림 11)에 그 결과를 기록했다. 이 책은 경찰을 위한 것이었으며 각 구성원은 맨손 수비와 맨손 공격 기술을 완벽하게 습득해야 한다고 명시했다.

솔로네비치는 저서에서(영국식과 프랑스식)권투, 격투기 그리고 부분적으로 주짓수(무장해제의 방법)가 효과적인 맨손 공격과 맨손 수비를 위해 연마해야 하는 스포츠라고 했다. 아울러 그는 처음으로 이들 스포츠의 모든 복합적인 내용을 숙달하는 것은 거의 불가능하며, 이들 중 하나(권투 또는 격투기)를 배우는 것은 생활에 커다란 도움이 되지 않는다고 보았다.

1928년 부첸코는 일본 작가의 작업을 바탕으로 주짓수에 기반한 《비무장 호신술》이라는 책을 썼으며(그림 12), 이 책은 경찰들이 꼭 읽어보아야 하는 책으로 권장되었다. 독자들은 기술의 숙달뿐만 아니라 범죄자들과의 실질적인 격투에서 이 책이 유용하다는 데에 관심을 가졌다.

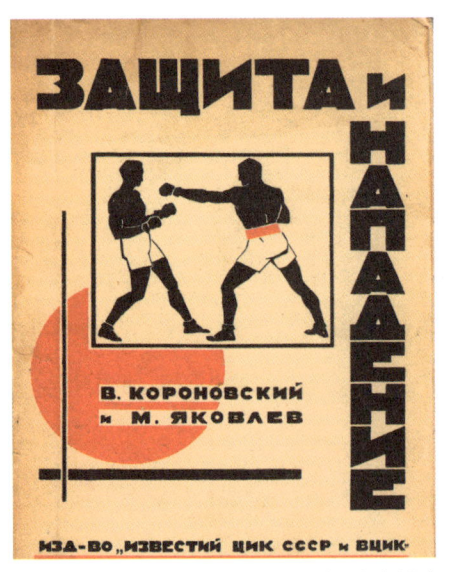

그림 10. 수비와 공격
(코로노브스키, 야코블레프)

그림 11. 호신술과 비무장 공격
(솔로네비치)

그림12. 비무장 호신술(부첸코)

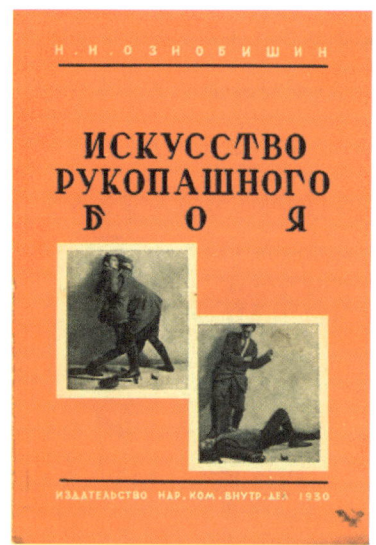
그림13. 맨손 격투기 기술(오즈노비신)

부첸코에 따르면 '주짓수'를 배우고 신체를 강화한다면 경찰은 범죄자로부터의 모든 공격을 막아낼 수 있다고 했다. 이 책에서 야키모비치(I. Yakimovich)는 독자들에게 주짓수를 사용할 때에 적에게 통증, 외상 또는 손상을 입혀서는 안 된다는 사실에 주목할 것을 요청했다.

1930년 오즈노비신(N. Oznobishin)은 《맨손 격투기 기술》(그림 13)에서 권투와 주짓수를 연구하여 호신술 체계를 분석하고 맨손 기술을 사용하도록 제안했다.

1935년에는 격투기와 호신술의 기술이 통합된 새로운 격투기가 개발되었다는 것을 알 수 있다. 동시에 새로운 격투기의 기술은 매우 다양했으며, 교육생의 규칙과 복장 등 여러 면에서 다른 유형의 일대일 격투기와 구별이 됨을 알 수 있었다. 이 새로운 격투기는 '자유형 격투기'라는 명칭이 붙여졌다.

II단계(1936—1945)
삼보에 대한 공식적인 인정

러시아에서는 삼보가 처음에는 '자유형 격투기'라는 명칭으로 개발된 후 '자유형 레슬링'(그림 14)으로 발전되었다.

명칭의 변화와 관계없이 전문가는 새로운 스포츠의 개발에 끊임없이 노력했다.

오셰프코프는(삼보의 기본이 된) '자유형 격투기'라는 새로운 스포츠를 만들면서 기술, 복장 및 경기 조건을 새롭게 수정했다.

- 체급 분류가 도입되었다.
- 경기의 시작과 끝에 악수를 한다.
- 삼보선수의 복장에는 고정되어 있는 벨트가 달린 상의, 부드러운 가죽으로 만든 반바지와 신발이 포함된다.
- 숨이 막히도록 누르는 것은 금지된다.
- 서서 통증기술을 하는 것은 금지된다.
- 힘에 의한 기술은 허용된다(풍차돌리기).
- 다리 잡기는 어떤 위치에서도 가능하다(서포팅 레그에서도 가능하다).
- 허리 잡기 및 허리 위 상의 잡기는 항상 가능하다.

삼보의 공식 개발은 소련 각료 소비에트 산하 전소련 체육 및 스포츠위원회의 명령 633호 '자유형 레슬링 개발에 관하여'가 시행된 1938년 11월 16일부터 시작되었다. 새로운 스포츠의 기본적인 발전 방향은 각민족의 격투기의 풍부한 경험 사용, 실용적인 가치의 증가, 국가 차원의 대규모 스포츠 발전, 남자를 위한 'GTO' 기준의 충족, 여자를 위한 호신술 요소의 포함, 경기 규칙의 확정 등을 그 골자로 하였다.

젊은 여자들도 이 새로운 스포츠를 열심히 연마했다(그림 15).

1938년 5개 도시(바쿠, 모스크바, 레닌그라드, 키예프, 사라토프)에서 개인 및 단체 토너먼

그림 14. 자유형 레슬링

그림 15. 최초의 여자 삼보 선수들

트가 개최되었다. 1939년 레닌그라드에서 소련의 첫 번째 자유형 레슬링 개인전이 열렸다(8개의 체급에 56명이 참가했다).

오세프코프의 제자들은 스승이 시작한 작업을 이어갔다. 하를람피예프는 대회 규칙을 발표했다(1938). 갈코프스키(N. Galkovsky)는《자유형 레슬링》(1940)이라는 스포츠 그룹 및 체육 팀을 위한 교재를 만들었다. 쉬콜니코프(R. Shkolnikov)는《자유형 격투기(Free-Style Combat》(1940)라는 교사와 강사를 위한 교재를 개발했다.

1945년 자유형 레슬링이 국제적(올림픽)인 규칙에 따라 발전하게 되기까지 이런 식으로 지속되었다. 이후 새로운 스포츠 경기는 맨손 호신술 기술을 조합시켜서 '격투기 삼보'라고 불렀다.

2차 세계대전 기간 동안 대부분의 강사와 스포츠맨이 전쟁에 참여했기 때문에 소련 선수권 대회는 더 이상 열리지 않았지만 단발적인 시합이 때때로 개최되었다.

III 단계(1946~1956)
전후 삼보의 부활

스포츠맨과 강사들은 전쟁이 끝나고 제대를 한 후 삼보 부활에 착수했다. 1947년부터 '삼보'라는 이름이 사용되었다. 전후 하를람피예프는 삼보 개발에 크게 기여했다(그림 16).

1946년에 하를람피예프는 삼보 기본기 학습을 위한 40시간짜리 프로그램을 만들었으며, 삼보 규칙을 개발하고 매년 개선해 나갔다. 1953년에 그는《세 부분으로 이루어진 격투기 삼보》(스포츠 경기, 격투기 기술, 특기)라는 교재를 만들었다. 하를람피예프는 이후 1964년에 수년간의 경험을 요약한《격투기 삼보》라는 책을 발행했다.

1947년에 제3회(2차 세계대전이 끝난 후 첫 번째) 개인전 삼보 경기가 개최되었다(71 명 참가). 소련의 각 공화국들에는 삼보 단체들이 만들어졌다. 1949년에 10개의 공화국과 모스크바와 레닌그라드 팀이 개인전과 단체전에 참가했다. 이 단계에서는 그리 오래 걸리지는 않았지만, 의심할 여지 없이 소련에서 새로운 스포츠에 대한 관심이 증가하고 있는 것을 보여주었다. 소련에서 삼보의 발달은 스포츠 클럽을 기반으로 이루어졌다. 이 클럽에는 '디나모(Dynamo)', '트루도비 레제르비(Trudovye Rezervy, 노동 예비단)', '스파르타크(Spartak)', 학생 동아리 '부레베스트니크(Burevestnik)' 등이 포함된다. 삼보는 점점더 보편적인 호신술이 되었다. 서서 겨루기(그림 17)와 누워서 겨루기를 할 때 다양한 움직임을 선보일 수 있었다. 삼보선수들의 훈련에 많은 관심이 쏟아졌다(그림 18). 삼보의 발전에 대한 국가적인 차원의 지원이 이루어졌고, 대회 및 훈련 경기에 재정이 지원되었다. 코치와 강사 양성 프로그램이 진행되었으며, 다양한 계층의 사람들을 받아들이고, 대중들의 관심을 끌기 위한 홍보가 진행되었다.

그림 16. 아나톨리 하를람피예프

그림 17. 선 채로 통증기술을 쓰고 있다.

그림 18. 삼보 선수의 근력 훈련

IV단계(1957~1965)
소련에서의 삼보 대중화와 국제 사회에 소개

삼보의 인기는 특히 학생과 법 집행 기관 직원들 사이에서 증가했다. 1957년에 소련 삼보선수들('디나모(Dynamo)', '부레베스트니크(Burevestnik)'팀)과 헝가리 유도 클럽 '도좌(Doja)'의 유도선수 간에 국제 경기(합의된 규칙 사용)가 개최되었다. 불가리아 스포츠경기연맹에 삼보위원회가 조직되었으며(1957년) 대회가 시작되었다. 1960년 소련과 동독의 삼보선수가 독일(베를린과 프랑크푸르트)에서 경기를 가졌다.

1961년 국제올림픽위원회(IOC)는 도쿄에서 제18회 올림픽 개최를 결정하고 정식종목으로 유도(Jodo)를 포함시켰다. 소련 스포츠위원회는 소련삼보연맹에 대회 참가를 위한 스포츠팀 훈련을 위임했다. 그 당시 유도는 러시아에서 부르주아 스포츠로 간주되어 개발되지 않았기 때문에 삼보선수가 팀을 꾸려서 올림픽 준비를 시작했다. 이 팀은 1962년 개최된 유럽 유도챔피언십에 참가하여 3위를 차지했으며, 이듬해인 1963년에는 유럽 유도챔피언십에서 우승했다. 1964년 소련 삼보선수들은 도쿄 올림픽에 유도 경기에 참가했으며 성공을 거두었다. 스테파노프(O. Stepanov)(3등, 68kg), 보골류보프(A. Bogolyubov)(3등, 68kg), 키크나드제(A. Kiknadze)(3등, +80kg), 치크빌라제(P. Chikviladze)(3등, +80 kg)등의 선수가 참가했다. 1972년 뮌헨(독일) 게임에서는 삼보선수 출신인 노비코프(A. Novikov)(3등, 70kg), 초치쉬빌리(S. Chochishvili)(1등, 93 kg), 오나쉬빌리(G. Onashvili)(3등, +93 kg), 쿠즈네초프(V. Kuznetsov)(2등. 무제한)가 성공적인 경기를 했다. 1976년 몬트리올 올림픽(캐나다)에서 삼보선수 출신인 네프조로프(V. Nevzorov)(1등, 70kg), 드보이니코프(V. Dvoynikov)(2등, 80 kg), 칼시라드제(R. Kharshiladze)(2등, 93 kg), 노비코프(S. Novikov)(1m, 93kg), 초치쉬빌리(S. Chochishvili)(3등, 무제한)가 높은 성과를 달성했다.

국제 대회에서의 삼보선수들의 성공은 세계의 주목을 받았다. 1963년에는 일본에서 삼보협회가 조직되었다.

1972년 7월 14일 소련 삼보선수 팀이 도쿄에서 열린 일본 삼보 챔피언십에 초청되었다. 이 팀은 소련의 삼보 챔피언들로 구성되었다. 니콜라이 코지츠키(N. Kozitsky)(모스크바, 체중 62kg), 블라디미르 샤칸스키(V. Sharkansky)(키예프, 체중 74kg), 블라디미르 네프조로프(V.

Nevzorov)(마이코프, 체중 70kg) 등이 참가했다. 결과적으로 일본 대회에서 소련인 최초로 코지츠키가 일본 삼보 챔피언이 되었고, 네프조로프와 샤칸스키가 2등을 했다. 당시 소련 국가대표팀은 이오노프(S. Ionov)가 감독을 맡고 있었다.

V단계(1966~1972)
전세계에서의 삼보 발전과 최초의 공식적인 유럽 및 세계 챔피언십

1966년 6월, 톨레도(미국) 국제아마추어격투기연맹(FILA) 의회는 국제 격투기 명단에 삼보를 포함시키고 정기적인 국제 삼보 대회를 개최하기로 결정했다.

국제아마추어격투기연맹은 전세계에 삼보를 보급하기 위해 삼보위원회를 조직했고, 거버 자콤(Gerber Jacombe, 영국)이 의장을 맡았다.

공식적으로 열린 최초의 삼보 토너먼트 국제 대회는 1967년 12월 리가(라트비아)에서 개최되었다. 불가리아, 유고슬라비아, 몽골, 일본 및 소련에서 온 스포츠맨들이 이 행사에 참가했다. 1970~71년에는 소치와 타슈켄트(소련, 우즈벡스탄)에서 토너먼트가 개최되었다. 1972년 11월에 첫 유럽 챔피언십이 개최되었고 8팀이 참가했다(불가리아, 영국, 스페인, 이란, 몽골, 유고슬라비아, 일본, 소련).

최초의 삼보 세계 챔피언십은 1973년 11월 테헤란(이란)에서 개최되었다. 몽골, 불가리아, 이란, 미국, 일본, 스페인, 유고슬라비아, 한국, 영국 및 이탈리아 등 11개 국의 삼보선수가 대회에 참가했다.

삼보는 소련에서 대중화에 성공을거두었으며, 전세계 일대일 격투기선수들은 삼보에 큰 흥미를 느끼기 시작했다. 학생 및 청소년들은 열정적으로 삼보 기술을 수련했다(그림 19). 1972년 소련의 삼보연맹은 삼보와 유도를 두 개의 독립된 기관으로 나누었다.

그림 19. 젊은 삼보 선수 - 블라디미르 푸틴(V. Putin)과 빅토르 셰스타코프

VI 단계(1973~1985)
국제삼보연맹(FIAS)의 창설

삼보가 세계 여러 나라에서 성공적으로 발전되었음에도 불구하고 소련의 삼보선수들을 대적할 상대는 거의 없었다. 제2회 세계챔피언십대회는 1974년 울란바토르(몽골)에서 열렸으며, 1975년에는 소련에서 제3회 유럽챔피언십(European Championship)이 열렸으며, 소련 팀이 대회에서 계속 우승했다.

그림 20. 페르난도 콤프테

1976년 스페인의 페르난도 콤프테(F. Compte)(그림 20)가 국제아마추어격투기연맹(FILA)의 삼보위원회 회장으로 임명되었다. 1979년 마드리드(스페인)에서 제4회 삼보 세계선수권대회가 개최되었으며, 1981년부터는 세계선수권대회가 매년 개최되었다.

1979년부터 주니어 세계선수권대회가 성인 세계선수권대회와 동시에 개최되었다. 1983년부터 여자들이 삼보 세계선수권대회에 참가하기 시작했다. 초기에 소련의 여자 삼보선수들이 대회에 참가하지 않았다는 사실은 매우 흥미롭다.

1977년부터 월드삼보컵이 개최되었다(스페인, 오비에도).

1984년 6월 13일 국제아마추어격투기연맹(FILA) 총회는 전세계 삼보 대중화를 위해 독립적인 국제삼보연맹(FIAS)을 창설하기로 결정했다. 1984년 6월 13일 빌바오(스페인)에서 구성원 회의(Constituent Congress)에서 새로운 국제기구인 FIAS가 설립되었으며, 스페인의 페르난도 콤프테가 회장으로 임명되었다.

미국의 존 헨슨(J. Henson)이 수석 부회장으로 선출되었다.

VII 단계(1985~1995)
삼보의 국제적 발전

1985년에 FIAS가 국제스포츠연맹(GAISF/AGFIS)에 포함되었다. 1986년에 첫 번째 삼보아시아컵이 일본 도쿄에서 개최되었다.

1987년에 삼보월드컵이 역사상 처음으로 아프리카(카사블랑카, 모로코)에서 열렸다.

1989년에 세계청소년선수권대회가 처음 개최되었다(뉴저지, 미국).

FIAS의 초대 회장인 페르난도 콤프테가 1991년에 사임했다. 존 헨슨(1992년)이 제2대 회장이 되었다. 일본의 토모유키 호리마이(그림 21)가 FIAS 사무총장으로 선출되었고, 러시아인 미하일 티호미로프(M. Tikhomirov)가 수석 부회장으로 선출되었다.

그림 21. 토모유키 호리마이

VIII 단계(1996~현재)
삼보 발전을 위한 FIAS의 활동

1997년 미하일 티호미로프가 FIAS 회장으로 선출되었다(그림 22). 현재 국제삼보연맹(FIAS)은 전세계에서 삼보의 발전을 이끌고 있다.

FIAS는 국가별 삼보연맹을 조직화하는 비정부, 비상업적, 사회적 조직이다.

FIAS는 전세계 국가에서 삼보를 발전시키기 위하여 기술적, 행정적 또는 재정적 지원을 제공하고 삼보의 대중화를 위해 지원할 수 있는 조직 및 개인과의 연락을 유지하는 것(FIAS 조항 2.1 조항)을 활동의 주요 목표(회칙에 의거하여)로 하고 있다.

그림 22. 마하일 티호미로프

FIAS는 또한 회원국과 개인 간의 우호적인 관계를 조성하며, 각자의 이익을 존중 및 유지하게 해주며, 상호 이해, 친목 및 평화를 위한 활동을 적극적으로 지원하는 것을 활동의 목적으로 가지고 있다.

1997년부터 2004년까지 티호미로프는 FIAS의 회장을 역임했다. 그는 유럽에서의 삼보 발전에 크게 기여했다. 1992년부터 1998년까지 그는 유럽삼보연맹의 책임자이기도 했다.

2005년부터 2009년까지 다비드 루드만(D. Rudman)이 FIAS의 회장을 역임했다. 세계 여러 나라에서 삼보의 대중화를 위한 마스터 클래스가 그의 지도하에 개최되었다(그림 23).

그림 23. 다비드 루드만이 마스터 클래스를 지도하고 있다

2009년에 바실리 셰스타코프가 FIAS 회장으로 선출되었다. 2010년 9월에 그의 지도 하에(그림 24) FIAS 대표단은 베이징(중국)에서 개최된 스포츠어코드 컴벳게임(SportAccord Combat Games)에 참가했다.

삼보는 2013 카잔(러시아) 유니버시아드 대회에 종목으로 채택되었다. FIAS의 운영진은 올림픽 프로그램에 삼보를 포함시키는 장기적인 목표를 설정했다.

그림 24. 셰스타코프가 토너먼트 참가자들에게 시상을 하고 있다

1.3. 삼보의 대중화

성별에 따라 다양한 연령 및 사회적 지위를 가진 사람들이 전세계에서 삼보를 연마하고 있다는 것은 잘 알려진 사실이다. 개인의 신체적, 정신적 수련을 위해 삼보는 매우 유용하다. 동시에 삼보는 대인 관계에 영향을 미치고, 개인의 발전(모든 면에서 조화로운 발달을 보장)을 도모하며 사회(국민들의 체력을 길러 노동 및 기타 활동을 할 수 있도록 항상 준비)의 발전에도 이바지를 한다. 삼보는 세계 각국의 스포츠맨들과 우호적인 관계를 구축하는데에도 큰 도움을 준다(그림 25).

현대 사회에서 삼보는 개인의 경쟁력을 향상시키며, 체력을 향상시키고 건강을 개선하며, 교육적 기능, 경제적(시민의 건강 증진으로 인한) 기능, 오락적 기능, 사회적(사회 생활에 사람들을 참

그림 25. 다양한 대륙에서 온 삼보 선수들

여시킴으로써) 기능, 의사 소통(국제 관계 발전, 상호 이해, 문화 협력) 기능 등 다양한 기능을 수행한다.

삼보는 남성들 사이에서만 인기가 있는 것이 아니다. 삼보는 다양한 연령대의 여자들에게도 인기가 매우 높다.

여자 삼보의 발전

첫 번째 여자 삼보 팀은 모스크바의 제17번 학교에서 1938년에 레프 투린(L. Turin)이 만들었다. 이 팀은 1941년까지 존재했으나, 제2차 세계대전이 일어난 후 팀의 대부분의 소녀들이 전쟁터로 나가면서 없어졌다.

거의 30년이 지난 1956년에야 소련에서 여자 삼보가 부활했다. 여자 삼보선수들의 첫 번째

공식 대회는 1970년에 개최되었다. 레프 투린은 "여자 삼보선수 경기는 많은 관중을 모으고, 높은 수준의 오락성과 대회의 미적 효과에 주목했다"고 회상했다. 1970년에는 모스크바에 여자 팀은 두 팀이 있었는데, 그 중 하나는 투린의 지도하에 있었고, 두 번째 팀은 하를람피예프가 조직했다. 소련의 다른 도시에도 여자 삼보 팀의 설립에 대한 소식이 전해졌고, 1971년에서 1972년 사이에 도시 대항 여자 삼보 대회가 조직되었다. 대회 조직위원회는 일반 대중을 상대로 하는 삼보 교육에 소녀들과 여자들의 참여를 독려하고, 여자 삼보를 대중화하기 위해 세계 최초 여성 우주인인 발렌티나 테레쉬코바(V. Tereshkova)이름의 상을 주기로 결정했다. 그러나 1973년 1월 24일 개최된 전소련 체육 교육 및 스포츠위원회 결의 '불규칙한 신체 운동과 스포츠의 비정상적인 발달에 관하여'로 인하여 여자 삼보가 금지되었다. 위원회는 "삼보 훈련은 미적 과제를 해결하지 못하고, 여성들의 내재적인 자질들을 광범위하고 완전하게 구현하지 못하게 한다"고 결정한 것이다.

한편 당시 서유럽에서는 여자 삼보가 받아들여졌다. 1982년 미국, 아르헨티나, 스페인에서 최초의 여자 선수권대회가 열렸다. 1984년부터 여자 유럽선수권대회와 세계선수권대회가 개최되었다.

1987년이 되어서야 러시아 소비에트연방 사회주의공화국 스포츠위원회가 공식적으로 러시아 여자 삼보 토너먼트 대회를 개최했다. 17개 팀 대표가 이 행사에 참여했다. 여자 삼보 발전에 관한 공식 결의안은 1989년 10월 19일 소련스포츠위원회(State Sport Committee)에서 발표했다.

그림 26. 여자 삼보 선수들의 경기

현재 여자 삼보 대회는 매우 인기가 높으며, 초등부(11~12세), 중등부(13~14세), 카테트부(15~16세), 유스부(17~18세), 주니어부(19~20세), 성인부(20세 이상) 등 다양한 연령 그룹으로 개최되고 있다.

올림픽 프로그램에 삼보를 포함시키는 것과 관련한 FIAS의 활동

"러시아인에게는 다양한 종류의 스포츠 경기가 있다. 그러나 역사적으로 보면 우리의 일대일 격투기의 모든 유형은 삼보에서 유래했다. 삼보가 올림픽 스포츠가 될 때가 왔다."

블라디미르 푸틴

국제올림픽위원회(IOC)에 건의하여 삼보를 올림픽 종목으로 채택하도록 하는 노력을 하기로 2009년 11월 4일에 데살로니키(그리스)에서 열린 FIAS 제20회 총회에서 결의했다. 2010~2011년 FIAS의 비탈리 셰스타코프 회장은 쟈크 로게(J. Rogge) 및 다른 IOC 대표와 함께 회의를 진행했다(그림 27). FIAS의 대표자들은 삼보가 IOC의 주요 기준과 요구 사항에 적합하므로 올림픽 종목에 포함시켜야 한다고 설명했다.

올림픽 종목에 채택되기 위해 요구되는 국제스포츠연맹의 주요 기준은 다음과 같다.

1. **역사성과 전통성**: 삼보와 국제연맹의 발전사, 국제연맹의 멀티 스포츠 게임(월드 게임, 대학 게임, 아시아 게임, 아메리카 대륙 게임, 지중해 게임 및 기타) 참여(각 분야별), 세계선수권대회 데이터.
2. **보편성**: 세계선수권대회 내용(국가별 대표 선수들의 대규모 참여), 연맹의 국가 회원 수, 멀티 스포츠 게임(세계 및 대륙별 대회)에 각 국가 연맹의 참여, 세계선수권대회에 참가하는 각 국가 연맹 및 세계 멀티 스포츠 게임의 예선 대회, 주니어 세계선

그림 27. 로게와 셰스타코프

수권대회 및 예선대회에 각 국가 연맹의 참여, 대륙 선수권 대회에 각 국가 연맹의 참여, 국가 챔피언십을 개최하는 국가 연맹의 수.
3. **스포츠의 인기도**: 멀티 스포츠 게임 행사에서 삼보 대회에 참석하는 관중의 수, 삼보 세계 선수권대회에 참석하는 관중의 수, 삼보에 대한 언론 관심도, 삼보에 대한 언론 보도 규모, 텔레비전 방송, 인터넷 서비스 및 기타.
4. **이미지와 환경**: 연맹의 의사 결정에 선수 위원의 참여, 남녀 평등의 정도, 스포츠 형태에 대한 프레젠테이션, 환경에 대한 공헌.
5. **선수의 건강**: 국제연맹의 약물 반대 정책(자극제 통제 및 자극제 교육 체계 및 조직).

현재 삼보는 크게 두 가지 방향으로 발전하고 있다. 하나는 삼보의 대중화이고, 다른 하나는 최고의 전문가들을 양성하는 교육이다.

1.4. 삼보선수들의 기술 훈련

삼보 기술은 다양하다. 삼보선수는 특정 위치에서 메치기, 굳히기, 통증기술, 다운 및 기타 공격 및 수비 활동을 수행할 수 있어야 한다.

삼보 기술 동작의 일반적 특성

삼보 기술 동작은 주어진 상황에서 특정한 동작을 수행하는 기술을 이야기한다.

삼보선수의 기술은 준비 기술과 기본 기술로 나눌 수 있다. 준비 기술은 기본 기술을 배우기 전에 준비된 몸을 만들기 위해서 필요한 것이다. 준비 기술을 성실히 수행한 삼보선수는 다음의 동작들을 능숙하게 수행한다.

- 매트를 왕복으로 이동하기
- 삼보선수의 서기(중간, 높은, 낮은)
- 회전(그 자리에서, 이동하면서)
- 상대방 잡기 및 균형 깨기

- 낙법(옆으로, 뒤로, 배로, 굴러서)
- 브릿지 연습(머리로 지지하여 턴오버, 레슬러의 브릿지 턴오버, 머리 지지 자세에서 바디를 레슬러의 브릿지 자세로 메치기)
- 상대방의 균형 무너뜨리기

삼보선수는 또한 다음과 같은 시작 자세를 배운다.

서기 - 삼보선수의 자세로 매트 위에 발바닥만 닿음(두 발로 서기).

눕기 - 삼보선수의 자세로 발바닥 이외의 신체 부위가 매트에 닿음

삼보선수는 눕기 동작을 할 때, 또는 메치기로 떨어지거나 눕기로 자세를 바꿀 때 다양한 중간 자세를 할 수 있다.

등 자세 - 양 어깨가 매트에 닿거나(멈추지 않고) 빨리 등을 대고 움직인다. '브릿지' 자세는 삼보선수의 등이 매트 쪽으로 향한 채 선수의 발과 머리만 매트에 닿는 자세를 말한다. 이 자세도 등 자세와 같은 것이다.

옆구리 자세 - 한쪽 어깨만 매트에 닿고, 등은 어깨와 수평이 되게 하여 매트와 90도 각도를 만든다. 선수가 등을 매트로 향하고 그의 발바닥과 머리, 어깨가 매트에 닿는 자세를 "하프 브릿지"라고 하는데 이것은 옆구리 자세와 같은 것이다.

가슴과 배 자세 - 가슴 또는 배가 매트에 닿고, 등은 어깨와 수평이 되어 매트와는 둔각을 이룬다.

엉덩이 또는 허리 자세 - 매트에 한쪽 엉덩이(두 엉덩이) 또는 허리가 닿는 자세.

어깨 자세 - 어깨 관절이 매트에 닿거나 몸을 어깨로 지탱하는 자세.

무릎 자세 - 양 무릎(또는 한쪽 무릎)이 매트에 닿는 동시에 엉덩이는 매트 표면에 닿지 않는 자세.

손 자세 - 매트 표면에 손이 닿는 자세.

삼보의 기본 기술은 처음에 눕거나 서있는 자세로 수행한다. 굳히기와 통증기술은 누운 위치에서 이루어지며, 메치기는 서있는 자세로 수행한다(그림 28).

서서 겨루기 - 두 삼보선수 모두 서있는 자세

누워서 겨루기 - 한 선수 또는 양 선수 모두 누운 자세

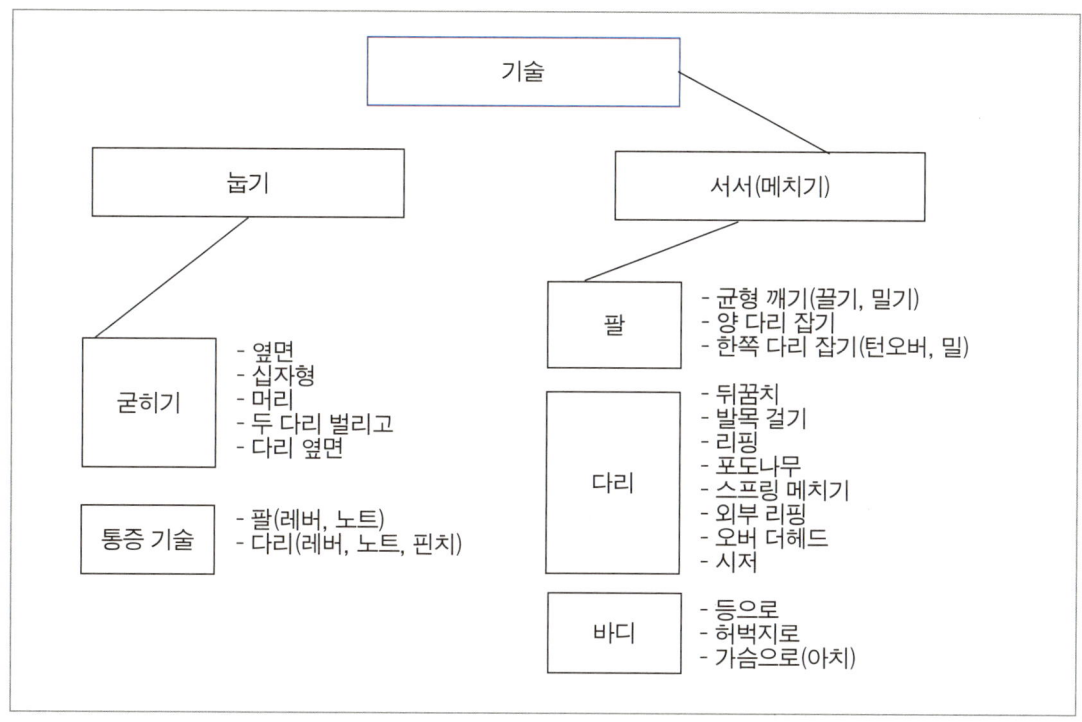

그림 28. 삼보 기술 분류
갈콥스키(N. Galkovsky), 카툴린(A. Katulin), 치마코프(E. Chimakov)

1.4.1. 메치기 기술 배우기

메치기는 선수가 잡기를 하여 상대방이 균형을 잃고 매트에 떨어지면서 발을 제외하고 신체의 어떤 부분으로 매트 표면을 터치하게 하는 것을 말한다. 즉, 상대방은 누운 자세가 된다.

반격 메치기는 수비 선수가 상대방의 공격에 대응하여 자신이 주도권을 잡고 메치기를 하여 상황을 바꾸거나 공격 선수의 낙하 방향을 바꾸는 것을 말한다.

메치기는 메치기를 하기 전(상대가 넘어지기 전) 상대 선수가 서있는 자세이었을 때에만 점수가 주어진다.

메치기를 하는 선수가 메치기를 하는 동안(시작부터 끝날 때까지) 서있는 자세를 유지해야만 메치기를 한 것으로 간주된다.

공격 선수가 메치기를 하는 동안 수비 선수가 자신의 자세를 누운 자세 중 하나로 바꾸거나 균형을 유지하기 위해 누워있는 상대방에 몸을 기대면 메치기를 한 것으로 간주된다.

경기 규칙에 따르면 누워서 겨루기를 할 때 몸을 돌리거나, 누운 자세에서 선수가 메치기를 하면 점수가 주어지지 않는다.

수비 선수의 처음 자세에 따라서 메치기는 다음과 같이 분류된다.

서있는 자세로 상대방 메치기 - 공격 선수가 메치기를 하여서 누운 자세 중 하나를 취하고 있는 상대방을 서기 자세로 만들거나, 상대방을 매트에서 완전히 들어 올려서 허리 위로 상대방을 수평 축으로 돌리는 것이 포함된다.

"무릎 자세" 또는 "손 자세"로 상대방 메치기 - 상대방이 매트에서 완전히 들어 올려졌으나 허리선 아래에 있으며 수평축으로 돌린다.

누운 자세의 상대방을 매트에서 들어 올리지만 상대방이 등을 매트 쪽으로 향한 상태 그대로이면 점수가 주어지지 않으며, 메치기를 당한 선수가 "손 자세"가 되면 점수가 주어지지 않는다.

누워있는 위치에 있는 상대방을 매트에서 떼어 내고 상대방의 몸을 돌리지 못하고 그대로 같은 위치에 놓으면 점수가 주어지지 않으며, 메치기를 당한 선수가 "손 자세"를 만들면 점수가 주어지지 않는다.

메치기 기술은 서기 자세에서 수행하는 기술에 해당한다. 팔, 다리, 바디로 하는 메치기는 삼보의 기본 메치기이다.

팔 메치기를 배우는 과정에서 기술 수행의 기본적인 동작을 배우도록 하자. (표1).

표1

팔 메치기의 기본 방법

| 끌어서 상대방의 균형 무너뜨리기 |  |

공격 선수	수비 선수
• 수비 선수가 균형을 잃거나 불안정한 자세일 때 하는 메치기이다. 편리한 거리- 중간 거리 및 먼 거리일 때. • 잡기: 위에서(아래에서) 소매 잡기, 소매와 목(칼라) 잡기, 소매와 벨트 잡기. • 메치기를 하려면 한발 뒤로 물러나서 양팔로 자기 쪽을 향해서 아래로 강하게 끌어내린다. 아래로 끌어내림과 동시에 수비 선수의 몸을 회전시킨다.	• 끄는 방향으로 다리를 움직인다. • 공격 선수를 옆으로 밀고, 두 다리를 구부리고 몸을 구부정하게 한다. • 날카롭게 밀어서 잡기에서 빠져 나온다.
밀어서 균형 무너뜨리기	

공격 선수	수비 선수
• 수비 선수가 균형을 잃거나 불안정한 포지션일 때 하는 메치기이다. 편리한 거리- 중간 거리 및 먼 거리일 때. • 잡기: 소매와 목, 소매와 옷깃, 소매와 벨트. • 상대방을 아래쪽으로 당긴다. 상대방을 아래로 끌어 내거나 뒤로 밀어낸다. 동시에 발로 바닥을 밀치며 수비 선수 옆으로 간다.	• 다가와서 다리를 뒤로 한다.
양다리를 잡고 메치기	
양다리 잡고 메치기, 양다리를 옆쪽에서 든다	

양다리를 잡고 메치기, 양다리를 발의 반대 방향에서 잡는다		
	공격 선수	수비 선수
	• 수비 선수가 서 있으며 양다리가 가까이 있을 때 하는 메치기이다. • 잡기: 아래에서 양 옷깃, 옷깃과 벨트. • 웅크려서 수비 선수의 팔 아래로 머리를 넣고, 몸을 상대방의 다리 쪽으로 하고, 허벅지를 잡고 상대방을 매트 위로 들어올린다. 양다리를 벌리고 구부리면서 수비 선수의 등이 매트로 떨어지게 한다.	• 한 다리를 뒤로 하고 한 팔을 공격 선수의 어깨에 대고, 아래에서 옷깃을 잡는다. • 한 다리를 뒤로 하고, 다른 다리를 공격 선수의 양다리 사이에 넣는다.
한 다리를 잡고 메치기		
무릎으로 지지하고 밖에서부터 정강이를 잡고 메치기		
팔을 잡고 같은 쪽 다리를 안으로부터 잡아서 메치기		

팔로 잡고 같은 쪽 정강이를 밖에서부터 잡아서 메치기	
한 쪽 다리를 잡고 같은 쪽 허벅지로 지탱해서 메치기	

공격 선수	수비 선수
• 수비 선수가 중간 거리 또는 먼 거리에 서 있을 때 하는 메치기이다. • 어깨나 겨드랑이 쪽 옷깃을 잡는다. • 수비 선수의 어깨를 아래로 내린 후 뒤로 밀며, 다리를 자신이 서 있는 매트 쪽으로 당긴다. 수비 선수가 몸을 지탱하기 위해서 다리를 뒤로 할 것이기 때문에 밀어내면서 뒤쪽으로 뺀 다리를 한 팔로 잡고, 수비 선수가 등으로 떨어지게 한다.	• 다리를 뒤로 움직이고 공격 선수를 옆으로 민다. • 다리의 정강이나 발이 잡힌 것을 공격 선수의 허벅지에 대고, 공격 선수의 목을 잡고 팔꿈치를 상대방의 가슴에 댄다. • 무릎을 안으로 돌려서 잡힌 것에서 빠져나온다.

	반대쪽 팔과 허벅지를 잡아서 메치기
측면 턴오버	
앞면 턴오버	

1장 삼보의 일반적 특성

뒷면 턴오버	  

공격 선수	수비 선수
• 수비 선수가 중간 거리 또는 가까운 거리의 오른쪽(또는 왼쪽)에 서있을 때 하는 메치기이다. • 공격 선수의 팔 아래로 웅크리고, 상대방의 다리를 밖에서부터 허벅지를 잡는다(최대한 높이). 두 다리를 펴고 수비 선수를 매트 위로 들어 올린다. 수비 선수의 어깨를 아래로 밀고, 두 다리를 들어올리는 과정에서 매트 위로 떨어뜨린다.	• 공격 선수로부터 거리가 떨어지게 하고, 정강이를 허벅지에 댄다. • 공격 선수의 다리를 잡는다. • 웅크리고 밖에서 잡힌 다리를 움직인다.

팔을 잡고 같은 쪽 허벅지를 안쪽에서부터 잡아서 어깨 위로 메치기 한다.

팔을 잡고 같은 쪽 허벅지를 두 손으로 안에서 잡아서 어깨 위로 메치기 한다.	 
팔을 잡고 반대편 발의 정강이를 잡아서 어깨 위로 메치기 한다.	

같은 쪽 팔과 다리를 잡아서 어깨 위로 메치기 한다.	
공격 선수	수비 선수
• 수비 선수가 서 있을 때 하는 메치기이다. • 팔로 수비 선수를 당기고, 두 다리를 구부리고, 앞으로 한 발 간다. • 수비 선수의 겨드랑이로 머리를 넣고 그와 동시에 같은 쪽 허벅지를 안에서 잡는다. • 수비 선수를 매트 위로 들어올리고, 수비 선수의 머리 쪽이 구부려지게 하고, 두 팔을 잡고 메치기를 한다.	• 잡힌 다리를 움직이고 가슴을 공격 선수의 어깨에 댄다. • 다리를 잡고 있는 공격 선수의 어깨를 손으로 누른다. • 공격 선수의 다리를 잡는다.

팔 메치기: 끌거나 밀어서 균형을 무너뜨리고 다리를 잡아 메치기 하는 것은 삼보에서 매우 효과적인 동작이다. 수행을 하게 되면 높은 점수가 주어진다. 이 기술을 사용하려면 매트에서 움직임과 공격 시점의 선택이 빠르게 연계동작으로 진행되어야 한다. 공격 선수는 수평 방향으로 움직일 뿐 아니라(스텝과 작은 스텝), 수직으로도 움직여야 한다(앉기, 수비 선수 아래로 웅크리기).

삼보선수는 다양한 방향에서의 메치기, 방향 전환을 통한 메치기, 메치기 좋은 조건 등을 배워야 한다.

다리 메치기 기술을 배우기 전에 삼보선수는 먼저 자신의 몸을 스스로 보호하기 위해서 낙법을 확실히 익혀야 하며, 팔과 다리 및 등 근육을 단련하여야만 한다. 삼보선수가 신체적 및 정신적인 준비(낙법 하는 것에 두려움을 느끼지 않는 정신)가 잘 되어 있다면 팔 메치기 기술을 성공적으로 배우게 될 것이다.

다리 메치기를 할 때 가장 효과적인 기술은 백 힐, 발목 걸기, 리핑 등이 있다(표2).

표 2

다리 메치기 기술의 기본 방법

발 뒤꿈치 걸기	
한쪽 팔을 잡고 반대쪽 다리의 백 힐	
한쪽 팔과 같은 쪽 다리를 잡은 뒤 백 힐	
벨트 뒤를 잡고 팔 아래로 숙여서 백 힐	

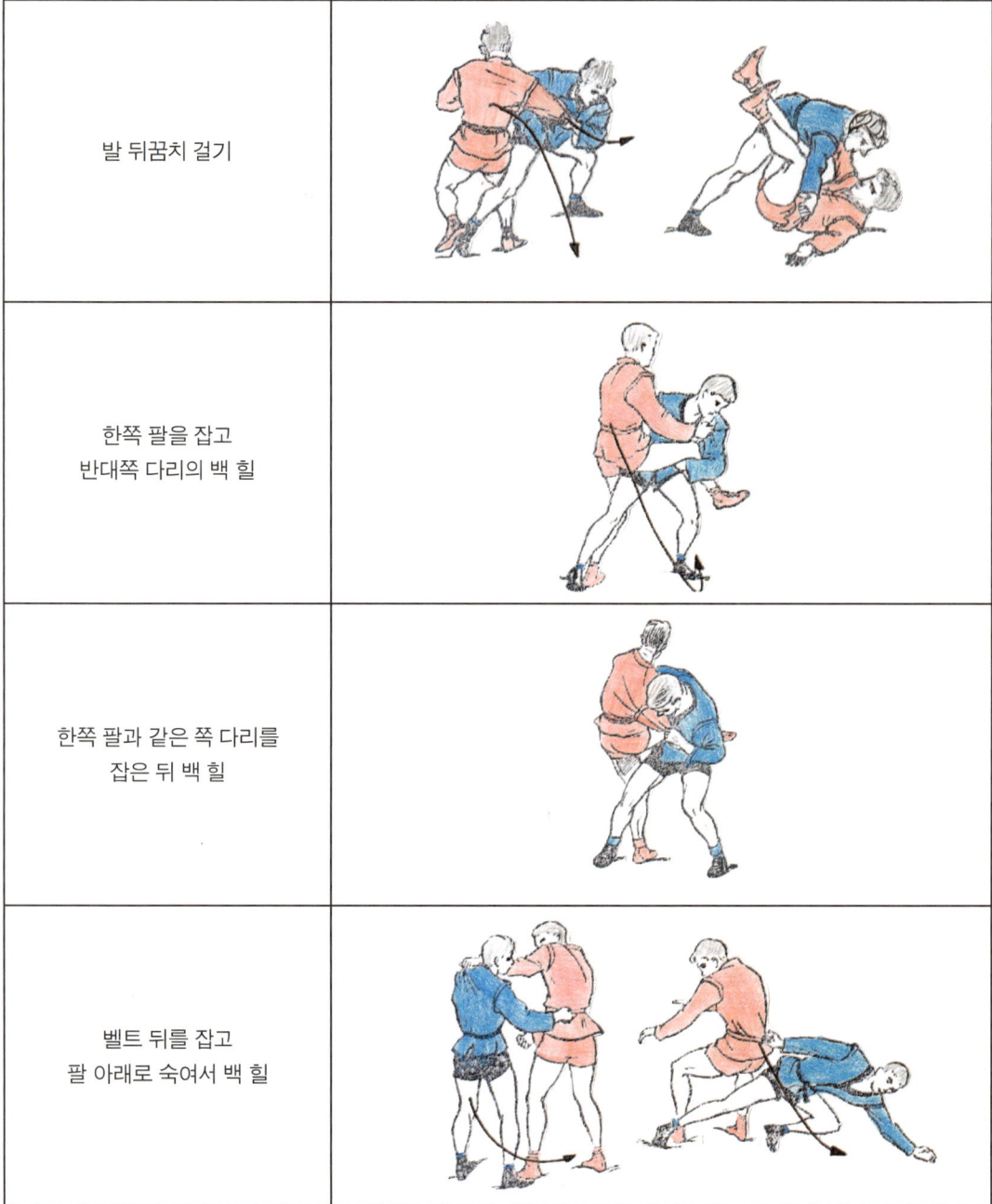

공격 선수	수비 선수
• 가까운 거리나 중간 거리에서 하는 메치기이다. • 수비 선수와 같은 쪽 다리 바깥으로 다리를 움직여서 뒤에 둔 뒤 수비 선수와 같은 쪽 다리의 오금이 구부려지게 한다. • 구부정한 자세에서 수비 선수를 자신 쪽으로 측면 또는 앞으로 당긴다. • 몸을 구부려서 수비 선수가 등으로 떨어지게 한다.	• 다리를 옆으로 움직인다. • 움직인 다리 쪽으로 공격 선수의 몸에 손을 대고 움직인 다리 쪽으로 민다. • 다리를 공격 선수의 다리 뒤로 한다.
포워드 힐	
같은 쪽 팔로 벨트를 잡고 포워드 힐	
잡은 두 팔을 교차시킨 후 포워드 힐	
무릎으로 포워드 힐	

공격 선수	수비 선수
• 가까운 거리나 중간 거리에서 하는 메치기이다. • 잡기: 소매와 벨트, 옷깃과 소매, 목과 소매 • 수비 선수 쪽으로 등을 돌리고, 수비 선수의 두 다리 앞에 다리를 놓는다. • 오금을 수비 선수의 축이 되는 다리의 무릎에 맞춘 후 수비 선수를 아래로 당기고 다리 위로 해서 수비 선수를 매트에 메치기 한다.	• 한 쪽으로 나와 있는 공격 선수의 다리쪽에서 벨트를 잡아서 공격 선수가 몸을 돌리지 못하게 한다. • 옆으로 놓은 공격 선수의 다리 너머로 다리를 옮긴다. • 오금에 무릎을 넣는다.
뒤꿈치로 백 힐	
공격 선수	수비 선수
• 수비 선수가 가깝거나 중간 거리에 있으며, 수비 선수가 다리를 앞쪽으로 놓았을 때 하는 메치기이다. • 수비 선수의 양다리 뒤로 반대 다리의 뒤꿈치를 대고, 수비 선수의 가까운 다리를 허벅지로 밀고, 옆으로 수비 선수를 메치기 하고, 가슴은 상대가 넘어지는 동안 상대 쪽으로 한다.	• 공격 선수의 다리 너머로 다리를 옮긴다. • 공격 선수 쪽으로 가슴을 향하게 한다. • 공격 선수의 반대편 팔 아래로 벨트를 잡는다.

뒤꿈치로 포워드 힐

공격 선수	수비 선수
• 수비 선수가 몸을 구부리거나 다리를 뒤로 옮길 때 하는 메치기이다. • 소매와 옷깃을 잡는다. • 몸의 옆면을 수비 선수 쪽으로 돌리고, 한쪽 다리의 뒤꿈치를 상대의 먼 쪽의 같은 방향의 다리에 댄다. 뒷쪽 측면으로 몸을 돌리며 배를 위로 향하게 해서 누운 뒤, 수비 선수를 양팔로 잡아서 자신 쪽으로 당기고 메치기를 한다.	• 공격 선수의 다리 너머로 다리를 놓는다. • 뒤로 물러서며 다리를 놓는 방향으로 몸을 숙인다. • 공격 선수의 벨트를 다리 쪽에서 잡는다. • 손으로 공격 선수의 같은 쪽 다리를 잡는다.

발목 걸기	
측면 발목 걸기	
상대방이 뒤로 물러날 때의 측면 발목 걸기	
상대방이 앞으로 다가올 때의 측면 발목 걸기	

공격 선수	수비 선수
• 공격 선수가 서서 한쪽 다리를 앞에 두었을 때 하는 메치기이다. • 반대쪽 발바닥으로 앞으로 내려온 수비 선수의 다리를 치고, 바깥쪽으로부터 측면에서 옆으로 치고, 수비 선수를 반대쪽(나의 다리가 움직이는 방향)으로 당기고 상대방을 매트 위로 메치기 한다.	• 다리를 구부리고 공격 선수 다리 뒤로 둔다. • 몸을 숙이고 다리를 뒤로 옮긴다. 공격 선수의 다리를 잡는다.

앞 발목 걸기	

공격 선수	수비 선수
• 수비 선수가 중간 거리에 있을 때 하는 메치기이다. • 옆으로 한발 가고, 다리를 구부리고 뒤꿈치를 돌리고, 몸의 무게 중심을 이동시키고, 수비 선수를 자신 쪽으로 당기고 반대 방향이나 위로 한다. • 동시에 수비 선수의 다른 다리의 앞을 막고, 수비 선수가 앞으로 다리를 움직이지 못하게 한다. 수비 선수의 다리 정강이를 치고(발 가까이) 메치기 한다.	• 다리를 구부려서 공격 선수의 다리에 둔다. • 두 다리를 구부리고 몸을 낮추어서 공격 선수를 밀어낸다. • 공격 선수의 다리를 잡는다.

리핑	
안쪽 정강이로 리핑	

공격 선수	수비 선수
• 수비 선수가 몸을 숙이고 중간 거리에 있으며 양다리를 구부린 채 넓게 벌리고 서 있을 때 하는 메치기이다. • 수비 선수를 자신 쪽으로 당기고 상대의 양다리 사이에 한쪽 다리를 놓는다. • 반대쪽 다리의 오금이 구부려 있을 때 정강이로 리핑한다. • 수비 선수를 뒤로 밀고, 리핑한 다리를 자신 쪽으로 당기고 매트 위로 메치기 한다.	• 공격 선수의 가까운 다리쪽에서 벨트를 잡는다. • 다리를 뒤로 움직인다. • 두 무릎을 붙인다. 몸을 뒤로 제끼고, 공격 선수의 가까운 다리 너머로 다리를 옮긴 후 뒤로 움직인다.

정강이로 바깥 리핑		
	공격 선수	수비 선수
	• 수비 선수가 양다리를 넓게 벌리고 다리를 많이 구부렸을 때 하는 메치기이다. • 수비 선수를 자신 쪽으로 당기고, 상대의 다리 바깥쪽에 다리를 놓고 상대방의 다리를 정강이로 리핑한다. • 양팔로 밀고, 리핑 한 다리를 옆으로 당기고, 자신 쪽으로 당겨서 매트 위로 메치기 한다.	• 다리를 뒤로 움직인다. • 공격 선수의 가까운 다리쪽 몸에 팔을 댄다(벨트 잡기).
발로 바깥 리핑		
	공격 선수	수비 선수
	• 수비 선수가 양다리를 넓게 벌리고 있고, 다리를 어느정도 구부리고 있을 때 쉽게 할 수 있는 메치기이다. • 수비 선수 쪽으로 몸을 옆으로 돌리고, 발의 위 부분(또는 정강이 아래 부분)으로 발을 리핑한다. • 다리를 자신 쪽으로 당겨서 앞으로 옮기고, 수비 선수를 뒤로 당기며 매트 위로 메치기.	• 다리를 옆으로 옮긴다. • 공격 선수를 뒤로 밀고 상대가 리핑하면서 다리를 들어 올리지 못하게 한다.
앉으며 같은 쪽 발로 리핑		

공격 선수	수비 선수
• 수비 선수가 다리를 앞으로 움직일 때 편리한 메치기이다. • 수비 선수에게 등을 돌리고 상대방의 같은 쪽 다리 옆에 선다. • 같은 쪽 겨드랑이로 팔을 잡는다. • 가까운 쪽 다리 뒤로 수비 선수의 다리를 리핑하고, 다리로 밀고, 앉으며 수비 선수가 등쪽으로 넘어지게 메치기 한다.	• 발을 옆으로 옮기고 앞으로 구부린다.

휘감기	
매트 위에 앉으며 휘감기	
넘어뜨리지 않고 휘감기	

공격 선수	수비 선수
• 낮게 서 있을 때, 중간 또는 가까운 거리에서 팔과 벨트를 잡아서 편리하게 할 수 있다. • 수비 선수 쪽으로 몸을 옆으로 돌리고, 다리를 상대 양다리 사이에 두고, 상대방의 다리를 무릎 높이 오금이 구부려지게 해서 리핑한다. • 동시에 같은 쪽 다리의 발에 정강이로 리핑 한다(다리를 휘감는다). • 리핑 할 때 반대 쪽 다리를 수비 선수의 양다리에 두고 가슴을 수비 선수에게 향하게 돌린다. • 넘어지거나 뒤로 제낄 때 상대방을 자신 쪽으로 당기고 다리를 구부리고 상대방을 매트 위로 메치기 한다. • 넘어지면서 수비 선수 위로 가슴을 돌린다.	• 다리를 뒤로 옮기고 양 무릎을 붙인다. • 구부린 다리를 펴고 다리를 뒤로 놓는다. • 다리를 앞쪽에서 위로 들고 구부린 것을 편다.
잡기	
정강이 안쪽으로 잡기	
허벅지 안쪽으로 잡기	

공격 선수	수비 선수
• 수비 선수가 몸을 앞으로 구부리고 가까운 거리에 있거나 중간 또는 먼 거리에 있어도 편리하다. • 잡기: 소매와 옷깃, 소매와 칼라, 소매와 벨트 • 뒤로 물러서며 수비 선수에게 등을 돌린다. • 다리를 앞으로 옮겨서 수비 선수의 같은 쪽 다리보다 높게 한다. • 상대를 자신 쪽으로 당기고, 수비 선수의 다리를 뒤쪽 위로 밀어서 메치기 한다.	• 공격 선수의 휘두르는 다리 쪽에서 벨트를 잡는다. • 두 다리를 구부리고 공격 선수를 밀어내고 몸을 뒤 제낀다. • 공격 선수의 다리 쪽으로 몸을 옮겨서 다리를 잡는다.
바깥쪽에서 엉덩이 들어올려 메치기	
안쪽에서 엉덩이 들어올려 메치기	
앞에서 정강이 들어올려 메치기	

뒷쪽에서 엉덩이 들어올려 메치기	

공격 선수	수비 선수
• 가까운 거리에서 수비 선수의 소매와 벨트를 잡고 할 수 있다. • 수비 선수의 몸을 조인다. • 두 다리를 편 채 또는 구부린 채 허벅지로 상대의 양다리를 안쪽에서 위로 들어 올리며 수비 선수를 매트 위로 메치기 한다. • 메치기를 한 후 뒤로 물러서서 균형을 되찾는다.	• 거리를 떨어뜨린다. 공격 선수를 멀리 밀어내고 다리를 뒤로 옮긴다.

잡아서 리핑	

공격 선수	수비 선수
• 중간 거리에서 편리 • 잡기: 소매와 옷깃, 소매 • 칼라 • 수비 선수를 자신 쪽으로 당기고, 상대방과 같은 방향의 다리로 다가간 후 반대 쪽 다리를 앞쪽 위로 들어 올린다. • 수비 선수의 다리를 들어올리면서 뒤쪽으로 돌리면서 수비 선수가 등으로 떨어지게 메치기 한다.	• 공격 선수의 벨트에 팔을 댄다. • 다리를 뒤로 옮긴다.

머리 위로 메치기	

배에 정강이를 대고 머리 위로 메치기		
팔을 잡고 정강이를 배에 대고 머리 위로 메치기		
	공격 선수	수비 선수
	• 가까운 거리에서 수비 선수가 몸을 구부릴 때 사용한다. • 잡기: 양 소매, 소매와 옷깃 • 빠른 동작으로 한쪽 다리를 수비 선수의 양다리 사이에 둔다. • 자신의 한쪽 발의 뒤꿈치까지 깊게 앉은 후, 다른 쪽 다리를 앞으로 구부려서 수비 선수가 배로 다리에 기대게 한다. • 그 후 수비 선수를 자신 쪽으로 팔을 이용해서 끌어당기고, 상대방을 다리로 밀어서 머리 위로 메치고 한다.	• 쪼그리고 앉는다. 공격 선수 쪽으로 몸을 옆으로 돌린다. • 공격 선수의 다리를 손으로 쳐서 옆으로 민다.
시저	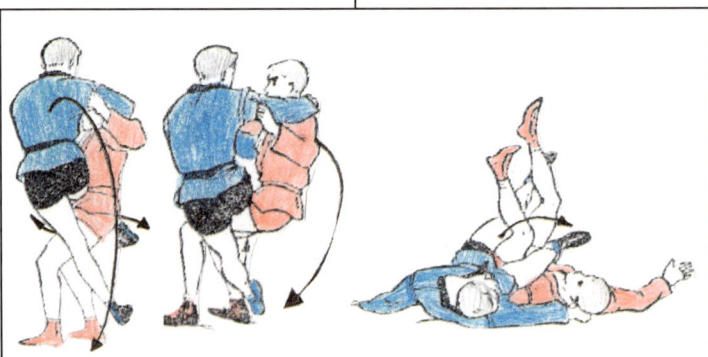	

한쪽 다리를 걸어 가위다리 만들기	 

공격 선수	수비 선수
• 중간 및 가까운 거리에서 수행하기가 편리하다. 수비 선수가 공격 선수 옆쪽에 서 있을 때 사용할 수 있다. • 가까운 쪽 손으로 안쪽에서 칼라와 소매 잡기 • 빠른 동작으로 가까운 쪽 발을 수비 선수 허벅지에 갖다 대고, 먼쪽 발을 상대의 두 다리 뒤로 댄다. • 수비 선수 옆과 뒤로 넘어지면서 상대방을 자신 쪽으로 당기고 양다리를 서로 겹치게 해서 메치기를 한다.	• 공격 선수의 다리 중 먼 쪽의 다리 건너편으로 발을 옮긴다. • 몸을 구부리거나 쪼그려 앉는다. 공격 선수의 발을 손으로 잡는다.

삼보선수가 다리 메치기를 하기 위해서는 힘과 동작의 조절을 잘 해야 한다. 각각의 근육들의 힘을 조화롭게 키우는 것이 매우 중요하다. 다리 메치기는 공격 선수의 발, 정강이, 허벅지의 움직임과 연결된 동작이 포함된다. 고도로 정확한 움직임, 균형의 이동(의도적 상실, 회복)이 필요하다. 다리 메치기를 하기 위해서는 양다리와 양팔이 조화롭게 잘 움직여야만 한다.

다리 메치기 기술에는 발목 걸기, 리핑, 잡아서 리핑, 잡기, 백 힐, 들어올려 메치기, 머리 위로 메치기, 가위다리 등의 동작이 포함되며 이들을 잘 숙달하여야 한다.

다리 메치기를 배울 때 시뮬레이션 연습 및 준비 연습(일반 및 특별)을 철저히 하면서 다양한 조건에서 메치기를 연습한다. 이들 조건은 리듬, 템포, 움직임의 진폭이 변경되면서 매우 복잡해진다.

몸 메치기는 삼보 기술에서 가장 효과적인 기술이다(표3).

표 3

몸 메치기 기술의 기본 방법

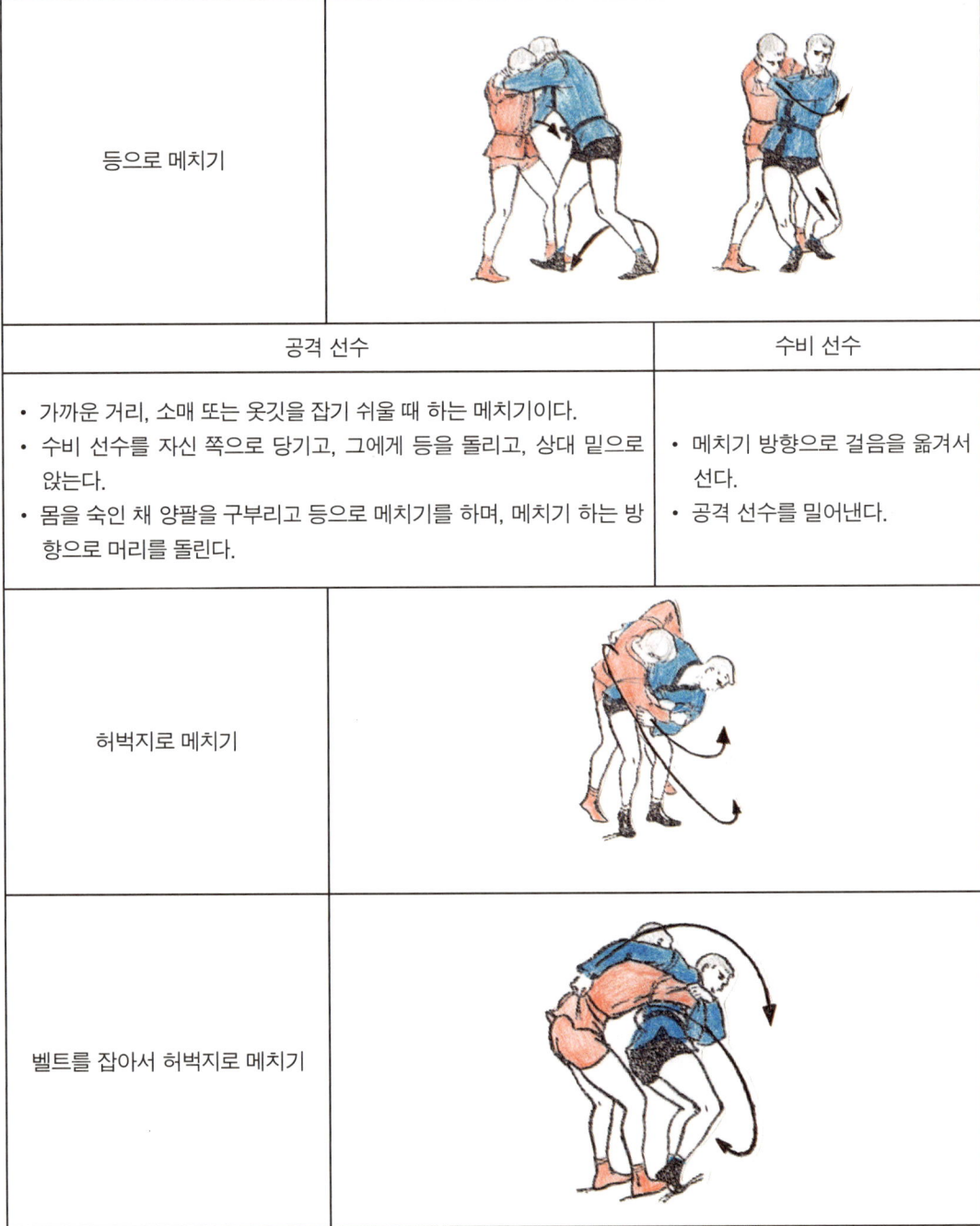

등으로 메치기		
	공격 선수	수비 선수
	• 가까운 거리, 소매 또는 옷깃을 잡기 쉬울 때 하는 메치기이다. • 수비 선수를 자신 쪽으로 당기고, 그에게 등을 돌리고, 상대 밑으로 앉는다. • 몸을 숙인 채 양팔을 구부리고 등으로 메치기를 하며, 메치기 하는 방향으로 머리를 돌린다.	• 메치기 방향으로 걸음을 옮겨서 선다. • 공격 선수를 밀어낸다.
허벅지로 메치기		
벨트를 잡아서 허벅지로 메치기		

벨트와 같은 쪽 팔을 잡아서 허벅지로 메치기 한다 (역 허벅지 메치기)	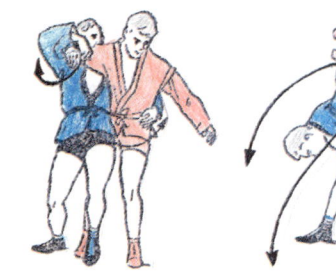	
공격 선수		수비 선수
• 가까운 거리, 소매와 벨트를 잡아서 편리하게 한다. • 수비 선수를 자신 쪽으로 당기며 상대방 아래 쪽에 기마 자세로 앉는다. • 수비 선수의 멀리 있는 다리의 허벅지 위쪽을 골반으로 친다. • 앞쪽 측면으로 몸을 구부린다.		• 벨트를 잡고 공격 선수가 골반을 앞으로 미는 것을 허용하지 않는다. • 두 다리를 구부리고, 한 다리를 공격 선수의 골반 쪽으로 또는 측면으로 민다. • 다리를 공격 선수가 도는 방향에 둔다.
목을 잡고 위에서 몸을 잡아서 메친다.		
공격 선수		수비 선수
• 가까운 거리에 있을 때 위쪽은 목을 잡고, 아래쪽은 몸통을 잡은 뒤 수비 선수 아래로 다리를 움직여서, 양다리 사이로 앉으며, 등 뒤로 메친다.		• 몸을 세워서 공격 선수가 잡은 것으로부터 빠져나온다.
아치 메치기		

공격 선수	수비 선수
• 단단히 잡고, 앞으로 나온 수비 선수의 다리를 눌러서, 메치기 반대 방향으로 당긴다. • 수비 선수의 팔과 몸을 단단히 잡는다. • 몸으로 상대방의 몸을 누르며 몸을 구부린 채 뒤로 넘어지며 가슴과 어깨 너머로 메치기 한다.	• 공격 선수와의 거리를 멀게 만든다. • 공격 선수의 반대 쪽 다리를 다리로 리핑한다.

몸 메치기를 배우기 전에 등 근육과 배 근육을 강화해야 하다. 척추와 어깨 관절을 유연하게 만들고 다리와 팔 근육을 강화시킨다. 몸 메치기는 다리와 팔 메치기 같이 비교적 간단한 동작에 비해 마스터하기가 더 어렵다. 삼보선수는 한판(폴)승을 시도 할 때 다치지 않게 조심하여야 한다. 아울러 몸 메치기 할 때에는 상대 선수가 다치지 않도록 하는 것도 매우 중요하다.

몸 메치기는 뒤쪽에서 상대편의 몸을 잡고 처음에는 한 자리에서 연습한 뒤 나중에 움직이면서 연습을 한다. 몸 메치기는 매우 효과적인 기술이기 때문에 삼보선수들은 이 기술을 익히는데 많은 시간을 할애한다.

1.4.2. 굳히기 기술 배우기

상대방이 매트에 등을 대고 누운 상태에서 공격 선수가 자신의 몸통으로 상대방의 몸통(또는 몸통을 누르고 있는 상대방의 두 손)을 누를 때 굳히기 기술이 수행되고 있다고 본다.

굳히기의 카운트는 공격 선수가 몸통(가슴, 옆, 뒤)을 상대방의 몸통을 누르면서 "양쪽 날개뼈가 매트에 닿은 위치"가 되면 시작된다.

굳히기 자세의 선수가 수비 선수가 공격 선수를 밀어내서 공격 선수의 등이 어깨와 평행하게 되고 매트 표면과의 각도가 90도 이상이 되어서 '가슴 자세', '배 자세', '엉덩이 자세'('허리 자세'는 제외)로 바뀌거나 공격 선수가 통증기술을 시작하면 굳히기는 끝난 것으로 간주된다.

굳히기의 기본 동작은 측면, 십자형, 머리쪽, 윗쪽, 다리쪽 굳히기가 있다. 수비 선수에 대한 공격 선수의 자세로 굳히기 종류를 알 수 있다. 기술적 특성을 이해하며 굳히기를 수행하자(표4).

굳히기 기술의 기본 방법

측면 굳히기	
몸통 잡고 측면 굳히기	
겨드랑이로 팔을 잡지 않고 측면 굳히기	
누워서 측면 굳히기	
역 측면 굳히기	
정강이를 잡고 측면 굳히기	

공격 선수	수비 선수
• 수비 선수 옆으로 앉아서, 상대방의 가까운 팔을 나의 먼 쪽 겨드랑이에 오게 잡는다. • 다른 팔로 수비 선수의 목을 잡고, 양다리를 양쪽으로 옮긴다(가까운 다리는 허벅지 바깥에 두고, 먼 다리는 허벅지 안쪽에 놓는다).	• 정강이와 양팔을 공격 선수에 대고 공격 선수가 몸통을 누르지 못하게 한다. • 공격 선수 방향으로 배가 보이게 몸을 돌린다. • 공격 선수의 다리를 휘어 감는다.
앉아서 굳히기에서 벗어나기	
머리를 다리로 풀어서 굳히기에서 벗어나기	
자기 쪽으로 상대방을 끌어서 굳히기에서 벗어나기	
브릿지를 이용해서 굳히기에서 벗어나기	
몸을 굴려서 굳히기에서 벗어나기	

같은 쪽 팔로 멀리 있는 팔을 잡아서 십자형 굳히기를 한다.	
반대 팔로 멀리 있는 팔을 잡아서 십자형 굳히기를 한다.	
가까운 팔로 허벅지를 움켜 잡아서 십자형 굳히기를 한다.	
멀리 있는 허벅지를 잡아서 십자형 굳히기를 한다.	
가까운 허벅지를 잡아서 십자형 굳히기를 한다.	

공격 선수	수비 선수
• 수비 선수가 등을 대고 공격 선수는 옆으로 무릎을 꿇고 앉은 자세에서 수행한다. • 수비 선수 가슴을 가로질러 엎드린 후 상대의 멀리 있는 팔을 양팔로 잡고, 가까운 팔을 반대편 다리의 무릎을 가지고 머리 쪽으로 누른다.	• 공격 선수를 양팔과 양다리로 민다. • 공격 선수의 다리를 휘어 감는다.

공격자를 내 쪽으로 끌어서 목을 겨드랑이로 잡고 팔꿈치를 배에 댄 후 굳히기에서 벗어난다.	
머리로 넘겨서 굳히기에서 벗어난다	
머리 쪽에서 양팔을 잡아서 굳히기	
머리 쪽에서 몸통을 잡아서 굳히기	
머리 쪽에서 양팔을 자신의 벨트 쪽으로 역방향으로 잡아서 굳히기	
머리 쪽에서 역 굳히기	

공격 선수	수비 선수
• 수비 선수는 등을 대고 누워 있고, 공격 선수는 머리 쪽에 무릎을 꿇고 앉아 있다. • 수비 선수의 가슴을 가슴으로 누르고, 양다리를 벌리고, 상대의 양팔을 겨드랑이로 잡거나 팔꿈치를 구부린다.	• 양팔과 양다리로 공격 선수를 밀어 내고, 상대가 가슴을 누르지 못하게 한다. • 공격 선수의 머리를 양팔(또는 한 팔)로 누른다.
측면 회전으로 굳히기에서 벗어나기	
몸을 돌리고 양팔을 측면으로 움직여서 굳히기에서 벗어나기	
위에서 굳히기	
양팔을 잡지 않고 위에서 굳히기	

다리를 리핑 해서 위에서 굳히기	

공격 선수	수비 선수
• 수비 선수는 등을 대고 누워 있고, 공격 선수는 위에 또는 옆에 서 있는다. • 수비 선수의 배 위로 양다리를 벌리고 앉은 후 가슴으로 상대의 가슴을 누른다. • 수비 선수의 양팔을 잡고 머리를 매트에 누르거나 어깨를 누른다.	• 양 손으로 공격 선수의 어깨를 민다. • 엎드린 자세를 취한다.

양팔을 공격 선수의 양다리 아래에 두어서 굳히기에서 벗어나고 상대를 머리 너머로 메치기 한다.	
다리 쪽에서 벨트를 잡아서 굳히기	
다리 쪽에서 양팔을 잡고 굳히기	

공격 선수	수비 선수
• 수비 선수는 등을 대고 누워 있고, 공격 선수는 다리 쪽에 선다. • 수비 선수의 양다리 사이에 무릎을 넣고, 양 허벅지를 상대의 허벅지 아래 쪽에 두어서 상대의 양다리가 매트에 닿지 않게 한다. • 몸통으로 수비 선수의 가슴을 누른다.	• 양팔을 펴고, 양다리는 구부리고, 양 허벅지를 모으고, 정강이는 벌린다. • 양팔을 공격 선수의 어깨에 대고 양다리는 상대의 허벅지에 대고 상대를 밀어낸다.
양팔과 양다리로 공격 선수를 밀어내서 굳히기에서 벗어난 후 엎드린다.	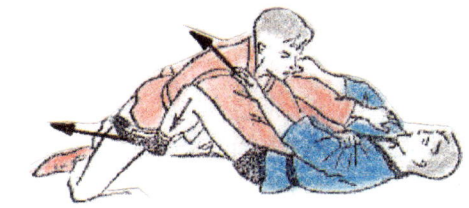

 삼보선수는 굳히기를 하기 위해서 기술적 역량과 힘을 갖추어야 한다. 특히 상대방이 저항할 때 균형을 잘 유지할 수 있는 기술을 필요로 한다.

 삼보선수가 굳히기 기술을 배운다는 것은 상대방의 움직임을 억제시키는 능력을 배우는 것이다. 상대방의 움직임을 억제시키기 위해서 체중을 이용하는 방법을 배우게 되며, 상대방이 도망가는 방향으로 팔과 다리를 지탱하는 능력과 상대방의 양팔을 잡는 기술을 배우게 된다.

 굳히기 기술을 배우려면 누워있는 자세에서 여러 가지 동작(저항하는 힘을 바꾸면서 구르기, 짝을 이루어 구르기, 누워있는 상대방 끌기 등)을 연습해야 한다.

 굳히기 기술은 한 선수는 굳히기를 시작하는 자세로, 다른 선수는 도망가는 동작을 배우는 훈련을 하면서 배우게 된다.

 훈련을 잘 수행하게 되면 한 분야의 굳히기실력을 발굴하고 발휘할 수 있다. 굳히기를 마스터한 뒤에는 상대방의 팔과 다리 통증기술을 사용하는 방법을 배운다.

1.4.3. 통증기술 배우기

삼보의 통증기술은 상대방의 팔과 다리를 특별한 방법으로 잡아서 관절, 팔, 다리 인대에 영향을 주며 고통을 주는 기술이다.

통증기술은 누워있는 자세의 상대방의 팔 또는 다리를 잡아서 꺾기(레버), 비틀기(노트), 인대 또는 근육에 압박(핀치) 등의 동작을 수행하여서 상대방이 경기에서 졌음을 인정하도록 강요한다.

공격 선수가 상대방의 사지 중 하나 이상을 잡은 후 수비 선수가 고통을 느끼는 순간 또는 수비 선수가 그 고통을 극복하기 위해서 수비형태의 잡기를 하는 순간을 통증기술의 시작으로 본다. 경기에서 이러한 행동은 규칙에 따라 60초 동안만 주어진다.

통증기술은 다음과 같은 유형으로 구분된다.
- 핀치 - 팔 또는 다리의 근육이나 인대에 압박을 주는 통증기술
- 레버 - 팔 또는 다리를 꺾어서 관절에 고통을 주는 통증기술
- 노트 - 팔 또는 다리를 비틀어서 고통을 주는 통증기술.

경기 중 통증기술은 수비 선수가 누워 있을 때만 허용하며, 공격 선수는 서 있을 수 있다.

팔 통증기술은 수비 선수가 자신의 위치를 서있는 위치로 변경하고 공격 선수의 몸통(어깨)을 매트에서 들어 올리면 바로 종료해야 한다.

다리 통증기술은 수비 선수가 서 있는 자세로 자리를 움직이면 바로 공격 선수가 종료해야 한다.

통증기술이 성공하면 공격 선수는 한판(폴)승을 얻는다. 상대방이 항복 신호를 하면 공격 선수는 통증기술을 종료한다.

기본적인 통증기술 배우기

팔과 다리 관절의 통증기술은 레버(표 5)와 노트(표 6)로 수행된다. 팔 관절의 통증기술은 먼저 팔꿈치 관절, 그 다음 어깨 관절의 순서로 배운다. 통증기술은 먼저 공격 선수가 자세를 변경하지 않는 상태에서의 통증기술, 다음에 공격 선수의 자세를 변경(런, 크로싱, 셧아웃)하는 통증기술 그리고 마지막으로 수비선수의 자세가 변경된 통증기술을 차례로 배운다.

표 5

기본적인 팔 관절 통증기술(레버)

겨드랑이로 팔을 잡아서 팔뚝으로 팔꿈치 레버	
누운 자세에서 겨드랑이로 팔을 잡고 팔뚝으로 팔꿈치 레버	

공격 선수	수비 선수
• 수비 선수의 어깨를 같은 쪽 겨드랑이에 잡는다. • 잡힌 팔의 팔꿈치 아래로 팔뚝을 옮긴다. 손목을 잡는다. • 수비 선수의 몸을 등이나 측면으로 매트에 누른다. • 수비 선수의 팔을 곧게 편다.	• 양팔을 건다. • 공격 선수의 배 쪽 벨트를 잡는다. • 자유로운 팔을 공격 선수의 몸에 대고, 통증기술이 들어오는 팔을 구부린다.

허벅지로 팔꿈치 레버를 하고, 한 팔로 다른 팔 잡기	
양쪽 허벅지를 이용해서 팔꿈치 레버	

허벅지로 팔꿈치 레버를 하고, 양 허벅지로 팔을 눌러 잡기	
머리 쪽에서 굳히기를 한 후 허벅지로 팔꿈치 레버	

공격 선수	수비 선수
• 수비 선수의 반대 팔뚝을 잡는다. • 수비 선수의 겨드랑이로 허벅지를 옮긴다. 수비 선수의 팔을 허벅지로 꺾는다.	• 공격 선수의 벨트를 잡는다. 양팔을 낚아챈다. • 팔을 손바닥이 매트 쪽 향하게 돌린다.

양다리를 벌려서 굳히기를 한 후 겨드랑이로 팔뚝을 잡아서 팔꿈치 레버	
다리 쪽에서 굳히기를 한 후 겨드랑이로 팔뚝을 잡아서 팔꿈치 레버	
머리 쪽에서 굳히기를 한 후 겨드랑이로 팔뚝을 잡아서 팔꿈치 레버	

공격 선수	수비 선수
• 수비 선수의 양팔 사이에 한 팔을 넣고, 상대의 팔뚝을 어깨로 잡는다. • 수비 선수의 팔꿈치 아래 팔뚝을 움직여서, 상대의 팔을 팔뚝 관절에 대고 꺾는다.	• 팔을 구부리고, 공격 선수를 자유로운 팔로 밀고 잡힌 팔꿈치를 빼낸다. • 양팔을 모아서 공격 선수를 감싼다.
십자형 굳히기를 한 후 팔뚝에 팔꿈치 레버를 하고 같은 쪽 팔로 팔뚝을 잡기	
십자형 굳히기를 한 후 팔뚝에 팔꿈치 레버를 하고 반대 쪽 팔로 팔뚝을 잡기	

공격 선수	수비 선수
• 수비 선수의 먼 팔을 위에서부터 팔뚝을 잡은 후, 팔뚝을 수비 선수의 팔 아래로 넣는다. • 팔뚝으로 수비 선수의 잡힌 팔의 팔꿈치를 들어 올리고, 수비 선수의 몸통을 가슴으로 매트 쪽으로 누른다.	• 손바닥을 매트 쪽으로 돌리고 팔꿈치를 구부린다. • 옆으로 돌면서 양팔을 모은다.
무릎을 꿇고 엎드려 있는 상대 선수의 팔을 양다리로 잡은 후 팔꿈치 레버	
양다리로 팔을 잡고 팔꿈치 레버(롤 오버)	

엎드려있는 상대의 팔을 발 사이로 잡고 팔꿈치 레버	
양다리 사이로 상대의 팔을 잡고 두 다리는 상대의 목과 몸통 너머로 넘어가지 않게 한 후 팔꿈치 레버	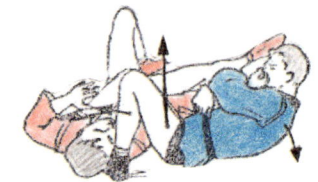
양다리 사이로 팔을 잡고, 정강이를 상대의 배에 올려 놓고 팔꿈치 레버	

상대를 뒤로 재끼면서 상대의 팔을 양다리 사이로 잡고 팔꿈치 레버

   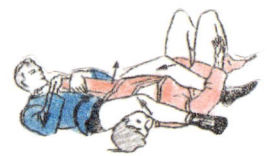

위 쪽에서 굳히기를 한 후 상대의 팔을 양다리 사이로 잡아 팔꿈치 레버	 

팔뚝을 안쪽에서 잡고 몸을 돌린 후 다리로 목을 누르며 양다리 사이로 상대의 팔을 잡아 팔꿈치 레버

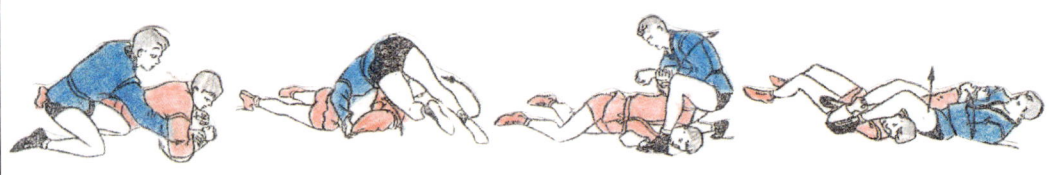

공격 선수	수비 선수
• 수비 선수의 잡힌 팔을 잡아당기고 양 허벅지로 움켜 잡는다. • 수비 선수의 목 위로 다리를 올리고, 팔을 당기고, 앉는다. • 수비 선수의 머리 쪽으로 몸을 숙인다. • 양다리를 교차하고, 양 허벅지로 팔을 잡고, 팔뚝을 가슴쪽으로 누른 후 구부린다.	• 양팔을 낚아 챈다. • 목을 누르고 있는 공격 선수의 다리의 무릎을 잡아서 아래로 당긴다. • 공격 선수로부터 재빨리 몸을 뺀다. • 가슴을 공격 선수 쪽으로 돌리고, 잡힌 팔꿈치를 끌어 당긴다.
두 팔을 이용하여 모여 있는 팔을 떨어뜨림	
한 팔은 아래에서 위로 올리고 그 팔에 다른 팔을 겹쳐서 모여 있는 팔을 떨어뜨림	
같은 쪽 팔은 앞쪽 아래로, 반대 팔은 위로 하게 해서 잡고 모인 양팔을 노트를 사용하여 떨어뜨림	
먼 쪽 어깨에 다리를 받쳐서 모인 양팔을 떨어뜨림	
먼 쪽 팔을 팔꿈치로 위로 당기면서 모인 양팔을 떨어뜨림	

위쪽에서 허벅지를 이용해서 모여 있는 팔을 떨어뜨림	
움켜쥔 손을 떼어 내서 모여 있는 팔을 떨어뜨림	
상대방의 팔뚝 사이로 팔을 넣어서 모여 있는 팔을 떨어뜨림	
위쪽에서 발을 이용해서 팔꿈치 레버	
무릎을 꿇고 엎드려 있는 상대방을 위쪽에서 발을 이용해서 팔꿈치 레버	
서 있는 상대방을 위쪽에서 발을 이용해서 팔꿈치 레버	

위에서 굳히기를 한 후 위쪽에서 발을 이용해서 팔꿈치 레버	
상대방을 넘어뜨리며 위쪽에서 발을 이용해서 팔꿈치 레버	
위쪽에서 발을 이용해서 어깨 레버	

공격 선수	수비 선수
• 가까운 쪽 팔의 겨드랑이 쪽에서 상의의 옷깃을 잡고, 먼 쪽 다리를 수비 선수의 반대 쪽 다리의 무릎 옆에 대고 매트를 견고하게 딛고 선다. • 측면으로 누우면서 수비 선수의 머리 위로 가까운 다리를 넘긴다. • 허벅지로 어깨를 움켜 잡고, 팔뚝을 잡은 후 구부린다.	• 양팔을 낚아챈다. • 공격 선수의 다리의 구부린 오금에 잡힌 팔의 팔뚝을 댄다. • 자신의 허벅지 또는 벨트를 잡는다. • 서서, 공격 선수를 매트 표면에서 들어 올린다.

양팔을 교차시키며 팔꿈치 레버	

공격 선수	수비 선수
• 수비 선수의 팔뚝을 잡고 양팔을 교차시킨다(한 팔의 팔뚝은 다른 팔의 겨드랑이로). • 수비 선수의 한쪽 팔을 다른 팔의 팔뚝 밑에서 구부린다.	• 양팔을 벌리고 앞으로 뻗는다. • 브릿지 자세를 하여 공격 선수의 자세가 측면 자세로 바뀌게 한다.

다리 리핑을 이용하여 팔꿈치 레버	  

공격 선수	수비 선수
• 정강이로 수비 선수의 가까운 팔을 밖에서 리핑 한다. • 양 허벅지로 팔을 잡고, 뒤로 당기며 편다. • 같은 쪽 다리의 허벅지를 낮추고, 정강이를 올리고, 수비 선수의 팔꿈치 관절을 구부린다.	• 상대방의 팔을 리핑하지 못하게 한다. • 팔을 돌리고 구부려서 팔뚝이 아래로 가게 한다.

팔을 잡고 안쪽으로 팔꿈치 레버	
다리를 리핑한 후 안쪽으로 팔꿈치 레버	

공격 선수	수비 선수
• 수비 선수의 가까운 쪽 팔의 팔뚝을 두 팔로 잡고 상대방의 반대편 다리의 허벅지를 움직인다. • 팔을 자기 쪽으로 당기고 옆에 붙인다. • 수비 선수의 팔꿈치를 어깨로 압박을 주고, 팔꿈치 관절을 편다.	• 팔을 구부리고 자기 쪽, 즉 아래쪽으로 당긴다. • 머리를 공격 선수 쪽으로 돌리고, 팔꿈치를 배로 누른다.

위쪽에서 몸통을 이용해서 팔꿈치 레버	

공격 선수	수비 선수
• 수비 선수는 등을 대고 눕고, 공격 선수는 옆에 양 무릎을 꿇고 있다. • 수비 선수의 가까운 팔의 팔목을 두 팔로 잡는다. • 수비 선수의 팔을 가슴 쪽으로 움켜잡고, 앞으로 당기고, 수비 선수가 엎드리게 한 후 매트에 팔꿈치를 구부린 팔을 올려 놓게 한다. • 수비 선수의 잡힌 팔의 팔뚝에 몸통으로 압박을 주며 팔뚝 관절을 구부린다.	• 팔꿈치를 아래쪽으로 향하게 하고 공격 선수를 밀어낸다. • 팔을 구부린 채 상대가 자신을 엎드린 자세로 만들지 못하게 한다.

삼보선수의 힘과 관련된 역량은 통증기술을 수행하는데 도움이 된다. 팔과 다리 근육, 바디의 구부리고 펴는 근육 개발이 특히 요구된다.

표6

기본적인 팔 관절 통증기술(노트)

십자형 노트	
다리 굳히기 시도에 대한 역공으로서 십자형 노트	

공격 선수	수비 선수
• 십자형 굳히기 후 수비 선수의 먼 팔뚝을 같은 쪽 팔로 잡는다(손을 머리 방향으로 돌린다). • 상대방의 잡힌 팔 아래로 자신의 다른 쪽 팔의 팔뚝을 넣는다. • 수비 선수의 목을 나의 팔꿈치로 누른다. • 양팔을 낚아채고, 수비 선수의 팔꿈치를 팔뚝으로 들어 올린다.	• 양팔을 낚아채서 가슴을 누른다. • 팔을 펴고, 매트에 손바닥이 닿도록 만든다.

엎드려 있는 상대방을 노트.	

공격 선수	수비 선수
• 수비 선수는 엎드려 있고, 공격 선수는 옆에 또는 앞에 양 무릎을 꿇고 엎드려 있다. • 수비 선수 등에 가슴을 대고 십자형으로 엎드리고, 먼 쪽 팔의 팔뚝을 아래쪽에서 반대 팔로 잡는다. • 같은 쪽 팔의 팔뚝을 수비 선수의 어깨 관절에 대고, 반대 팔로 아래에서 팔뚝을 잡는다. • 수비 선수의 팔뚝을 들어 올리고 매트에 대고 어깨 관절을 누른다.	• 팔을 몸 아래로 옮긴다. • 측면으로 몸을 돌려서 공격 선수에게 등을 향하게 한다. • 일어선다.

측면 굳히기 후 다리 노트	

아래쪽에서 다리 노트	

공격 선수	수비 선수
• 수비 선수의 가까운 팔의 팔뚝을 나의 반대 팔로 잡는다. • 다리를 올려서 수비 선수의 팔의 팔뚝에 정강이를 대고, 다리를 구부려서 팔뚝을 잡는다. • 허벅지를 옆으로 옮기고 골반을 들어 올려서, 어깨 관절을 기준으로 팔을 비튼다.	• 공격 선수에게 잡힌 팔의 팔꿈치를 허벅지에서부터 자신 쪽으로 당겨서 풀어낸다. • 공격 선수의 허벅지에 머리를 대고, 팔을 곧게 편다. • 공격 선수의 상의 또는 벨트를 잡는다.

측면 굳히기 후 팔뚝을 아래로 하며 다리 노트	
공격 선수	수비 선수
• 수비 선수의 가까운 팔의 팔뚝을 나의 반대 팔로 잡고 두 다리로 누른다. • 수비 선수의 팔뚝에 반대 허벅지를 대고 팔을 양쪽 허벅지로 잡는다. • 같은 쪽 허벅지를 들어 올리고, 반대쪽을 내리고, 수비 선수의 팔을 어깨 관절을 기준으로 비튼다.	• 양팔을 낚아챈다. • 팔을 펴서 공격 선수의 윗쪽에 있는 다리의 아래에 넣는다.
위에서 굳히기를 한 후 팔뚝을 아래로 하면서 다리 노트	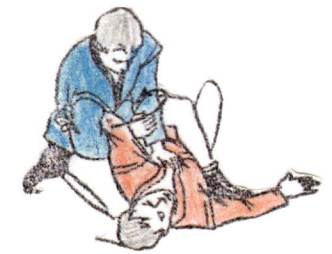
공격 선수	수비 선수
• 수비 선수의 팔을 반대 어깨로 잡는다. • 팔을 위로 당기고 수비 선수를 측면으로 돌린다. • 잡은 팔의 어깨를 밖에서 누르고, 팔꿈치를 들어 올리고, 뒤로 재끼며, 수비 선수의 어깨 관절을 비튼다.	• 가슴을 공격 선수에게 향하게 하고, 잡힌 팔꿈치를 푼다. • 공격 선수의 뒤로 양팔을 낚아챈다,

통증기술을 배울 때에는 특히 안전 조치에 주의를 기울여야 한다. 통증기술로 팔이나 다리가 자상을 입거나 찢어질 수 있다. 기술을 매끄럽게 하면서 상대방을 보호하고 상대방이 첫 번째 신호를 주면 바로 멈춘다. 상대방을 보호하면서 팔과 다리 근육에 압박을 주며 신호를 받으면 통증기술을 종료한다. 기술의 힘과 속도는 점차적으로 증가시킨다.

다리 관절 통증기술은 핀치(표 7), 레버(표 8), 또는 노트(표 9)로 한다.

기본적인 다리 관절 통증기술(핀치)

반대 쪽 다리 잡기		
공격 선수	수비 선수	
• 수비 선수의 정강이를 겨드랑이로 잡는다. • 수비 선수의 정강이 아래에 반대 쪽 팔뚝을 움직여서 양팔을 모은다. • 골반을 들어 올려서 몸을 숙이고, 아킬레스건 아래 뼈로 머리를 누른다.	• 공격 선수의 가슴을 옷깃으로 잡는다. • 무릎을 구부리고 공격 선수의 팔뚝과 몸통 사이로 다리를 민다.	
같은 쪽 다리를 잡기	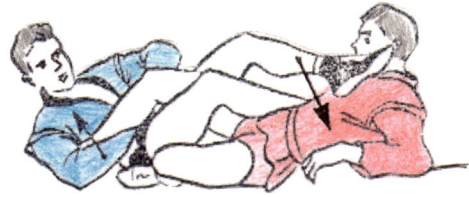	
공격 선수	수비 선수	
• 수비 선수의 정강이를 겨드랑이로 잡는다. • 수비 선수의 정강이 아래에 반대 쪽 팔뚝을 움직여서 양팔을 모은다. • 골반을 들어 올려서 몸을 숙이고, 아킬레스건 아래 뼈로 머리를 누른다.	• 공격 선수의 가슴을 옷깃으로 잡는다. • 무릎을 구부리고 공격 선수의 팔뚝과 몸통 사이로 다리를 민다.	
반대 쪽 다리의 오금을 구부려서 지탱하기		
공격 선수	수비 선수	
• 수비 선수의 정강이를 겨드랑이로 잡는다. • 수비 선수의 정강이 아래에 반대 쪽 팔뚝을 움직여서 양팔을 모은다. • 골반을 들어 올려서 몸을 숙이고, 아킬레스건 아래 뼈로 머리를 누른다. • 반대편 발을 무릎 안쪽 관절에 고정시킨다.	• 공격 선수의 가슴을 옷깃으로 잡는다. • 무릎을 구부리고 공격 선수의 팔뚝과 몸통 사이로 다리를 민다.	

상대방 위에서	

공격 선수	수비 선수
• 수비 선수의 정강이를 겨드랑이로 잡는다. • 수비 선수의 정강이 아래에 반대 쪽 팔뚝을 움직여서 양팔을 모은다. • 골반을 들어 올려서 몸을 숙이고, 아킬레스건 아래 뼈로 머리를 누른다.	• 다리를 구부린다. • 등을 돌린다. • 공격 선수의 가슴의 옷깃을 잡는다. • 다리를 편다.

잡힌 다리로 상대방 회전시키기	

공격 선수	수비 선수
• 수비 선수의 정강이를 겨드랑이로 잡는다. • 손으로 매트를 짚고 엎드린 자세로 몸을 돌린다. • 골반을 들어 올려서 몸을 숙이고, 아킬레스건 아래 뼈로 머리를 누른다.	• 다리를 구부린다. • 등을 돌린다. • 공격 선수의 가슴의 옷깃을 잡는다. • 다리를 편다.

상대 위에 앉아서	

공격 선수	수비 선수
• 수비 선수의 반대쪽 다리를 잡는다. • 수비 선수의 반대쪽 다리를 넘겨서 던진다. • 뒤로 꺾으면서 골반에 앉는다. 아킬레스건 아래 뼈로 머리를 누른다.	• 공격 선수의 가까운 다리를 잡는다. • 측면 자세로 눕는다. • 아킬레스건 핀치의 역 기술을 사용한다.

다리 쪽에서 굳히기 후	
공격 선수	수비 선수
• 반대 쪽 다리를 잡고, 수비 선수가 양다리를 벌리지 못하도록 한다. • 몸을 뒤쪽으로 제끼면서 상대방 위에 올라 탄다. 아킬레스건 아래 뼈로 머리를 누른다.	• 공격 선수의 가슴 위 상의를 잡는다. • 무릎을 구부리고 다리를 공격 선수의 팔뚝과 몸 사이로 민다.

저항하지 않는 상대에게 통증기술 사용하는 훈련이 끝나면 보다 복잡한 통증기술을 사용하는 방법을 배워야 한다. 손으로 잡자마자 또는 파이트 과정에서 저항하는 상대에게 기술을 써야만 한다.

표8

기본적인 다리 관절 통증기술(레버)

무릎 레버	
겨드랑이로 정강이를 잡고	
공격 선수	수비 선수
• 수비 선수의 허벅지를 두 허벅지로 잡아서 상대의 무릎이 배에 오게 한다. • 같은 쪽 겨드랑이로 정강이를 잡는다. • 몸을 구부리고 무릎 관절을 펴서 다리를 편다.	• 다리를 구부리고, 무릎을 매트에 댄다. • 공격 선수의 가슴 위 상의를 잡는다.

가슴으로 정강이를 누르며	
공격 선수	수비 선수
• 수비 선수의 허벅지를 두 허벅지로 잡아서 상대의 무릎이 배에 오게 한다. • 같은 쪽 겨드랑이로 정강이를 잡는다. • 몸을 구부리고 무릎 관절을 펴서 다리를 편다.	• 공격 선수 가슴의 옷깃을 잡는다. • 다리를 자기 쪽으로 당기고 공격 선수에게 잡힌 허벅지를 빼낸다.
서 있는 파트너(상대)를 넘어뜨리며	
공격 선수	수비 선수
• 서 있는 수비 선수를 넘어뜨린다. • 정강이를 잡고, 수비 선수의 다리를 두 허벅지로 낚아챈다. • 몸통으로 힘을 써서 다리를 편다(몸을 숙여서).	• 다리를 구부리고 무릎을 매트에 댄다. • 아킬레스건 핀치에 대한 역기술을 사용한다.
양 허벅지 레버	
어깨 위로 다리를 잡고	
공격 선수	수비 선수
• 움직임은 다리 쪽에서 시작한다. • 수비 선수의 반대쪽 다리를 잡고 목 옆 어깨 위에 올린다. • 수비 선수의 다른 쪽 허벅지가 매트에 눌리도록 반대편 정강이로 누른다. • 어깨를 앞쪽 측면으로 내리고, 수비 선수의 두 허벅지를 가능한 넓게 벌린다.	• 공격 선수의 어깨에서 다리를 떼어 낸다. • 거리가 멀어지게 한다.

다리를 꼬아 다른 다리를 잡고	

공격 선수	수비 선수
• 같은 쪽 다리를 잡고 수비 선수의 어깨를 누른다. • 같은 쪽 다리를 꼰다. • 뒤로 몸을 제끼고, 수비 선수의 두 허벅지를 떨어뜨린다.	• 공격 선수가 휘감을 때 다리를 푼다. • 공격 선수의 같은 쪽 팔을 잡는다.

삼보선수가 통증기술 기법을 잘 숙달하면(통증기술 만 사용하여서) 경기에 참여할 수 있으며, 통증기술 숙련 대회에도 참여할 수 있다.

표 9

기본적인 다리 관절 통증기술(노트)

다리 노트	

공격 선수	수비 선수
• 같은 쪽 겨드랑이로 정강이를 잡고, 팔을 수비 선수에 반하여 바깥쪽에서 댄다. • 수비 선수의 다리를 구부리고 가슴 쪽을 누른다. • 수비 선수의 허벅지를 먼 쪽 다리 방향으로 회전시킨다.	• 잡힌 다리를 펴고 옆으로 몸을 돌린다. • 팔을 다리에 대고, 정강이가 머리에 가까워지는 것을 막는다.

십자형 굳히기 후 양팔로 다리 노트	

공격 선수	수비 선수
• 양팔로 수비 선수의 같은 쪽 정강이를 잡는다(처음에 안쪽에서 반대 팔을 잡는다). • 잡은 다리를 옆으로 당기고, 반대편 팔의 어깨를 잡은 다리의 고관절에 댄다.	• 잡힌 다리를 편다. 공격 선수가 고관절에 어깨를 대지 못하도록 한다.

한 다리 노트	

공격 선수	수비 선수
• 위에서 굳히기에서 통증기술로 전환한다. • 수비 선수의 반대편 정강이를 다리로 리핑한다. • 수비 선수의 머리쪽으로 리핑 된 정강이를 당긴다. • 고관절을 허벅지의 아래 부분으로 누른다.	• 자기 다리 쪽에 손을 짚는다. • 공격 선수가 리핑 한 다리를 빠져 나오게 한다.

양다리 노트	

공격 선수	수비 선수
• 수비 선수의 반대 다리를 매트 위에서 내 다리로 누른다. • 수비 선수의 발을 같은 쪽 정강이로 리핑하고 다리를 옆으로 옮긴다. • 수비 선수의 다리를 무릎을 사용하여 매트에 굳히기를 한다.	• 측면으로 몸을 돌린다. • 공격 선수의 상의를 잡는다.

양다리로 노트	
공격 선수	수비 선수
• 수비 선수의 발을 안으로 리핑한다. • 두 다리를 떨어지게 옮긴다.	• 리핑에서 다리를 뺀다. • 측면으로 돈다.
다른 다리의 오금을 구부려서 리핑으로 다리를 노트한다.	
공격 선수	수비 선수
• 수비 선수의 다리를 겨드랑이로 잡는다. • 수비 선수의 오금을 발로 구부려서 자신의 다리로 리핑 한다.	• 상대가 오금을 구부린 다리를 리핑하지 못하도록 한다. • 엎드리고, 공격 선수의 다리를 밀어내며 자신의 다리를 뺀다

1.4.4. 삼보선수의 기술 훈련

삼보선수는 경기에서 효과를 높일 수 있는 다양한 특성의 기술을 익히고 있어야 한다. 주요 특징은 다음과 같다.
- 안정성은 상대방의 저항, 상황에 대한 독립성 및 선수의 기술 습득 상태와 관련이 있다.
- 효과성은 해결해야 될 과제 및 좋은 경기 결과와 관련이 있는 것으로 신체적 준비 상태.

전술 및 심리적 준비 상태에 의해서 정의된다.
- 다양성은 경기 상황에 따라 동작을 얼마나 잘 변용시키냐로 특징지워 진다.
- 효율성은 기술을 수행할 때 합리적인 에너지 사용을 의미한다.
- 상대방에게는 최소한의 전술 정보를 제공한다.

삼보선수는 자신의 수준에 맞는 일정한 기술을 습득한다. 움직임의 능력과 기술은 기술 동작의 발전 수준의 특성을 보여준다. 운동 능력의 형성은 배우는 과정에서 삼보선수의 능동적인 참여를 요구하고, 자신의 움직임을 통제하는 능력뿐만 아니라 과제의 내용 및 수행 조건을 분석하도록 해준다.

삼보선수가 단련을 하여서 어느 정도의 기술을 마스터했는지를 알 수 있는 사항들은 다음과 같다.

동작을 하는 동안 계속해서 집중을 하고 있는지 살피고, 동작을 수행한 결과가 일정한지를 살펴야 한다. 왜냐하면 기술을 정확하게 수행하지 않았다면 그것은 바로 결과로 나타나기 때문이다. 동작이 조금이라도 흐트러져 있으면 기술 수행의 속도가 현격하게 늦어진다.

기술 수행을 여러 번 반복하면 정확하게 습득이 될 것이다. 그렇게 되면 삼보선수는 계속 집중할 필요가 없게 된다. 왜냐하면 운동 능력이 숙련이 되어 습관화되기 때문이다.

운동 능력의 숙련에 영향을 주는 요인들

<u>타고난 능력</u> - 삼보를 하기에 적합한 유전적이고 선천적인 능력을 의미한다. 삼보는 특유의 운동 능력과 관련된 특정 능력을 필요로 하기 때문이다.

<u>누적된 운동 경험</u>(또는 이전에 습득한 능력) - 인간의 운동 능력은 선천적으로 운동 횟수와 복잡성(굴신운동) 또는 개인 생활(달리기, 뛰기, 메치기) 전반에 걸쳐 특별한 훈련의 결과로 형성된다.

삼보선수에게 기술 동작을 훈련시키는 전 과정은 3 단계로 나뉘어져 있다.

초기 습득 단계(사전 능력이 형성됨, 습득된 행동이 일반적으로 수행됨)

방법론적 특징은 다음과 같다.

- 훈련생이 심리적으로 좋은 상태에 있을 때에만 훈련을 실시해야 한다.
- 가능하면 정신을 산만하게 하는 요소의 영향을 배제해야 한다.
- 지치거나 수행 능력이 떨어지면 반복적인 훈련을 중단해야 한다.
- 휴식 간격은 회복을 위해 충분해야 한다.
- 나중에 훈련생이 지치고 집중력을 잃을 수 있으므로 처음에 주요한 부분을 가르쳐주는 식으로 훈련 프로그램을 짜야 한다.

고급 습득 단계(세부 능력이 형성됨)

방법론적 특징은 다음과 같다.

- 훈련생이 기분이 좋을 때 훈련을 한다.
- 훈련 반복의 수를 늘일 수 있다. 수행 능력이 약화되면 연습을 그만둔다.
- 휴식 간격을 점차 줄인다.
- 교육은 전체 수업 시간의 처음 절반 시간에 진행시킨다.

마스터링 단계 및 추후 개선

방법론적 특징은 다음과 같다.

- 수행된 행동의 안정성을 확보하고 자동적으로 동작이 이루어지도록 한다.
- 개별 기술을 필요한 정도의 완성도로 습득한다.
- 최대한의 노력으로 속도, 정확성 및 효율성을 갖춘 기술 동작을 습득한다.

삼보선수가 운동 동작을 익힐 때 필요한 것은 운동 동작을 어떻게 합리적으로 수행할 것인가와 의식적이고 적극적으로 기술을 익힐 수 있도록 학습 동기를 부여해주는 것이다.

하나의 기술을 실전에 적용할 준비가 되었을 때 새로운 기술 동작을 시작한다. 훈련생이 실전에 적용할 준비 상태가 되었는지를 평가하는 기준은 다음과 같다.

- 운동 동작을 배우기에 적합한 신체적 준비 상태, 즉 신체적인 발달 수준(속도, 파워, 참을성 및 유연성).
- 훈련생의 운동 경험 - 경험이 많으면 많을수록 새로운 운동 동작을 습득하는 것이 필요하다고 확신하게 된다.
- 심리적 준비 상태 - 특히 위험한 상황에 놓였을 때 스스로 해결하는 능력이 어느 정도 되는지를 평가한다.

삼보선수가 기술 동작을 배울 준비가 되었는지는 테스트 훈련에 의해 결정된다. 테스트 결과 훈련이 불충분하다고 판단되면 추가적인 신체 훈련을 실시한다.

1.5. 훈련 및 경기 전술 적용

전문가들은 삼보 전술은 경기의 특정 조건 하에서 임무를 해결하고 목표를 달성하기 위해 선택하는 싸움의 도구이며 방법이라고 한다.

삼보선수는 기술을 잘 익히면 익힐수록 상대방과의 경기에서 습득한 기술 동작을 사용하여 적은 힘과 에너지로 큰 효과를 얻을 기회를 갖게 된다.

삼보 이론에는 경기 전술, 파이트 전술 및 기술 수행 전술이 있다.

경기 전술

경기 전술은 필요한 스포츠 결과를 달성하기 위한 선수의 행동 과정을 결정하는 것을 목표로 하다. 경기 전술 계획에는 다음 작업이 포함된다.

- 조사 또는 정보 수집.
- 상황 평가 또는 가능한 경기 상황 예측.
- 선수가 경기에서 수행할 수 있는 주요 및 특별 행동 프로그램 선택.
- 경기 상황의 가능한 변화 및 그 이행으로 인한 전술 계획의 실제화.

다음과 같은 행동을 취하여 계획된 경기 전술을 구현한다.

억제 - 상대 선수보다 우위를 확보하기 위하여 삼보선수가 행하는 한 가지 또는 여러 측면(기술적, 전술적, 신체적 또는 심리적 측면)의 행동.

마스킹 - 자신의 의도와 전술 계획을 숨기거나 상대방이 필요한 전술을 결정하도록 하기 위해 적용하는 행위.

경기를 준비하면서 짜는 계획에는 선수가 경기를 성공적으로 수행하기 위한 능력을 축적하기 위한 훈련 도구 사용 시간과 훈련 방법이 포함되어 있다.

파이트 전술

파이트 전술은 특정 상대와의 경기를 계획하는 행동을 목표로 하다.

파이트 전술은 다음과 같은 방법을 포함한다.

공격 전술은 서서 자유롭고 자신감 있게 싸우는 행동으로 특징지워 진다. 기술을 수행하려는 실제 시도와 결합된 다양한 전술적 행동으로 구성된 조합 행동이다.

역습 전술은 삼보선수가 상대방의 적극적인 행동으로 발생하는 기회를 포착하여 역습을 이용하여 발을 움직이는 것을 의미한다.

수비 전술은 어떤 적극적인 활동도 하지 않고 수비에 집중하는 것이 특징이며, 상대방이 실수를 하면 공격을 시도한다.

기술 수행 전술

경기에서 승리를 달성하기 위한 기술을 수행할 때에는 다양한 전술적 행동이 중요하다. 경기를 하는 동안 두 가지 과제가 주어진다.

첫 번째는 점수를 받는 동작의 수행에 필요한 역동적인 상황을 만드는 것이다.

두 번째는 점수를 받는 동작의 수행이다.

경기에서 수행되는 기술 동작의 효과는 메치기에 유리한 조건이 준비되었는지에 의해 정의된다. 메치기를 위한 준비 행동은 상대방의 균형을 깨도록 가하는 행동이다. 이 행동은 메치기를 위해 개별적 및 종합적으로 개발되어야 하는 특정한 움직임이다. 상대방을 불편하고 불안정한 위치에 놓을 뿐만 아니라 자신의 힘에 긴장감을 유발하여 메치기에 유리한 조건을 만들 수 있다.

기술 수행 전술은 경기 중에 발생하는 유리한 조건을 숙련되게 사용하는 것과 이러한 조건을 만드는 능력으로 구성된다. 경기에서 기술적 행동의 성공적인 수행은 다음과 같은 조건의 영향을 받는다.

- 경기하는 동안 삼보선수의 몸통 자세로, 그 자세는 기술 수행을 위해 좋은 조건을 만들거나 그 반대로 어렵게 만들 수 있다.
- 상대방의 노력.
- 상대방의 신체적 허약함.
- 상대방의 심리 훈련 부족.

메치기를 할 수 있는 중요한 조건 중 하나는 상대방이 균형을 잃었을 때이다. 이 동작의 주요 방향은 앞으로, 뒤로, 오른쪽, 왼쪽, 오른쪽 - 앞으로, 왼쪽 - 앞으로, 오른쪽 - 뒤로 및 왼쪽 - 뒤로 등이 있다. 공격하는 선수는 상대방이 균형을 잃었을 때 언제나 기술을 수행할 수 있는 편리한 위치를 유지해야 한다.

메치기에 유리한 역동적인 상황은 실수로 발생하거나 의도적으로 만들 수 있다. 경기를 하는 동안 여러 상황의 올바른 해결을 위해 필요한 합리적인 행동은 매우 다양하기 때문에 삼보선수는 경기의 모든 상황에 대해 다양한 기술적 행동을 준비해야 한다.

조건에 따라서 경기를 구성 요소로 나누면 공격, 반격, 수비 및 다양한 준비 작업이 있다. 방어의 경우 전략적 훈련 방법(위협, 균형을 잃게 하기, 결속하기)을 사용하여 유리한 조건을 만들 수 있다. 삼보선수는 맞서기와 도전으로 공격 또는 역습을 감행한다. 상대방의 실수를 만들기 위해 공격의 재시도, 도전 포기, 이중 엄포 등을 할 수 있다.

좋은 조건을 조성하기 위한 기술적 준비는 대개 아래와 같이 상대방의 반응에 달려 있다.

- 상대방이 수비 자세를 취하도록 하는데 도움이 되는 방법: 위협, 결속하기, 균형을 잃게 만들기
- 유리한 상황을 만들기 위해서 상대방이 적극적인 반응을 보이게 하는 방법: 도전

- 상대방이 삼보선수의 행동에 반응하지 않거나, 수비력이 약화되어 있거나 휴식을 취하고 있을 때는 재공격과 이중 엄포를 한다.

전술 배우기

삼보선수의 경기 전술 훈련은 축적된 이론 및 실제 지식을 응용하여 수행된다.

정보 수집 기술은 선수 두 명이 경기할 때 사용하는 기술을 보는 과정에서 형성되며,(오른쪽, 왼쪽) 서기, 최적의 잡기, 선 자세 또는 누운 자세에서의 기술 등으로 나뉜다. 삼보선수는 경기 동영상 관찰 및 분석을 통하여 상대방의 기술 및 전술적 행동을 분석하는 방법을 배운다.

삼보선수에게는 참여하는 선수들의 특성, 대진 현황 등의 경기 상황을 분석하는 능력을 가르쳐야 하고, 실제 파이트의 결과에 의해서 발생할 수 있는 상황을 예측할 수 있는 능력을 길러줘야 한다.

물론 삼보선수는 승리를 원한다. 승리는 다양한 방법으로 이루어진다. 한판(폴)으로 승리(시간 단축!), 점수 획득으로 승리(4에서 11 점수의 우세 사용), 최소 우세 승리, 두 선수가 적극적이지 않거나 규칙 위반을 하여 실격에 의한 승리 등이 그것이다. 승리를 위한 다양한 방법에 대한 구체적인 논의는 대회에 참여한 선수의 컨디션 또는 외부적인 요인들을 고려해야 한다.

경기를 위한 표준 전술은 없다(상황은 끊임없이 변한다). 아무리 열심히 연구를 하였어도 상대방의 행동을 미리 예측하는 것은 불가능하다. 선수는 구체적인 경기 조건을 고려하여 적용할 수 있는 일반적인 전술 계획을 세우고 상황에 따라 변화를 줄 수 있도록 해야 한다.

삼보선수는 이미 알려진 상대 선수의 능력을 연구하여 경기 전술 구현 사례를 공부하는 것이 바람직하다. 이 경우, 시행 착오를 통해 전술적 기술을 형성하려면 수년이 걸릴 수 있다.

삼보선수의 파이트 전술 훈련은 기술 동작을 학습하는 것으로 시작된다. 1단계에서는(근, 중간, 원)거리 공격, 반격 및 수비 전술의 역할을 분석한다. 2단계에서는 상대방을 공격하고 상대방의 행동을 차단할 때 사용되는 잡기를 배운다. 3단계에서는 전술 책략, 공격과 수비 행동의 조합, 정면 공격, 상대방의 실수를 이용하는 동작을 연구한다.

경기를 할 때 결투 전술은 상대에 관한 정보와 상대방의 기술 및 전술 능력을 보면서 구상한다. 파이트를 하기 전에 상대방이 워밍업하는 것을 보면서 상대의 신체 및 심리적 상태를 파악한다.

계획된 파이트 전술을 구현하려면 자신을 믿어야 하며 상대방이 방심하고 있는 상태에 있을 때 공격적인 행동을 가해야 한다는 것을 기억해야 한다.

<u>메치기를 할 때의 전술적 동작 교육</u>은 다음의 3 단계로 수행할 것을 조언한다.

1단계 - 가장 자주 발생하는 상황에서 전술적인 행동을 어떻게 해야 하는지 방법을 보여주고, 다음에 파트너가 계획된 저항을 하도록 하고, 공격하기 좋은 자세로 오랫동안 만들어 주어서(제 자리에서 또는 움직이면서) 연습을 시킨다. 다음에 공격하기 좋은 자세를 아주 짧은 시간만 주어서(제 자리에서 또는 움직이면서) 훈련시킨다.

2단계 - 연습 경기를 통해서 전술적인 동작을 하는 방법을 훈련시킨다(훈련생을 위해 필요한 특별한 과제 또는 랜덤 과제를 부여한다).

3단계 - 연습 경기에서 플랜 없이 전술적인 동작을 수행하게 만든다.

삼보 기술과 전술을 습득하는 과정에서 공격하는 것을 배울 때는 다음과 같은 방법을 적용하는 것이 좋다.

경기 중 필요한(공격하는 선수에 의해 균형감을 잃었을 때를 위한, 기술을 시작하려고 할 때 상대방에게 균형을 잃게 만드는) 구체적인 동작들을 포함한 맞춤형 훈련을 한다.

운동 에너지를 최대로 사용할 수 있는 운동을 한다. 충격을 흡수하는 물건이나 더미와 싸우면서 또는 기술 수행을 복잡하게 하려는 상대와 싸우면서 수행하는 움직임을 연습한다.

상대에게 기술을 걸기 쉬운 상황을 만들 수 있는 다양한 방법을 습득한다. 상대 선수에게 적용할 수 있는 특별한 잡기를 연습하거나, 상대가 공격할 때 유리한 상황을 이용하고 반격하기 등을 연습한다.

결투 상황을 만들거나 연습 경기 또는 훈련하는 사람에게 특별한 연습이 필요없는 다양한 게임을 통해서 훈련 과제를 해결하는 연습을 한다.

삼보의 전술 및 기술 동작은 복잡하게 만들어진 구조와 같지만 정확하게 두 단계로 나눌 수 있다. 첫 번째 단계는 상대방을 기술의 수행에 편리한 위치에 배치하는 예비 행동이고, 두 번째 단계는 기술 자체이다.

삼보선수의 기술은 다양한 심리적인 요소에 의해 영향을 받을 수 있다. 그리고 무엇보다도 상대방의 저항이 가장 큰 방해 요소가 된다. 삼보 기술을 습득할 때, 표준 조건 하에서 형성된 기술을 비표준 상황에서 적용해야 하기 때문에 기술의 다양한 변형 및 응용이 매우 중요하다.

삼보선수가 다양한 동작의 경험을 많이 쌓게 하려면 경기 조건에 근접한 환경을 만들어 주고 기술을 수행하고 개선하는 동작을 많이 수행해야만 한다. 예를 들어서 잡기(전진하며, 후진하며, 원을 그리며)를 하면서 주요 기술 동작(기술 및 수비 활동)을 다양한 방식으로 반복을 한다.

1.6. 삼보선수 몸에 미치는 신체 훈련의 영향

삼보는 신체의 성장과 발달에 긍정적인 영향을 주며, 훈련생의 신체적 효율성을 크게 향상시킨다. 기술적 및 전술 행동을 배우기 위해서는 높은 수준의 신체 훈련, 강도와 속도 조정 능력, 지구력(피로에 저항하는 능력) 및 유연성(최대 조절 폭으로 운동을 수행하는 능력)이 필요하다.

삼보선수의 신체 훈련은 타고난 신체적인 자질과 그 자질이 가지고 있는 기본 능력을 최적화하여 발달시키는 것을 목표로 한다.

신체적 자질은 어떤 사람이 일정한 운동을 하기 위해 필요한 능력을 말한다. 신체적 자질은 다음과 같은 측면이 결합된 것이다.

- 동일한 운동 능력을 동일한 방법으로 측정(동일한 측정 장비)했을 때 나타나는 일정한 능력으로, 생리학적 및 생화학적 메커니즘이 동일하고 비슷한 심리적 상황을 요구한다.

삼보선수의 신체적 자질은 태어나면서 가지고 있는 사람 고유의 특성을 의미한다. 그리고 **운동 기질**은 유리한 프레임워크(육성, 발달 및 목적이 있는 체육)가 주어지면 그것에 맞추어서 해부학적, 생리학적 전제 조건을 받아들일 수 있는 능력을 의미하다. **운동 능력**은 개별적 인간의 운동 능력 수준을 정의하는 개인적인 특성이다. 삼보 훈련을 하게 되면 사람들은 저마다 다른 운동 능력을 가지고 있음을 알 수 있다. 이러한 구분은 뇌 및 신경계의 해부학적 및 형태학적 특징(신경계의 특성, 대뇌 피질의 성숙도 등), 생물학적 특성(생물학적 산화의 특질, 내분비 대사 조절), 인체의 외적 특성 신체 및 팔다리 길이, 체지방, 지방 및 근육 조직 질량) 및 여러 가지에 의해서 나누어진다.

인간의 운동 능력에는 두 가지 종류가 있다. 첫 번째는 질적인 능력 또는 에너지 능력을 말한다(재래식 관점 - 물리적). 두 번째 유형은 조정 능력과 심리적 능력이다.

한편 훈련생이 잠재력이 없는 경우에 능력을 개발하는 것은 불가능하다는 것을 알아야 한다. 반면, 신체 훈련 이론은 신체적인 질의 상호 작용에 대한 자료, 즉 그것들의 '발현'을 어떻게 할 것인가에 대한 방법을 제공한다.

신체적 자질의 '발현'에는 다음 세 가지 유형이 있다.

<u>긍정적인 '발현'</u>은 특정한 능력을 높은 수준으로 유지하면 선수의 다른 능력의 수준이 향상되면서 나타나는 경우이다. 이 메커니즘은 나이 어린 운동 선수의 훈련에 효과적이다. 예를 들어, 9~10세의 훈련생에게 훈련 속도를 높여 주면 강도와 지구력 수준이 향상된다.

<u>교차적인 '발현'</u>이 존재한다. 이것은 편리한 측면에서만 기술적인 행동을 수행하는 선수에게서 관찰될 수 있으며, 반대쪽의 근력이 증가한다(이끄는 쪽이 아니라). 이 효과는 훈련 경험이 증가할수록 사라진다.

'발현'은 긍정적으로 나타나듯이 부정적인 형태로 나타날 수도 있다. 사람이 최대 강도로 힘을 쓰면서 지구력도 최대로 강해지는 경우는 없다는 것은 이미 잘 알려진 사실이다. 또한 일반 지구력을 가지고 있는 삼보선수들이 특별한 경우의 지구력도 가지고 있다.

삼보선수에게 신체 훈련이 필요한 이유는 훈련을 통해서 훈련생의 외상을 감소시킬 수 있기 때문이다.

삼보 경기를 강제로 준비해야 하거나 일찍 참가를 하게 되면 외상을 입는 경우가 많으며, 자신감이 낮거나 이 운동에 대한 기대가 부족한 경우에도 외상으로 이어질 수 있다.

삼보선수의 신체 훈련은 기술 마스터링, 스포츠맨십 개발 및 적절한 건강 유지 등에 특별한 결과를 얻을 수 있다.

신체적 자질을 개발하게 되면 삼보선수의 신체적 훈련을 증가시킬 수 있다. 삼보선수를 위한 신체적 자질의 개발을 위한 훈련 방법에는 다음과 같은 것들이 있다.

교육적 과제 설정: 코치는 삼보선수 그룹 또는 특정 선수의 신체적 자질 개발의 수준을 결정하는데 도움이 되는 물리적 특성 테스트(특수 테스트)를 수행한다.

삼보선수의 학습 및 훈련 과정에서 가장 적합한 신체 운동 및 그 수행 방법을 선택: 훈련생의 나이를 적절히 고려하여 스포츠 훈련 프로그램에서 선택한다.

특정 훈련 시기와 삼보 훈련 체계에서의 연습 장소 결정: 이 훈련은 삼보선수 훈련 수준의 변화에 대한 체력 훈련 계획과 관련이 있다.

물리적 특성에 영향을 미치는 시기를 계획하고, 필요한 훈련 경기 수 및 적용된 경기 형식의 다양성을 고려한다.

훈련량에 대한 규칙을 적용하여서 훈련 부하 및 그 역학을 결정한다.

삼보선수 훈련 과정에는 속도 및 조화 훈련 기술, 강도 관련 기술 및 지구력 및 유연성 개발 방법이 적용된다.

1.6.1. 힘을 키우는 훈련 방법

삼보선수의 힘은 상대방의 저항을 극복하거나 근육의 힘으로 대항하는데 도움이 된다.

힘과 관련한 능력의 종류

삼보선수의 힘과 관련된 능력은 근육 활동, 지구력 및 강도의 상태를 적절하게 고려하여 구별할 수 있다. 힘, 힘-속도, 힘-지구력 등의 능력이 있다.

힘 능력은 근육의 동적(등력성) 및 정적(정적 수축) 작동 모드에서 나타난다. 삼보에서 근육의 동적 활동은 극복과 양보 모드에서 볼 수 있다. 잡기, 잡기로부터의 풀기, 통증기술이 여기에 속한다. 잡기와 일부 통증기술을 수행할 때 근육의 정적 작동 모드(길이가 변하지 않음)가 일어난다.

힘-속도 능력(폭발적 힘)은 최대 근육 장력에 의해 특징 지어지며, 이는 불균형, 메치기, 누워있을 때, 상대를 추적할 때 최대 강도로 나타난다.

힘-지구력은 특정 유형의 체력 능력에 속하며 삼보선수에게는 체력을 소진하는 피로에 저항할 수 있는 능력이다. 특히 시합 상황에서 경기가 끝나갈 때의 삼보선수에게 꼭 필요한 것이다.

삼보선수의 힘과 관련된 능력의 발달은 두 가지 요소에 의해 영향을 받는다. 첫째로 중요한 것은 근육 내 조합이다. 이것은 자극의 동기 및 빈도, 활동에 관여하는 운동의 수에 영향을 미치며(각각은 하나의 운동 뉴런과 그것에 의해 자극되는 운동 신경 섬유의 그룹으로 구성된다), 근육간 조합에 영향을 미친다. 또 다른 요소는 근육질 인자(근육 길이, 근육질 섬유의 양, 빠르거나 느린 종류의 섬유 조성의 비율)이다.

삼보선수의 힘 개발 훈련

1) 힘 부하에 노출된 신체(관절의 이동성을 증가시키고 인대를 강화)의 기초를 다지기 위한 것이다.
2) 삼보선수의 운동성 체계의 모든 근육 그룹의 조화로운 발달을 제공하기 위한 것이다.
3) 다양한 동작 모드(정적 및 동적)에서 근력을 적용하는 능력을 향상시키기 위한 것이다.

훈련생의 연령에 따른 힘 개발의 특성

힘 능력 발달의 성장률은 높거나 낮은 결과를 가져올 수 있다. 힘 발달을 자극하는 운동이 영향을 가장 잘 발휘하는 시기는 다음과 같다.

- 삼보선수의 절대 근육 강도 증가율은 9~10세(여자아이), 10~11세(남자아이) 및 16-17세의 나이에 가능하다.
- 여자아이의 상대적인 힘의 성장은 10~11세의 나이에 가장 확실하다.
- 속도-힘 능력은 남자아이의 경우 10~11세 및 14~16세, 여자아이의 경우 11~12세가 가장 성공적이며 효과적인 훈련을 할 수 있는 때이다.

10~11세의 경우 남녀의 힘 능력 지표는 거의 동일하다. 12세부터 여자아이의 힘은 남자아

이의 힘보다 느리게 향상된다.

    삼보선수의 힘 발달 과정에서 25~30세의 훈련생들의 힘 발달은 가장 보편적인 수준의 발달이 이루어진다.

    힘의 축적과 도달된 수준을 유지하는 것 역시 보다 나이 많은 삼보선수의 경우도 목적의식적으로 훈련을 하면 얻을 수 있다.

    힘과 관련된 능력을 키우는 방법에는 신체 운동이 포함되며, 근육의 정상적인 작동 상태에서 발생하는 것보다 높은 근육 긴장을 요구하는 수준에서 진행해야 한다.

    근력 강화를 위한 일반적인 훈련 수단으로는 체중을 줄이는 운동이 포함된다. 자신의 체중을 이용(턱걸이, 푸쉬업, 스쿼트, 점프, 로프 클라이밍, 크로스빔에 매달려 다리 들어올리기), 외부 기구를 이용(바벨, 웨이트, 덤벨, 볼), 저항 무게를 이용(충격 흡수기, 확장기, 파트너 저항, 물이나 모래 등 환경 저항, 자기 저항), 조합 무게를 이용(무게를 추가하는 턱걸이와 점프)하여 운동하기와 프레스 기계로 운동하기 등이 있다.

    삼보의 기능들을 사용하여서 힘을 키우기 위한 특별한 준비 훈련은 다음과 같다(그림 29).

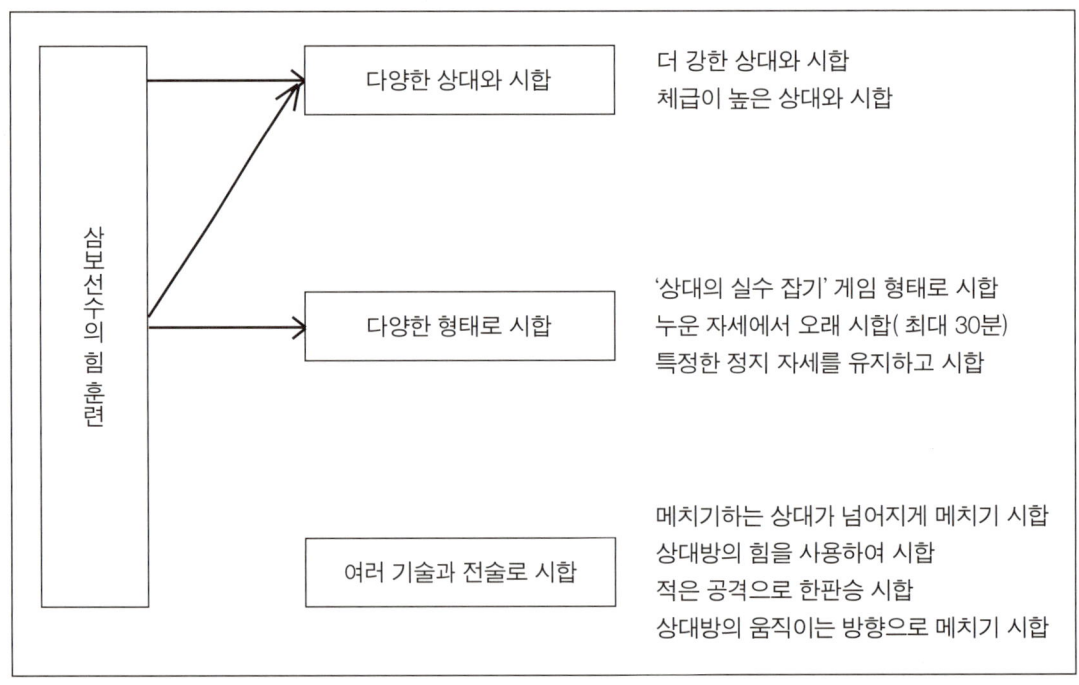

그림29. 삼보 선수의 힘 훈련표

힘 관련 능력 키우는 방법: 한계에 도달하지 않은 무게로 반복 운동하기, 최대 또는 최대에 가까운 무게로 반복 운동하기, 정적 신체 자세로 반복 운동하기, 힘을 키우기 위한 일반적 방법(수동적 근육 스트레칭)으로 운동하기 등이 있다.

삼보에서 힘 능력 발달을 위한 추천 운동

힘 훈련을 하기 전에 몸을 따뜻하게 유지해야 하고 그것은 훈련 시간 내내 유지하도록 해야 하다. 외부 도구를 사용할 경우 그 무게와 부하는 점차적으로 증가시켜야 하며, 특히 웨이트리프팅 운동을 처음 시작하는 단계에서는 더욱 조심하여야 한다. 매번 새로운 훈련을 할 때에는 무게를 신중하게 결정해야 하며 처음에는 작고 적합한 크기의 무게로 기술을 습득해야 한다.

특히 힘 훈련의 초기 단계에서 모든 골격 근육을 조화롭게 개발할 필요가 있다. 다양한 측면에서 웨이트리프팅 연습을 적용한다. 훈련생이 자신이 할 수 있는 최대한의 무게가 아닌 경우에는 웨이트리프팅 운동을 할 때에 숨을 멈출 필요가 없다. 척추에 주는 과도한 부하를 피하기 위해 특수 리프팅 벨트를 사용할 수 있다. 웨이트리프팅 훈련 사이 사이에는 크로스 빔, 체조링, 벽 바에 매달려 척추를 내리는 것이 좋다. 척추 부상을 방지하기 위해서는 배와 등 근육을 체계적으로 강화해야 한다.

척추에 부담을 주는 모든 운동을 수행할 때에는 가능한 한 몸을 직선으로 유지해야 한다. 직선 자세에서 부상을 입는 경향이 가장 적기 때문이다. 팔 부상을 방지하기 위해서는 무게가 있는 기구들(바벨, 역기)을 다양한 방법으로 잡는 것이 편리하다. 무릎 관절 부상을 피하기 위해서는 쪼그리고 앉은 자세로 무거운 무게를 드는 연습을 해서는 안 된다. 특수한 장치로 앉은 자세와 누워있는 자세로 다리 근육을 발달시킬 수 있다.

최대 무게와 최대 거리로 운동할 때에는 바닥이 단단하고 발목 관절을 고정시키는 신발을 신어야 한다. 심장 혈관계가 과도한 압박을 받는 것을 피하기 위해서 압력을 받을 때는 심호흡을 해서는 안 된다. 절반 호흡 또는 심호흡의 60~70%가 최적이다. 압박이 너무 오래 지속되지 않도록 한다.

근육, 힘줄, 인대 또는 관절에 통증이 있거나 쑤시는 경우 즉시 해당 운동을 중지해야 한다. 어린이와 청소년의 힘 훈련은 특별한 방법으로 해야 한다. 10~12세의 어린 삼보선수(여자아이와 남자아이)는 고효율의 힘 훈련이 있다. 효율성을 높이기 위해서는 어깨 관절, 팔꿈치 관절, 대퇴골 관절, 무릎 관절 및 발목 관절의 운동성을 높이고 인대를 강화해야 한다. 운동 진폭을 증가시키는 운동(회전, 굽힘, 돌기, 스윙)을 적용할 필요가 있다. 이러한 운동은 처음에는 덤벨(1kg), 볼(1~3kg), 완충기(너무 힘들이지 않고 10~12번 정도 운동)로 한다.

다양한 근육 그룹에 영향을 주는 순환 훈련으로 세트를 보완하는 것이 좋다. 이 훈련의 세트에는 팔, 다리, 신체(목)의 근육 그룹을 단련하는 훈련 등 각기 다른 운동을 순차적으로 수행하면서 하는 것이 가능하다. 이 원칙에 따라 훈련하면 모든 근육 그룹을 체계적으로 사용할 수 있다.

10~12세 삼보선수의 힘 발달에 최대의 효과를 얻을 수 있는 운동은 역기 운동이다. 10~11세에는 훈련생 체중의 20~30%, 12~13세에는 체중의 40%를 사용한다.

12~14세의 삼보선수는 다양한 유형의 근육강화 훈련이 필요하다. 사춘기 과정으로 인한 신체 변화에 주의를 기울이는 것이 중요하다. 다음과 같은 유형의 힘 연습을 수행하는 것이 좋다.

<u>몸무게로 운동</u> - 자기 신체 무게를 이용한 운동은 특히 12~14세 삼보선수에게(턱걸이, 팔굽혀펴기) 힘 능력 개발과 순간적인 힘(점프)에 효과적이다.

<u>기구 운동</u> - 무게가 있는 물건(볼, 덤벨)으로 운동하거나 특정한 유도 자세의 연습(시뮬레이션, 특수 연습 메치기)을 하게 되면 거기에 관여하는 근육의 힘을 높이는 데 효과적이다.

<u>탄성 물체의 저항(구부리기, 확장하기)을 극복하기 위한 운동</u> - 전체 운동 진폭에 대한 근육 강화를 돕는다. 반복 횟수에 따라 힘의 능력(세트 당 5~6회 반복), 속도-능력(세트 당 8~10회 반복), 지구력(세트 당 20 회 반복)에 영향을 준다.

이러한 운동은 신중하게 수행할 필요가 있다. 힘을 위한 근력 운동은 연습 경기로 하는 훈련과 '외부적'으로 비슷할 수 있으나 '내부적'으로는 분명히 구별된다. 예를 들어, 준비 동작은 삼보에서 메치기로 특성 지을 수 있다. 균형 깨기에는 상당한 힘이 요구되며, 메치기는 빠른 속도를 요구한다. 저항을 극복하기 위해서는 충격 흡수재를 사용하면서 반대쪽 근육 행동이 요구된다. 따라서 이러한 유형의 운동을 하면서 힘 훈련을 과도하게 하면 근육 조화 및 리듬과 운동 구조에 부정적 영향을 미칠 수 있다.

경기 활동과 비슷한 훈련을 할 때 상대방의 저항을 극복하기 위한 힘의 훈련은 다음과 같은 것이 있다. 잡기 시합. 파테르 또는 서기 자세에서 몸무게가 더 많이 나가는(3~5kg) 파트너에 맞서기. 이러한 운동을 수행할 때에는 그 강도를 정확하게 제어해야 한다.

자기 저항 극복 훈련을 목적으로 한 운동은 매우 유용하지만 현재는 삼보선수 훈련 과정에 널리 적용되지 않는다. 특정 관절의 반대 근육 및 상승 작용 근육의 긴장이 동시에 발생할 수 있기 때문이다(정적 작동 모드). 근육의 한 그룹이 극복 모드에서 작동하고 다른 그룹이 항복 모드에서 작동하면 전체 진폭에서 느리고 강력한 움직임이 있어 기술 모방이 수행될 수 있다. 근력 증가 및 근육 내 조화가 향상된다. 이 웨이트리프팅 운동은 삼보선수의 힘을 키우기 위해 적용되는 추가적인 방법이다.

14~16세 삼보선수의 힘 능력 개발은 중추 신경계의 불안정성과 반응성 근육의 증가로 인한 근육 간 조화 개선을 목표로 한다.

수단: 무게 운동 - 물체와 체중의 무게, 결합된 무게(벨트에 연결된 3~5kg의 바벨의 디스크로 턱걸이), 프레스 기계로 운동.

방법: 시간 간격을 두고 반복(훈련생이 준비 정도가 매우 잘 된 경우) 하거나 게임의 형식으로 수행한다.

무게 운동에서 무게는 삼보선수의 훈련 수준에 따라 설정된다(훈련 수준이 높을수록 무게가 더 무겁고 운동 템포와 세트 수도 늘어남). 첫 번째 세트에서는 최대 무게의 40~50%를 주고 다음 2~3세트에서는 최대 무게의 20~30%를 극복하게 한다. 운동 속도는 운동이 끝날 때까지 급격하게 감소하지 않아야 한다.

운동을 하는 사이 사이에는 심박수가 완전히 회복될 때까지 휴식을 취한다(5분에서 6분 사이). 세트와 세트 사이의 휴식은 액티브한 상태에서 완전히 회복될 때까지 수행한다.

훈련은 삼보선수의 몸에 상당한 긴장감을 요구한다. 14~15세의 훈련생에게는 1주일에 1~2회, 16세 이상의 고도의 훈련을 받은 삼보선수의 경우 주당 2~3회 훈련 빈도를 주는 것이 합리적이다.

속도-힘(순간적인 힘) 능력 개발 근육 내부 조합을 향상시키고 근육의 반응력을 증가시킨다.

　　밑줄수단: 무게로 운동 - 물체의 무게(볼, 덤벨), 속도(폭발력) 운동 근육 긴장(캐스팅, 점프)

　　밑줄방법: 반복

　　밑줄무게: 특정 연습의 최대 무게의 20~30%에서 50~60%.

　세트의 반복 횟수는 3~4회에서 최대 8~10회로 5~10초간 지속한다. 14~15세의 삼보선수는 2~3세트, 15~16세의 삼보선수는 3~4세트, 17세 이상의 삼보선수는 4~5세트를 한다.

　휴식 간격은 완전 회복까지 적게는 2~3분에서 많게는 10분 정도 갖는다.

지구력을 향상시킨다는 것은 신체 에너지 공급 체계의 기능을 증가시킨다는 것을 의미한다. 근육 내 및 근육 간 조화 수준과 집중성을 높여준다.

　　밑줄수단: 무게 운동(물체의 무게, 탄성 물체의 저항).

　　밑줄방법: 규칙적, 번갈아 가며(템포, 리듬 및 움직임의 진폭은 가변적).

　해당 운동에서 개인 최대치의 20~50%를 극복하는 식으로 운동한다. 선수의 체중과 훈련 수준에 따라 한 세트에 적게는 15~20회 많게는 40~60회 반복한다. 1세트의 운동 시간은 15~120초 사이로 한다.

　14~16세의 삼보선수는 단순하게 할 수 있다. 3~4세트의 턱걸이를 휴식시간을 정확하게 주면서 4~6번 반복한다. 이러한 세트 운동은 30~90초 동안 쉬면서 2~4번 반복하는 것이 좋다.

　충격 흡수기로 하는 운동은 특정 근육 그룹의 국소 강도 내성 발달에 기여하다. 한번 연습할 때 30~40회 수행한다. 일정한 근육들을 위해 3~4세트로 나누어 수행한다. 운동 사이에는 반드시 휴식을 취한다.

　　밑줄수단: 점프 운동(줄넘기로 점프, 두 다리로 땅을 밀면서 점프, 다리를 번갈아 밀면서 점프)

　상대보다 빠르게 동작하기 위해서 수행하는 훈련이다. 아스팔트, 콘크리트, 미끄러운 잔디 등 스포츠 훈련에 적합하지 않은 표면에서 운동하는 것은 금지되어 있다.

　최적의 운동 지속 시간은 15초에서 2분이며 최대 강도의 70~80%로 운동을 하며 점프와 점프 사이에는 반드시 간격을 두어야 한다. 세트 사이에는 반드시 완전하게 회복할 수 있도록 휴식을 취해야 한다. 세트는 2~3회로 삼보선수의 준비 상태에 맞게 수행한다.

17세 이상의 삼보선수는 힘 부하를 높여서 훈련한다(표 10). 힘을 발달시키는 과정에서 방법론적인 실수를 피하는 것이 필요하다. 다양한 근육 그룹의 힘 발달의 조화가 맞지 않게 되면 힘 개발의 불균형을 초래한다. 이 경우 오히려 약하고 훈련이 부족한 신체 연결점이 근골격계에 나타나서 부상이나 과부하를 유발할 수 있으며 근골격계의 다른 부위의 외상을 초래할 수 있다.

표10

15세 이상의 삼보선수를 위한 힘 부하 매개변수

번호	훈련	힘 부하 매개변수				
		힘 수준(%)	세트 당 반복 수	세트 수	세트 사이 휴식(분)	훈련 세션 당 운동 수
1	힘 능력 개발	65-70	2-8	2-4	3-6	4-6
2	속도-힘 능력 개발	30-60	6-10	3-4	3-5	6-8
3	지구력 개발	25-40	20-50	2-3	1-3	3-5

철저한 워밍업 없이 웨이트리프팅 운동을 수행하면 근육, 인대 및 힘줄에 염좌와 파열이 발생할 수 있다. 관절 부상, 심장 혈관계의 과잉 변형 등이 올 수 있다.

피로할 때 최대 또는 최대에 가까운 무게로 운동하면 근육, 인대, 힘줄 및 관절의 외상으로 이어질 수 있다.

최대 무게로 과도하게 쪼그리고 앉거나 최대한 앉으면 무릎 관절의 부상을 입게 된다.

웨이트리프팅 운동 중 척추 과부하가 올 경우 자세 이상, 변형, 경화 또는 추간판탈출증을 유발한다.

불충분하게 훈련된 운동(불완전한 근육 간 조화)에서 무거운 역기를 사용하면 약한 근골격계 관절의 부상을 초래할 수 있다. 오랜 시간 긴장을 주면 심장 질환, 혈관 팽창 및 미세 순환 장애를 유발할 수 있다.

힘과 관련한 능력의 개발은 삼보선수의 근육을 발달시키고, 인대와 관절 강화에 기여한다.

1.6.2. 속도 훈련 방법

속도(속도 능력)는 삼보선수가 자극에 빨리 반응하고 상대의 외부 저항에 반응하여 빨리 이동을 수행할 수 있는 능력이다.

속도 능력의 종류

삼보선수의 속도 능력은 상황이 변화되었을 때 가능한 최대한 빨리 발휘되어야 한다. 속도 능력에는 세 가지 유형이 있다.

<u>운동 반응 속도</u>는 자극의 시작부터 반응 시작까지의 시간(잠복기-반응이 숨겨진 시간)을 일컫는다.

삼보를 배우는 초보자에게는 단순한 운동 반응을 볼 수 있다. 이들은 신호에 따라 뛰기, 물건 빨리 잡기 등의 단순한 상황에서 빠르게 반응한다. 즉 익숙한 자극(코치의 신호) 상황에서 보다 신속하게 반응한다.

삼보선수의 복잡한 운동 반응은 변화하는 훈련 및 경기 활동 상황에서 관찰될 수 있다. 신체 활동을 수행할 때 시각적, 음향적 및 기타 복잡한 활동으로 반응이 발생한다. 이 반응 그룹은 선택 반응(CR)과 이동객체에 대한 반응(RMO)으로 나누어진다. 선택 반응은 움직이는 물체에 대한 반응이기도 하다. 삼보선수의 움직이는 물체에 대한 반응은 여러 거리(먼 거리나 중간 거리)에서 상대방을 잡기 위해서 움직일 때 관찰된다. 선수의 선택 반응은 싸우는 과정에서 나타나며 시간과 공간 부족 상태에서 가능한 한 빨리 상대방의 행동에 대한 반작용을 선택할 수 있는 능력으로 구성된다.

삼보선수의 <u>단일 이동 속도</u>는 최대 저항의 20% 미만을 극복할 때 구현된다. 최대 저항의 20%를 초과하는 저항력을 극복하기 위해서는 힘을 써야한다. 기술적인 행동의 모방, 상대에게 접근, 자신의 기술을 수행하기 위한 상대방의 힘의 사용과 같은 단순한 움직임에서도 관찰할 수 있다.

삼보선수는 이동 및 일련의 메치기(표준 조건에서 기술)를 수행할 때 자신의 운동 템포를 보여준다. 한 번의 메치기(반복적인 공격)를 시도하거나 다양한 방향으로 메치기를 시도하는 경기에서 속도가 나타난다. 삼보선수의 반응 속도 능력 개발은 구체적인 상황마다 다르다. 예를 들어, 운동 반응의 속도는 시각 및 음향 분석 능력에 달려 있다. 신경 운동 자극의 빈도에 영향을 미치는 중추 신경계의 역동성 및 긴장에서 이완까지 근육이 전환되는 속도를 분석한다. 더 큰 범위에서 단일 운동의 속도는 근육의 수축 특성과 중추 신경계 과정의 역학(활성화에서 저하 및 후퇴로의 전환)에 달려 있다. 동작 템포는 동작의 조화와 복잡성 그리고 동작의 숙달 수준에 달려 있다.

삼보선수의 속도 훈련

1. 비순환 운동의 속도를 증가시킨다.
2. 운동 반응 속도를 향상시킨다.
3. 움직임의 템포를 증가시킨다.

속도 훈련은 오히려 간단하고 익히기 쉽다. 최대 속도 및 최대에 근접한 속도로 수행된다.

실외 게임, 릴레이 경주, 단순화된 규칙을 지닌 스포츠 게임, 실제 표준 경기장보다 작은 경기장에서의 스포츠 게임, 핸디캡을 준 달리기와 수영 등으로 속도 훈련을 할 수 있다.

반복은 속도 능력 개발을 위한 주요 방법이다.

삼보선수의 나이를 고려한 속도 훈련의 특징

삼보선수의 속도 능력 개발을 위한 최적 시기는 7~8세에서 11~12세 사이이다. 운동 반응의 속도와 운동의 템포는 대부분 증가한다. 같은 나이에 속도의 움직임에서 근육 간 조화를 개선하는 것이 중요하다.

11~12세에서 14~15세(여자) 및 15~16세(남성)의 훈련생에서 비순환 및 주기 운동의 발달이 매우 높게 관찰된다.

삼보선수의 속도 훈련 조직을 위한 일반적인 권장 사항

- 외상 25% 이상이 속도 훈련 수업 준비를 하는 중에 발생하는 것으로 나왔다. 이것은 몸을 푸는 과정에서 제대로 된 운동과 방법으로 수행하지 않았기 때문이다. 그렇기 때문에 전체가 몸을 푸는 과정과 해당 운동을 할 때의 몸을 푸는 과정을 주의하여 관찰하여야 한다.
- 근육에 과산화물이 축적되고 근육 내부 조화가 깨진 상태라면 부상을 입을 수 있기 때문에 피로감이 있을 때 속도 운동을 해서는 안 된다.
- 근육에 통증이나 불쾌감이 있는 경우는 근육과 신경에 좋지 않은 변화와 관련이 있기 때문에 운동을 중단해야 한다. 이러한 상태에서 속도 운동을 더 수행하면 부상을 입을 수 있다.

훈련생 연령을 고려한 속도 훈련의 특성

10~12세 삼보선수는 단순한 운동 반응뿐만 아니라 복잡한 운동 반응 및 운동 빈도에 매우 민감한 시기이다. 16세가 되면 시니어 선수 수준에서 속도 능력 개발 지표를 달성할 수 있다.

성공적인 속도 훈련은 역동적인 힘과 유연성, 근육 이완 능력, 속도 운동 기술 개발 수준의 다양한 지표를 기반으로 한다.

삼보에서 속도 훈련 조직을 위한 일반적인 권장 사항

코치는 높은 운동 속도를 달성하기 위해 의욕적인 자질 개발이 필요한 적절한 훈련을 설정해야 한다. 젊은 삼보선수의 속도 훈련은 유연성과 힘 발달과 결합되어야 한다.

간단한 반응 속도는 실외 및 스포츠 게임(단순화된 규칙), 단거리(10~30m), 릴레이 경기, 점프, 아크로바틱 운동 및 메치기를 통해 발전시킬 수 있다. 속도 발달을 위해서는 훈련생을 신호 인식이 아닌 반응 행동으로 유도해야 한다. 모든 속도 연습은 준비 단계 또는 훈련 경기의 시작 부분에서 수행되어야 하며 움직이는 속도가 감소하게 되면 그만 두어야 한다.

초보자는 간단한 운동 반응의 속도를 높일 수 있다. 처음에는 이러한 목적을 위해 먼저 자극에 대한 반응을 가르친 다음 빠른 수행 훈련을 설정해야 한다.

삼보선수가 익힌 복잡한 운동 반응은 양방향 기술의 수행을 용이하게 하고 상대방의 행동을 (거리에 따라서) 예견할 수 있는 능력을 형성하며 자신의 행동 수행 조건을 복잡하게 만든다. 삼보선수에게 정확하게 상대방의 행동을 알리고 마스터한 기술 동작에 반응하도록 가르치는 것이 중요하다. 이러한 훈련의 마스터링 과정에서 반응 훈련 범위가 넓어지고 반응 시간이 단축된다. 이러한 훈련을 수행하려면 경기에 파이트 요소나 훈련 할당을 주도록 게임을 구성하는 것이 좋다.

복잡한 반응 속도 개발은 삼보선수의 운동 기술 범위에 달려 있다. 이것은 삼보 기술로 인한 것이 아니라 다양한 조건에서 수행할 수 있는 가능성에 기인한다. 삼보에서는 복잡한 반응 개발 방법을 기본으로 하여 점차적으로 조건이 복잡한 반복 반응 운동을 수행한다. 12~14세의 삼보선수의 선택 반응은 두 방향으로 개선된다.

<u>첫 번째 방향</u>은 파트너와 움직임(힘 방향)에 의한 후속 행동 수행에 대한 정보를 제공하는 신체 위치를 보면서 상대방 행동을 예견하는 능력을 형성하는 것으로 구성된다. 따라서 매트 위에 서서 상대방의 공격에 대한 수비 행동을 취하는 것이 가능하다.

<u>두 번째 방향</u>은 삼보선수 자신의 행동이 점진적으로 복잡해지는 것이다. 예를 들어, 처음에는 하나의 알려진 행동에 대한 반응이 향상되고 두 선수 서로의 행동에 대한 반응이 향상된다. 삼보선수는 다음과 같은 훈련을 수행해야 한다. 가장 효과적인 여러 가지 반응 변형(선택 대안)을 적용하고 개선 과정에서 파트너의 행동 속도를 높이고 반응 시간을 최소화한다.

빠른 템포로 싸우기 위해서는 이동 빈도가 매우 중요하다. 속도는 역동적인 힘, 유연성, 기술 숙련도, 운동 방향으로 근육을 이완시키는 능력, 의지력에 달려 있다. 운동 템포는 달리기 연습, 줄넘기, 이동을 통해 증가시킬 수 있다.

14~16세의 삼보선수의 이동 속도는 성인 선수와 비슷하다.

단순한 운동 반응 속도 개발 방법

몇 가지 방법이 있다. 자극에 대한 반응으로서의 움직이는 기술을 습득하는 것이다. 예를 들어, 메치기 후에 통증기술 또는 굳히기에서 어떻게 반응하는지 볼 수 있다. 이 간단한 반응은 삼보의 '표준적인 상황'이다(메치기에서 추격으로의 전환, 굳히기와 수비). 그런 상황에서 속도가 느리면 승리하지 못하게 된다.

숨겨진(잠재적) 반응 시기를 향상시키는 다양한 훈련을 한다. 단순화된 경기 조건(한 손으로 결투하기, 파트너의 균형 깨기) 및 파이트의 한 부분을 이용할 수 있다.

특정한 조건(상대방의 무게가 가볍고, 싸우는 시간을 단축하거나 경기 영역을 제한하는 등)에서 반응 동작과 반응 속도를 높일 수 있다.

복잡한 운동 반응 속도 개발 방법

이것은 삼보선수의 다양한 운동 기술을 기반으로 한다. 일반적으로 삼보에서는 선택 반응이 우선한다.

삼보선수는 상대방의 공격에 반응하기 위한 기술 및 전술 행동을 습득해야 한다.

분석한 정보를 신속하고 적절하게 감지하고 정보 인식과 운동 반응을 결합하는 것을 배울 필요가 있다.

선택안의 경우의 수를 점진적으로 줄여야 한다. 처음에는 특정 공격이 오른쪽 메치기가 될 것이라고 경고를 준다. 그 후, 다음으로는 다른 메치기를 한다. 그 후에는 선수에게 '상대방의 공격'이 있을 것을 경고한다. 이러한 반응 속도는 다년간 계속 발전시킬 수 있다. 특히 삼보의 기술이 광범위하므로 더욱 그러하다. 이렇게 하면 지속적으로 선택안 자체의 수를 늘릴 수 있다.

시작된 반응(종료할 수 없는 조건의 경우)을 종료하거나 반응을 하는 중에 다른 반응을 하는 것(상황이 변경된 경우)은 복잡한 운동 반응을 빨리 한다는 신호가 될 수 있다.

삼보선수를 훈련하는 동안 다른 신호 자극을 가진 운동 요소의 가변적인 조합(시공간에서)이 필요하다(훈련 및 경기 활동에서 코치에 의한 행동 수정 포함). 반응 시간 단축을 요구하는 운동의 수행 속도를 빠르게 진행하도록 독려한다.

운동 속도 및 템포 증가 방법

잘 훈련된 운동을 기반으로 운동 템포와 비주기적 운동 속도가 증가한다. 훈련 수행 시 훈련생은 기술보다는 운동 속도에 주의를 기울여야 한다. 액티브한 휴식을 취하는 동안 근육 이완, 적당한 스트레칭, 여유로운 걷기 운동을 수행하도록 한다.

단일 비순환 운동의 속도는 가변 속도(높고, 최대, 또는 최대에 가까움) 및 가변 조건(복잡, 용이, 표준)에서 수행하면 증가한다(특별 준비 및 기본 연습). 훈련 수행 조건의 변경이 운동 기술을 방해해서는 안 된다. 훈련을 잘 받은 삼보선수만이 복잡한 상황에서 훈련을 받을 수 있다. 그렇지 않은 경우에는 오히려 기술이 악화될 수 있고 과도한 훈련이 발생할 수 있다. 전제 조건인 굳히기 또는 통증기술에 의한 메치기 후에 속도 향상을 추구하는 접근법을 적용하는 것이 권장된다.

속도 능력의 효과적인 구성을 위해 부하 매개변수를 고려하는 것이 좋다(표 11).

표 11

10-17세 삼보선수를 위한 속도 부하 매개변수

번호	학습 훈련	연령	속도 부하의 매개변수		
			지속시간(초)	반복 횟수	휴식 간격(초)
1	운동 반응 속도 개발	9~10	즉각 반응	8~10	20~30
		11~15	즉각 반응	8~12	10~30
		16~17	즉각 반응	12~14	10~30
2	비순환 운동 속도 개발	9~10	1~2	8~10	20~30
		11~15	1~2	8~12	10~30
		16~17	1~2	12~14	10~30
3	운동 템포 개발	9~10	2~10	4~6	10~30
		11~15	6~12	4~6	10~30
		16~17	8~16	4~6	10~30
4	복잡한 속도 능력 개발 (릴레이, 실외 및 스포츠 게임)	9~10	10까지	1~10	회복까지
		11~15	15까지	1~10	회복까지
		16~17	20까지	1~10	회복까지

삼보선수의 속도는 경기를 하는 중에 효과적으로 향상된다.

이를 위해 코치는 삼보선수에게 다음의 훈련을 실시한다.

- 짧은 시간에 지정된 기술을 수행하는 것 - 조건부 평가(1, 2, 4 점) 점수 받기.
- 빠른 템포로 여러 명의 상대(1-2 분)와 결투.
- 10초에서 30초 사이 가속을 붙여서 운동 템포를 변경하여서 싸운다 - 잡기와 움직임을 수행할 때 운동 템포 증가.

속도 훈련 과정에서 다음과 같은 방법론적인 실수를 피해야 한다.

추운 날씨와 미끄럽거나 고르지 않은 표면에서의 운동 수행, 다양성이 부족한 훈련, 속도 운동량의 급격한 증가, 속도 운동 기술의 불충분한 마스터링, 특정 근골격계의 과도한 변형, 속도 운동 전의 부족한 준비 운동, 신체 또는 근육 조합이 피로를 느낀 상황에서 속도 운동을 수행하면 안 된다.

1.6.3. 지구력 개발 방법

지구력은 피로에 저항하고 효과가 감소되지 않은 상태로 오래 운동하게 하는 능력이다.

지구력의 종류

일반적인 지구력은 삼보선수가 적당한 강도로 오랫동안 운동하고 근육 체계의 대부분을 사용하는 것을 말한다(크로스컨트리 달리기, 수영, 스키).

삼보선수의 특수 지구력은 기능의 최대 동원과 함께 특정 훈련 및 경기 활동 조건 하에서 피로에 저항할 수 있는 능력이다.

삼보 수업에서 아래와 같은 다양한 지구력 요소를 볼 수 있다.

- 삼보선수는 지친 경우에도 계속 움직일 수 있는 능력이 있어야 한다. 이를 위해서는 근력이 발달하여야 하는데 이 근력을 키우기 위해서는 지구력의 힘 요소가 필요하다.

- 지구력의 속도 요소는 삼보선수에게 필요한 속도를 유지하는데 중요하다.
- 개인적, 심리적 구성 요소는 결과를 달성하기 위한 동기, 훈련 및 경기 활동의 심리적 요소, 지구력, 목적성, 끈기 및 승리 의지와 같은 개인적 특성과 관련이 있다.

일반 지구력 개발을 위한 훈련

1. 최대 산소 소비량을 증가시켜 유산소 운동 능력을 높인다.
2. 최대 산소 소비 조건 하에서 생산성을 증가시킨다
3. 심혈 관계, 호흡기 및 근육과 같은 신체 체계의 조화를 향상시킨다.

<u>수단</u>: 순환 운동(달리기, 수영, 스키), 비주기 운동(서킷 트레이닝 원리에 따라 수행), 빈도, 심도 및 호흡 리듬을 조절하는 호흡 운동을 수행하는 것 외에도 능력 개발에 유리한 조건(산 중턱에서의 훈련)에서 훈련한다. 일반적인 지구력 개발 수단은 또한 비교적 간단한 기술의 수행, 대다수의 근육의 능동적 기능, 지구력을 제한하는 기능적 체계의 활동 증가, 장기 운동 수행의 가능성 등 몇 가지 특정 요구 사항을 충족시키는 다양한 신체 운동 및 그 복합체를 포함할 수 있다.

<u>방법</u>: 규칙적, 교대로, 중간 휴식

특별 지구력 개발을 위한 훈련

삼보선수의 유산소 운동 능력을 향상시킨다.

젖산 및 젖산 에너지 공급 메커니즘의 향상에 의한 혐기성 운동 능력을 향상시킨다.

힘든 훈련으로 발생하는 유기체 내의 좋지 않은 변화에 대한 유기체의 저항력을 증가시킨다.

<u>수단</u>: 기본(타겟) 연습, 특수한 준비 운동 및 일반 준비 운동.

<u>방법</u>: 교대로, 중간 휴식

연령별 삼보선수 지구력의 특성

남자아이들의 일반적인 지구력은 8~9세에서 10세 사이, 11세에서 12세 사이, 14세에서 15세 사이에 높은 성장률을 보인다.

여자아이들은 10~13세에서 높은 지구력 증가율을 보인다.

남자아이의 속도 지구력은 13~14세에서 15~16세 사이에 높은 성장률을 보이다.

지구력 증가를 위한 일반적 권장

지구력 발달을 위한 운동은 영양 체계 활동과 건강의 개선에 가장 효과적으로 영향을 미친다. 훈련강도는 삼보선수의 개별 능력과 일치해야 한다. 그렇지 않으면 일부 신체 기관의 기능 장애와 병적인 변화를 일으킬 수 있다. 강도를 높인 집중적인 훈련은 적당한 강도의 예비 훈련으로 장시간 충분한 준비 훈련을 한 뒤 적용되어야 한다. 혐기성 대사의 한계 수준에서 고강도 훈련 부하를 조기에 적용하는 것은 권장하지 않는다. 준비가 충분하지 못한 상태에서 훈련을 하게 되면 심장에 무리를 줄 수 있다.

지구력 개발 방법

삼보 훈련의 초기 단계는 지구력을 필요로 하는 훈련 부하에 대한 훈련생의 점진적인 준비를 목표로 한다. 오래 지속되는 순환 운동은 일반적인 지구력 발달에 가장 효과적이다. 단조롭다는 단점이 있지만 어린 삼보선수에게 매우 유용하다. 야외 활동 및 스포츠 경기(농구, 핸드볼, 축구)를 즐기는 것이 좋다. 삼보선수(초보자)가 게임을 할 때는 부하를 제어하기가 어렵다. 지구력이 더 많은 선수는 활발하게 길게 플레이 할 수 있으며, 훈련을 덜 받은 선수는 '수비'에서 플레이 하거나 훈련 강도를 많이 감소해도 된다.

젊은 삼보선수의 특수 지구력은 일반 지구력을 기반으로 한다. 10~12세 삼보선수의 특수 지구력은 일반 예비 및 특별 비순환 운동을 사용해서 회로 훈련(지속적인 장기 운동)으로 증가시킬 수 있다.

13~14세의 삼보선수를 훈련하는 동안 장시간 달리기, 수영, 스키, 비주기 운동(턱걸이, 푸쉬업, 점프, 무릎 굽힘) 등 다양한 운동을 적용하여 일반적인 주기의 시뮬레이션을 개발한다.

삼보선수의 특별한 지구력은 심리적 및 신체적 피로 조건 하에서 스포츠 기술 안정성에 반영된다. 13~14세의 삼보선수의 경우 경기에 참여하는 것은 시합을 기다리면서 민감한 상태를 유지하면서 심리적 안정과 능력을 개발하는 효과적인 방법이다. 어린 삼보선수의 특수 지구력은 기술 훈련을 위한 시간을 늘릴 때, 누워있는 자세에서 싸우는 시간을 줄이거나 서서 기다릴 때(각각 4~6분간 지속되는 경기) 발전한다.

15~17세의 삼보 훈련생은 속도 지구력에 매우 민감한 시기이다. 이것은 여러 스포츠 훈련에 사용된다.

삼보선수의 일반적인 지구력은 정규 게임과 유사한 회로 훈련 방법을 적용하여 개발된다. 20~30분에서 40~50분 사이의 운동이 추가된다. 훈련은 템포, 리듬, 운동 진폭의 변화를 포함하여 부하 강도의 변화(교대 방법)를 주면서 수행된다.

15~17세 삼보선수의 속도 지구력 발달은 높은 수준의 기술 훈련, 신체의 기능적인 가능성, 통증기술에 대한 피로감 극복 등의 요소에 영향을 받는다. 그러므로 삼보를 다음과 같은 방식으로 사용하는 것이 좋다.

- 10~12에서 25~30초 사이의 운동. 훈련생의 훈련 수준이 높을수록 수행 시간이 길어짐.
- 60~100%의 강도. 운동의 질을 저하시키지 않도록 노력. 액티브한 휴식은 회복될 때까지 지속적으로 함(3~4분).
- 훈련 세트 당 2~4개의 시리즈, 각 시리즈 당 2~3회 반복.

15~17세의 삼보선수를 훈련시키는 코치는 훈련을 시킬 때 속도와 지구력 향상 가능성을 고려해야 한다. 삼보선수의 속도 지구력 증가와 운동 조화 및 유연성 개발을 결합하는 것이 좋다. 삼보 기술의 향상과 속도 지구력의 개발에 긍정적인 효과가 있다.

삼보선수는 15~17세에 모든 특수 지구력을 개발해야 한다. 이 목적을 위해 아래와 같은 부하 매개변수가 권장된다(표 12).

표 12

15세 이상 삼보선수의 지구력 개발을 위한 부하 매개변수

번호	훈련 과제	부하 매개변수			
		강도	지속시간(초)	한 세션 당 반복 횟수	휴식(초)

1	힘의 지구력 개발	훈련 개선으로 수준 증가	20~40	15~20	30~40
2	조화 지구력 개발	중간, 점차적 높임	120~360	1~3	20~30
3	속력 지구력 및 무산소 해당 반응 공급 메커니즘 개발	중간에서 최대에 근접	30~40부터 180~240까지	1~2	30~60
	무산소-젖산 에너지 공급 메커니즘	최대	2~3에서 25~30까지	2~4	짧게
	무산소-유산소 에너지 공급 메커니즘	중간부터 높게	180~300부터 480~600까지	1~2	짧게

숙련된 삼보선수는 힘 보존률이 높은 지구력을 지닌 것으로 알려져 있다. 삼보선수는 상대방보다 기술, 수비 및 다른 행동을 수행하는 동안 힘을 적게 써서 피로를 오래 견딜 수 있다.

지구력 훈련 과정에서 아래와 같은 방법론적 실수를 피해야 한다.

삼보선수의 근골격계 강화 상태를 고려하지 않고 운동시키는 것.

단조로운 수단으로 지구력 발달을 훈련시키는 것.

과도한 훈련 부하(훈련생이 완전히 회복되지 않은 경우 장시간의 훈련).

불편함을 느끼는 사람이나 아픈 사람의 훈련.

1.6.4. 조절 능력 훈련 방법

민첩성(조절 능력) - 삼보선수가 한 동작에서 다른 동작으로 변화하기 위해 신체 부위의 움직임을 합리적으로 조절할 수 있는 능력이다. 조절력은 훈련에 의해서가 아니라 유전적인 부분이 강하다. 삼보 코치는 훈련생을 선발할 때 조절력이 좋은 선수를 선호해야 한다. 이런 선수의 경우 경기의 조건에 따라 행동을 조절하는 능력을 빠르게 습득하는 등 삼보선수의 능력을 드러낸다.

조절 능력의 종류

다음과 같은 기본 유형의 조절 능력이 있다.

- 기술 동작 수행 중 리듬감(강세 및 강세를 빼는 운동의 조합).
- 누군가를 공격하거나 자신을 수비하는 동안 균형 유지 능력(신체를 안정된 자세로 유지).
- 훈련 및 경기 중 활동에서 구현된 공간 적응 능력.
- 운동학적(공간적, 시간적 및 공간적 - 일시적 요소), 역동적, 질적(활력, 가소성) 운동의 매개변수 관리 능력.
- 근육 이완 능력.

삼보선수의 조절 능력 개발은 다양하게 이루어진다. 가장 중요한 것은 다양한 동작 조건과 다양한 피로 단계에서 나타나는 삼보선수의 이동 기술 및 실습을 망라하는 범위에서의 운동에 대한 기억(암기 및 재생 동작)이다. 근육 간 및 근육 내 조화는 긴장에서 이완으로의 전환, 길항 작용과 상승 작용을 하는 근육의 상호 작용의 중요한 요소이다.

높은 수준의 조절 능력은 중추 신경계의 가소성, 신체적 훈련(속도 능력 및 속도와 힘, 유연성을 포함하는 발달 수준), 상대방의 행동에 대한 기대감(자신의 예측/상대의 공격 또는 수비 행동), 다양한 조건에서의 운동 훈련 해결에 대한 심리 태도를 확립한다.

삼보선수의 조절능력 훈련의 과제는 다음과 같다.

- 새로운 삼보 동작과 다른 스포츠의 동작의 마스터링.
- 경기의 변화하는 조건에 따라 이미 배운 기술들을 가지고 동작을 조합하는 능력.

훈련생의 연령에 따른 조절 능력 훈련의 특성

조절 능력 개발의 가장 적기는 남성 삼보선수의 경우 8~9세 및 11~12세이며, 여자 삼보선수의 경우 8~9세 및 10~11세 이다. 조절 능력의 증가율이 평균적인 시기는 13~14세(남성 삼보선수)와 11~12세(여자 삼보선수)이다. 7~14세의 모든 삼보 훈련생의 균형감 훈련 과정에서 조절 능력 훈련을 할 수 있다. 어떤 경우에는 재능 있는 10대 삼보선수의 조절 능력 지표가 성인 선수의 능력과 거의 동일하기도 하다.

조절 능력을 개발하기 위한 수단으로는 복잡한 상황(공간 또는 시간 부족, 삼보선수의 정보 부족)에서 충분히 훈련되지 않았거나 잘 알려지지 않은 새로운 훈련이 될 수 있다.

조절 능력 발달을 위한 수단으로는 새로운 게임, 다양한 스포츠 및 적극적인 게임들이 될 수 있다.

민첩성 개발의 주요 방법으로는 게임, 경기 및 반복(완전한 회복을 위한 휴식 포함)적인 운동이 될 수 있다.

조절 능력 향상을 위한 권장 사항

운동 조절 능력 개발을 위한 운동을 하기 전에 형태와 내용면에서 비슷한 운동을 사용하여 철저히 워밍업해야 한다. 운동의 속도, 진폭 및 조화의 복잡성은 한번의 훈련으로 하는 것이 아니라 관련 훈련의 체계 내에서 점진적으로 증가되어야 한다. 추가적인 훈련을 할 경우에는 삼보선수의 개별 능력과 조화되어야 한다.

10~12세의 삼보선수를 훈련할 때 균형감(정적 또는 동적)의 개발, 운동학적 및 동적 이동 매개변수를 관리하는 능력의 향상에 주의를 기울여야 한다.

균형감을 개발하기 위해서는 지지하는 부분의 면적이 적은 곳 위에서 훈련 할 것을 권장한다(노끈을 바닥에 늘어뜨려서 그 위로 걷기, 체조용 평균대 위에서 걷기). 한 다리로 서기, 다양한 손과 신체 자세로 서기, 양손, 양다리와 몸을 돌리는 동작하기, 신호에 따라 체조하기, 템포, 리듬 바꾸기, 진폭의 움직임 바꾸기, 다양한 다리 움직임을 하며 머리 세우기 등도 좋은 훈련이 될 수 있다.

운동 조절 능력의 향상은 운동 매개변수를 평가하고 조절함으로써 달성된다. 기술을 수행하는 동안의 근육의 감각은 젊은 삼보선수에게 중요하다. 이를 위해서는 훈련을 할 때 주요한 훈련의 시작과 끝 부분에서 훈련생이 피곤해 할 때 동일한 체중 또는 가벼운 파트너와 함께 기술을 현장에서 또는 동작 중에 연습할 필요가 있다. 또한 손발 근육, 팔뚝 근육, 어깨 근육, 등 근육, 배 근육, 허벅지 근육, 정강이 근육, 발 근육 등을 운동해서 이완시키는 능력을 개발하는 것이 좋다.

특히 어린 삼보선수의 전정 내성을 향상시키는 것에 관심을 가져야 한다. 이를 달성하기 위해서는 팔과 다리의 위치를 변경하며 다양한 몸 뒤집기를 수행하는 것이 좋다. 예를 들면, 두 다리를 교차해서, 양팔을 옆으로 들고, 손에 테니스 공을 들고 앞으로 구르기 등이 좋은 예이다. 10~12세의 삼보선수를 위한 조절 능력 발달 훈련은 준비 운동 시간에 포함되거나 훈련 참가자가 피로해지기 전인 훈련 초기 시간에 수행되어야 한다.

12~14세 삼보선수의 운동 조절 능력은 안정화되고 조금 줄어 들기도 한다. 그렇다고 운동 조절능력의 개발에 주의를 기울일 필요가 없다는 것을 의미하지는 않는다. 14~16세의 삼보선수는 균형, 이동 리듬감, 공간감 능력이 향상된다.

삼보선수의 이동 정확도 향상을 위해서 수행하는 기본적인 사항은 공평한 힘 배분 그리고 기술 평가이다. 그리고 반드시 새로운 기술을 배우도록 하여야 한다.

삼보선수에게 가장 어려운 훈련은 힘, 시간 및 공간 이동 매개변수의 정확한 배분과 관련된다. 양쪽으로 메치기, 키가 크거나 작은 파트너(또는 가볍거나 무거운 파트너) 메치기 등 '상반된' 과제를 주거나 굳히기로 끝내는 메치기, 파트너(중간 정도 거리 또는 가까이 있는)와의 훈련 같은 '비슷한 과제'를 주어 훈련을 한다.

삼보선수의 공간 동작 정확도는 두 가지 방향, 즉 동작을 표준화(안정성)하고 설정된 상황(변동성)을 고려한 동작 변경 능력을 향상시키는 것이다. 첫 번째 방향은 삼보의 기본 기술을 배우면서 구현된다. 두 번째 방향은 목표 상황을 만들어서 4점 메치기, 불편한 방향으로 메치기, 메치기를 하는 동안 조건부 전술적 행동을 적용하는 등의 방식으로 이루어진다.

삼보선수의 움직임 강도의 정확도는 자신의 힘을 분석하고, 고무 스트랩으로 운동하기, 파트너의 균형을 깨기 위한 특별한 운동을 통해 향상시킨다.

삼보선수의 움직임의 시간적 정확도 향상은 시간적 매개변수를 감지하고 시간 간격 설정에서 자신의 움직임을 배분할 수 있는 '시간 감각'에 크게 의존하다.

조절 능력 개발 방법

삼보선수의 균형 감각은 삼보의 일정한 동작을 사용하여 정적 및 동적 조건에서 개선될 수 있다. 공격과 반격 행동을 완성할 때 눈으로 보지도 않고 제한된 공간에서 기술 훈련(파이트)을 하면서 향상시킨다(표 13).

운동 리듬은 근육의 힘을 강하게 하거나 이완시키라는 신호로서의 다양한 소리(호각, 박수, 음성 명령)를 사용하여 향상시킨다. 멘탈 훈련은 삼보선수에게 중요하다. 그것은 기술 수행 중에 만들어진 힘을 재현하거나 수행 중에 합리적인 리듬, 심리적 재현, 속도 및 속도 향상을 재현해 낸다. 공간 인식은 삼보선수에게 경기 상황을 평가하고 훈련이나 파이트 중에 합리적 행동으로 반응하도록 해준다. 이를 위해 삼보선수에게는 포기하지 않고 집중하는 것이 중요하다. 삼보선수가 높은 공간 인식을 갖기 위해서는 다양한 조합으로 설정된 기술을 개선하고, 세트에서 '역습' 또는 '잡기'를 하기 위해, 그리고 경쟁 상황의 모형을 만들기 위해 복잡하게 해야 한다(훈련생이 피곤할 때의 경쟁, 잘 알려진 상대와의 경쟁).

삼보선수의 자의적인 근육 이완은 최대한의 근육 이완, 근육 변형과 근육 이완 또는 다른 근육을 이완시키면서 근육을 긴장시키는 연습을 통해서 잘 할 수 있게 된다. 삼보선수의 다양한 기능 상태(안정된 상태, 보상된 피로, 표현된 피로)에서 이러한 연습을 적용하는 것이 좋다.

표 13

10~17세 삼보선수의 조절 능력 개발의 부하 매개변수의 특성

번호	학습 과제	부하 매개변수			
		강도(최대의 %)	지속시간(초)	한 세션 동안 반복 횟수	휴식(초)
1	조절 능력의 향상	70~80	5까지	6~10	30~60
		-	15~20	2~4	60~180
2	피곤한 상황에서의 조절 능력의 향상	40~60	짧게	10~12	10~15
		60~75	길게	4~6	15~20

삼보선수의 조절 능력 개발 훈련 과정에서 아래와 같은 새로운 이동 과제를 해결해야 한다.
- 다양한 상대방(경량, 중량, 훈련 정도가 높거나 낮은)에 맞는 기술 및 전술 완성
- 구체적인 전술적 과제의 해결(우세 획득, 판정에서 이기기, 상대방보다 더 적극적으로 경기에 임하기).
- 익숙하지 않은 조건에서 대결(기후, 시간, 조명 - 밝거나 어두움, 소음, 음악).

조절 능력 향상의 과정에서 방법론적 실수를 해서는 안 된다. 조절 능력이 다른 신체적 특성과 밀접하게 관련되어 있기 때문에 위에서 언급한 모든 단점이 생길 수 있으며 또한 개발 방법으로 인해 조절 능력 개발 중에 부상을 입을 수 있다.

코치는 삼보선수의 훈련을 잘 계획해서 훈련을 하는 동안 해결되지 않았던 과제를 실제 시합에서 직면하지 않도록 해야 한다.

1.6.5. 유연성 개발 방법

유연성은 삼보선수가 최대 진폭(이동 범위)으로 운동을 수행하는 능력이다.

삼보선수의 유연성은 정적 및 동적 모드에서 나타난다. 움직이는 힘은 능동적인 유연성과 수동적인 유연성으로 나뉜다.

연령에 따른 유연성 개발의 특성

삼보선수의 유연성 발현은 해부학적 요소(근육 및 인대 탄성, 관절 모양)에 크게 달려 있다. 유연성은 근육 벌크에 영향을 받을 수 있으며(염좌의 가능성), 연령과 성별에도 영향을 받는다(12세 미만의 삼보선수에게는 매우 높으며 여자아이 및 젊은 여자는 보통 남자아이 및 젊은 남성보다 유연성 수준이 높다). 일반적으로 시간대별로 유연성 지표에 각기 다른 영향을 준다(아침에 감소함). '운동복' 또한 영향을 미치며 유연성은 사우나 후에 많이 증가한다.

삼보선수의 유연성 개발을 위한 과제는 다음과 같다.

- 기본적인 신체 부위(척추, 목, 어깨 거들, 고관절, 무릎 관절, 발목 관절)의 움직임을 촉진한다.
- 삼보 운동 수행을 위한 유연성 발전을 보장한다.
- 유연성 감소를 방지한다.

체조는 유연성을 높이기 위한 기본 수단이다. 반복적인 방법은 유연성 개발을 위한 좋은 방법이다.

유연성 향상을 위한 권장 사항

주요 조건 중 하나는 근골격계를 워밍업시키는 것이다. 스트레칭 운동을 하기 전에, 체조로 근육을 따뜻하게 해야 하며 유연성 발달 훈련을 하는 내내 따뜻한 상태로 유지해야 한다. 가볍게 땀을 흘리면 몸이 충분히 따뜻해졌다는 신호이다. 추가적인 무게를 첨부한 역기로 스트레칭 연습을 할 때에는 무게를 정확하게 측정해야 한다.

처음에는 부드러운 움직임으로 각 관절의 운동을 시작한다. 움직임 진폭을 점진적으로 증가시킨다. 운동을 처음 시작할 때에는 느린 속도로 수행한다.

유연성 발달에서 최고의 훈련 효과는 최대 진폭으로 운동을 수행하면 달성된다. 근육, 인대, 근육 긴장의 한계를 정하는 것은 어렵다. 특히 강제 스트레칭, 스윙 및 무거운 역기로 갑작스럽게 유연성 운동을 하면 안 된다. 스트레칭 되어있는 근육 조직에 통증이 느껴지는 것은 과도한 운동 진폭에 대한 개인적인 신호로 볼 수 있다. 통증은 미세한 외상을 알리는 것이다. 따라서, 약간 아픈 감각이 있을 때 운동의 강도와 진폭을 줄이고 추가 무게도 줄인다. 통증이 많이 느껴지면 즉시 스트레칭 운동을 중단하고 반응의 기능적 특성을 완전히 회복한 후에 다시 시작해야 한다. 근육 회복을 가속화하기 위해 부드러운 마사지를 오래 하며 뜨거운 찜질을 하는 것이 적절하다.

유연성 개발 방법

유연성을 향상시키려면 발달 부하의 25~30%를 사용하여 일주일에 2~3번 스트레칭 운동을 하고 최대 운동 강도의 80~90%로 운동 진폭을 높여야 한다.

스트레칭은 10~12회 연속으로 하는 것이 좋다. 14~16세의 삼보선수의 경우 반복 횟수를 높일 수 있다. 몸을 구부리거나 늘리면서 최대 100회 반복한다. 허리 관절, 무릎 관절, 발목 관절, 어깨 관절은 최대 40~60회 반복한다.

삼보선수는 특별한 유연성을 가지고 있다. 척추의 굽힘과 연장, 상체의 동작, 고관절의 움직임에 최고 수준의 운동성이 있어야 한다. 유연성(선택적 작용과 신축성)을 개발하기 위해서는 두 가지 유형의 결합된 운동을 사용할 필요가 있다.

같은 근육 그룹을 스트레칭하기 위해 선택적으로 행동 조합을 만들어 낼 수 있다.

예를 들면, 8~10분 내에 수행되는 신체 근육과 상체의 스트레칭을 6~8회 한다.

삼보선수의 유연성 연습은 다음 순서로 계획해야 한다.

- 능동적인 운동은 처음에는 한 번만 수행하고 그 다음 스윙 운동을 수행한 후에만 역기를 들고 스윙 운동을 해야 한다(이때 역기의 무게는 너무 무거우면 안 된다).
- 수동적인 운동은 정적 모드에서 수행한 다음 동적 모드에서 수행해야 한다.

삼보선수에게 스트레칭은 필요하고 도움이 되는 운동이다. 이것은 근육을 늘어나게 하고 관절의 움직임을 좋게 하기 위한 운동 방법이다. 훈련은 정적 모드에서 수행하며 처음 자세에서 스트레칭을 한 상태에서 일정한 시간 동안 동작을 멈춘다. 근육 훈련의 정적 모드 운동을 동적 모드 운동과 결합할 수 있다. 스트레칭은 삼보선수의 유연성을 향상시키고 근육의 기능 상태를 향상시킨다. 10~12세의 삼보선수의 경우 운동하는 동안 10~20초 동안 자세를 유지하는 것이 좋다. 13~14세 때부터 훈련을 받은 사람들은 20~60초 동안 자세를 유지한다. 한 번의 동작을 2~6번 반복해야 하고, 20~60초 동안 유지 한다. 세트 운동은 4~8개의 개별 동작으로 구성될 수 있다. 세트 운동은 최대 10~20분이 걸릴 수 있다. 다음에 능동적 또는 수동적 운동을 한다. 유연성 향상 과정에서 방법론적 실수를 하지 않도록 해야 한다. 신체의 근육과 인대가 워밍업이 되지 않은 상태일 때, 근육 긴장항진증이 있을 때 운동을 해서는 안 되며, 운동 진폭을 급격히 증가시키거나 과도한 무게를 드는 행위를 해서는 안 되며, 세트 사이 사이 긴 휴식 시간과 피로가 쌓여 있는 상태에서 운동을 해서는 절대 안 된다.

삼보에서 신체 훈련은 일반적으로 속도, 힘, 조절 능력, 지구력 및 유연성과 같은 것을 하나로 발전시키는 것을 의미한다.

1.7. 삼보 훈련 체계에서 인성 교육 및 정신 훈련

삼보 훈련 시기 동안 긍정적인 개인적 특성을 자극하는 것은 매우 중요하다. 일반적으로 선수는 의지, 규율, 인내, 자신감이 있는 것이 좋다. 또한 정직, 친절, 공조 및 도덕성이 높은 개인적 성격을 형성하는 것도 중요하다. 삼보는 지적인 활동을 하지 않으면 성공 할 수 없으며, 미학적 인식은 선수에게 삼보가 합리적인 기술이 있는 예술(art)임을 인식하도록 해준다.

기술적, 전술적, 물리적인 삼보 전술을 성공적으로 습득하기 위해서는 주의력, 추리력, 기억력 등의 고도로 발달된 정신 과정을 보여주어야 한다.

삼보는 훈련과 경기 중 활동에서 구체적인 개인의 감정(단체주의, 공조)을 표현해내며, 경기를 할 때에는 개인의 심리적 상태도 그대로 표출된다.

다양한 종류의 격투 스포츠는 유사성(상대와의 경기, 복잡한 조건에서의 기술 및 전술적 행동, 체중 분류의 틀에서의 체중 조절)을 갖고 있지만, 각각의 개별적인 특성도 가지고 있다.

그레코로만 레슬링에서는 잡기와 기술적인 행동에 대한 선택에 한계가 있어 선수가 사고를 하는데 어려움을 느낀다. 선택의 여지가 적은 부분에 대한 고민을 하게 되어 스포츠맨의 감정을 지나치게 많이 소비하고 결단력을 필요로 한다.

자유형 레슬링에서는 발목, 무릎 및 골반 관절의 근육과 인대가 크게 부담을 받고 기술 범위가 확장된다. 선수는 기술적 및 전술적 행동에 대한 선택의 폭이 넓다. 선수의 사고 능력이 향상되고 주의력과 인지 능력이 향상되고 근육 감각이 강화된다.

유도에서는 집중적으로 '순간적인 힘'을 필요로 한다. 폭발적인 힘은 휴식과 번갈아가면서 주기적으로(최소 시간에 최대 힘) 나타나며, 경기의 템포가 빠르다. 유도선수는 목적 의식이 있어야하며, 진취적이며, 정서적으로 차분하고, 인내심이 있고, 고도의 근력과 심리적 민감성을 가져야 한다.

삼보 훈련 특성 중 하나는 파트너와 즉각적으로 접촉하는 것이다. 삼보선수의 행동 인식은 시각적일 뿐 아니라 근육 감각과 운동 감각의 도움으로 발생한다. 삼보선수의 모든 심리적 과정(감각, 지각, 사고력, 주의력)은 경기 중에 근육 긴장의 강도에 의해 조절된다.

삼보 훈련 체계에서 심리 훈련은 훌륭한 성과를 달성하는데 도움이 된다. 삼보선수의 심리 훈련의 과제는 심리상태와 개인 능력, 자기 통제 능력을 향상시키며, 경기 시작 전 훈련을 보장해주는 데 있다.

심리의 교육과 훈련은 삼보선수를 만들기 위한 모든 단계에서 진행되어야 한다.

삼보선수의 심리적 과정 향상

스포츠 훈련과 경기 활동은 삼보선수의 사고 과정 개선뿐만 아니라 주의력 향상을 목표로 해야 한다.

사고는 유연해야 하며, 상대방에 대한 인식(기술적, 전술적, 신체적, 심리적 능력)이 높아야 하고, 주의가 잘 집중되어야 하며, 감각은 미동도 잘 파악해야 한다. 삼보에서 정신 기능은 통증기술을 포함한 기술 동작에 영향을 준다. 이기기 전까지 행동을 수행하는 기술(또는 포기하지 않는 기술)은 삼보선수의 인내력과 높은 능력을 필요로 한다. 다양한 잡기를 수행하는 능력은 주의력과 지각력을 높여 주며, 한판으로 승리를 달성하려는 의지를 강화시킨다.

또한 높은 수준의 집중력을 필요로 한다. 집중력이 약화되면 기술적 및 전술적 행동에 부정적인영향을 미치고, 경기에서 적극성을 약화시켜서 결국 선수가 주도권을 잃게 된다.

사고 행위는 심각한 심리적 긴장과 함께 끊임없이 변화하는 조건 하에서 수행하는 경기 과정에서도 이루어진다. 삼보선수의 사고는 복잡한 조건에서 융통성 있고 영리해야 한다. 선수는 창조적이고 합리적인 결정을 내리고 즉시 구현할 수 있는 능력을 가져야 한다.

심리적인 과정은 다음과 같은 방향으로 향상된다.

- 삼보선수는 경기 조건에 따라 신속하게 새로운 대상물에 주의를 전환할 수 있어야 한다.
- 삼보선수의 사고는 상대방의 전술 분석과 자신의 전술적인 과제 해결을 목표로 해야 한다.

상대방의 행동을 분석하는 동안 자신의 움직임, 자세, 손과 다리의 위치, 표정, 호흡 특성(숨을 확실히 쉬거나, 자주 쉬지 않음)을 관찰할 필요가 있다. 사고는 삼보 기술과 전술에 대한 지식을 기반으로 하며, 이것은 성공적이고 기술적인 전술적 동작에 구현된다.

올바른 인성 형성 교육

삼보선수는 육체적 훈련과 함께 인성 교육도 받아야 한다. 현대 스포츠에서는 '페어 플레이' 원칙에 관심이 높다. 스포츠에서 '페어 플레이'는 삼보선수 훈련에 참여하는 선수, 코치, 의사 및 기타 전문가의 도덕적 의무가 포함된다.

도덕적 의무는 경쟁의 규칙과 규정을 엄격하게 준수하는 것이다. 불공정한 경연 대회, 거친 행동, 금지된 기술의 사용, 흥분제 사용을 허용해서는 안된다.

삼보선수의 인성 교육. 도덕은 다른 사람들과의 상호 관계를 지배하는 일련의 규범과 규정이다. 그것은 다른 사람을 독려하거나 방해하게 된다. 도덕적 기준은 이상적인 선과 정의이다.

삼보선수의 인성 교육은 세 가지 방향으로 조직된다.

도덕성 교육 - 훈련생의 도덕적 사고를 형성하고 자신의 행동을 실현하는데 도움을 주는 행동. 과거와 미래의 실제적인 예를 기반으로 깨달음을 얻게 한다.

코치는 말로 가르치면서 롤 모델이 되어서 삼보선수의 정신력과 감각에 지속적인 긴장을 가해야 한다. 코치의 임무는 도덕적 이상을 형성하는데 도움을 주는 것인데, 이는 훈련생의 도덕적 행동으로 표현된다.

삼보 훈련 과정에서의 도덕성은 훈련이 훈련생에게 정서적인 만족감을 주고 삼보 훈련에 대한 관심을 증대시키는 조건에서 생겨난다.

삼보 수업 자체는 도덕성과 관련이 없다. 하지만 각 수업에서 일정한 교육적인 목표를 설정하고 해결하는 과정에서 삼보선수는 인성을 발전시킬 수 있다.

도덕성을 높여주는 것은 칭찬과 처벌에 의해 실행된다. 칭찬을 함으로써 삼보선수의 좋은 습관을 강화하고 나쁜 습관을 고칠 수 있게 한다. 그러나 훈련생 개개인의 특성이 다르다는 것을 기억해야 한다. 칭찬 방법 외에도 처벌을 적용할 수 있다. 선수의 행동에 대한 비판을 함으로써 행동의 유해한 습관을 고치게 할 수 있다. 가장 일반적인 경우 팀 구성의 첫 단계에서 부터 처벌의 필요성이 발생했다가 팀이 형성되면 처벌의 필요성이 없어진다.

의지력 교육. 삼보 훈련은 선수의 의지와 노력을 의무적으로 요구한다. 이것은 대회뿐 아니라 훈련 과정에서도 그렇다. 삼보선수의 개인적인 의지력은 훈련뿐만 아니라 일상적 관찰(규칙적인 훈련 참가), 체중 조절, 어려움을 극복하려는 열망(훈련 중에 기술 동작을 취할 수 없는 경우) 또는 일반 훈련팀 또는 스포츠클럽팀과 함께 훈련을 할 경우 등 여러 경우에 나타난다.

삼보선수가 개발해야 할 의지력은 목적 의식, 인내, 끈기, 결단력, 대담성, 자주성, 독립성, 지구력, 자기제어력이다.

현대 사회에서 운동 선수에게 목적 의식을 갖게 하는 것은 매우 어려운 일이다. 삼보를 하는 훈련생과 학생들에게 스포츠 활동을 하는 필요성을 각인시켜야만 한다. 또한 활동의 동기, 즉 스포츠 능력을 완성시키기 위한 열망을 집어넣어 주어야 한다.

훈련생이 목표를 달성하려면 인내심과 끈기를 가지고 있어야 한다. 삼보선수의 훈련 목적은 시대에 따라 다르다. 그럼에도 불구하고 선수는 코치의 지도하에 열망하는 목표를 설정해야 한다. 어떤 스포츠 선수의 경우에는 스포츠에서 성공하기 위해서 삼보 기술과 전술을 습득해야 할 수도 있다.

어떤 삼보선수는 호신술 기술을 배우거나 군인이 될 준비를 하기도 한다.

결단력과 대담성은 여러 면에서 삼보선수의 정서적 안정성에 기반하다. 이러한 자질을 개발하면 삼보선수가 기술 및 전술적인 행동, 복잡한 조건에서의 신체적인 훈련을 수행할 준비가 되도록 해준다. 이것은 선수가 자신감을 가질 수 있게 해준다. 삼보선수의 지식과 기술 체계는 결단력과 대담성의 기반이 된다. 또한 선수가 신속하게 결정하고 위험을 정확하게 평가하는데 익숙해지게 해준다. 예측되는 의심과 두려움과 자신감 부족을 억제하게 해준다.

삼보선수는 훈련 및 경기 경험에 기반해서 자주성과 독립성을 개발해야 한다. 이러한 자질은 익숙한 방법으로는 어려움을 극복하기에 충분하지 않을 때, 그래서 창의적인 결정을 내려야 할 때에 훈련과 겨루기 상황에서 나타난다. 이러한 자질은 익숙하지 않은 조건(상의를 입지 않고), 모래 위에서 또는 모르는 상대와의 경기를 할 때 적극적으로 개발된다.

지구력과 자기 제어는 스트레스를 받는 상황에서의 훈련과 경쟁적 활동에 영향을 주는 삼보선수의 정서적 안정성을 의미한다. 훈련 과정에서 상대를 능가하기 위해 소유해야 할 개인적 자질에 대한 지식을 습득함으로써 피로를 극복하고 미래의 공포에 대한 두려움을 개선한다. 나이가 많은 삼보선수에게는 정서적 상황을 극복하는 몇몇 기술을 가르쳐야 한다(신속하게 회복하고 자기 조절을 하여 최적의 경기 상태로 들어가기 위한 자발적인 근육 이완 기술).

삼보선수는 훈련으로 긍정적인 개인적 자질을 향상시켜야 한다. 훈련에서뿐만 아니라 경기에서도 독립적 사고에 익숙해져야 한다. 코치는 훈련생의 인격을 저해하지 않으면서 그들의 행동을 바로잡아야 한다. 코치가 자신의 행동과 활동을 통해 훈련생에게 요구 사항을 명확하게 보여준다면 훈련의 효과는 훨씬 강하게 나타날 것이다.

경기 전 훈련

경기 전 심리 훈련. 삼보에서 선수의 심리적 훈련은 객관적인 결과에서 잠재적 능력이 드러나는 잘 관리된 과정을 의미한다.

경기에서 잠재적인 역량을 완수하기 위해 삼보선수는 다음을 수행해야 한다.

높은 수준의 효과를 가진 기술 및 전술적 행동을 수행하고(체중 감량 후, 피곤할 때, 불편한 상대방과 함께), 경쟁 상황을 신속하고 정확하게 평가하고, 전술적 결정을 내리고, 기술을 개선하고, 상대방의 행동에 따라 조화시킨다. 신경 및 심리적 긴장(불안) 상태를 관리한다. 일반적으로 서로 연결되어있는 세 가지 기본 유형의 심리 훈련을 하지만, 각각의 목적은 독립적인 훈련을 해결하기 위한 것이다.

일반적인 심리 훈련. 일반적으로 선수의 심리적 적응을 최적화하는 것이다. 이것을 성취하는 데는 두 가지 방법이 있다. 첫 번째는 극한 상황에서 심리적으로 준비된 상태를 만들기 위한 다양한 방법들을 선수에게 가르치는 것이다. 이것은 감정적으로 격한 상황에서 자기 조절을 하게 하고, 효과를 보장하는 활동의 수준을 조절하게 하고, 관심의 집중과 배분을 수행하게 하고, 최대한의 자유 의지에 의한 육체적인 힘을 동원할 수 있도록 만들어준다. 두 번째 방법은 시합과 비슷한 상황(특정 경기에 관계 없는)을 만들어서 시뮬레이션하는 기법으로 가르치는 것이다.

경기를 위한 특별 정신 훈련. 먼저 효과적으로 경기할 준비를 하는데 중점을 둔다. 특별 정신 훈련은 개별 훈련을 통하여 다음과 같은 것들을 해결하는데 목적이 있다.
- 선수에게 주요한 사회적 가치에 목표를 두도록 도와준다.
- 선수에게 성취 동기 부여.
- 심리적인 장벽 극복, 특히 특정 상대와의 경기에서 발생하는 정신 장벽 극복.
- 예정된 경기의 조건에 대한 심리적 시뮬레이션.
- 경기 직전에 심리 프로그램 진행.

구체적으로 시합을 할 때 부정적인 요소로부터 **심리적 방어**를 하는 것은 불안을 제거하거나 최소화하는 것을 목표로 하는 심리적 안정화를 위한 특별한 방법을 의미한다. 시합을 하는 도중 부정적인 요소로부터 심리적 공격을 받은 선수는 코치가 재빨리 교육-심리적 간섭을 할 필요가 있다(긴급 처방으로 자기 통제의 수단으로 자기 방어를 사용할 수 있다). 간섭의 목적은 선수의 부정적인 상태를 바꾸거나 그러한 상태를 보상해주는 것이다. 심리적 방어는 대개 감정적 안정, 자신감, 목적성의 형성과 연관이 있으며, 결국에는 삼보선수의 희망과 관련이 있다.

감정적 상태에 대한 자기 통제 능력 형성

삼보선수는 결투로 인해 긍정적 또는 부정적인 감정 상태를 가지게 될 수 있다. 삼보 훈련 과정에서 선수는 감정을 관리할 수 있는 방법을 배워야 한다. 싸우는 과정에서 다양한 요소가 감정 상태에 영향을 미친다.

결투의 강도 - 삼보선수는 큰 육체적 스트레스 하에서 흥분되고, 에너지가 밀려오는 것을 경험한다. 근육의 긴장도가 약하거나 피곤한 상태가 되면 선수는 힘이 없어지고 시합에서 승리를 하겠다는 생각이 약해진다.

싸움의 템포 - 삼보선수가 빠른 템포의 경기(빠른 움직임과 잡기, 기술 및 전술적 행동의 효율성)를 유지하면 감정적인 흥분이 발생하며, 느린 템포는 선수에게 감정을 누그러뜨리게 한다.

특히 체중을 심하게 줄이는 등의 일반적인 상황에서 삼보선수는 신체 회복이 힘든 상황이 되면 불쾌한 감정을 느끼게 되고 이것은 삼보선수의 운동 효과에 영향을 준다 아래와 같은 것들도 선수들에게 불쾌한 감정 상태를 만들기도 한다.

- 상대방의 특성
- 경기에서 심판의 판결
- 경기 중 성공 또는 실패

훈련을 할 때 삼보선수의 유쾌한 감정은 팀의 유쾌한 분위기를 만들고 기술의 완성 과정에서 선의의 경쟁을 하게 한다. 이러한 감정은 그룹으로 나누어서 행해지는 육체적인 운동 및 팀 경기에서 중요한 요소이다.

1장 결론

러시아는 삼보의 고향이다. 삼보의 발전은 러시아 민족과 외국의 일대일 격투 기술을 기반으로 만들어졌다. 우리는 삼보 발전 과정을 몇 단계로 나눌 수 있다. 주요 단계는 소련에서의 삼보 탄생과 설립, 삼보에 대한 공식 인정, 2차세계대전 이후 삼보의 부흥, 소련에서의 삼보 대중화와 국제 사회로의 소개, 삼보의 세계 발달 및 첫 번째 공식적인 우승, 독립적인 국제삼보연맹(FIAS) 창설, 삼보의 국제적 발전, 세계 삼보 발전을 목표로 한 FIAS의 현재 활동 등으로 나눌 수 있다.

바실리 오셰프코프와 빅토르 스피리도노프는 삼보의 선구자이다. 오셰프코프의 훈련생인 아나톨리 하를람피에프는 삼보 개발에 크게 기여했다.

삼보는 운동 기술이 다양한 독특한 스포츠이다. 삼보의 기술에는 준비 기술(삼보선수의 서기, 매트 위 움직이기, 잡기, 상대방 균형 무너뜨리기, 한판(폴)시 자신을 지키기), 서서 기본 기술(메치기)과 누워서 기본 기술(팔과 다리의 누르기와 통증기술)이 포함된다. 삼보선수 훈련은 안정성, 유효성, 변동성, 효율성, 상대방에 대한 최소 정보 등 기술 요구 사항을 고려하여 체계화되어야 한다.

삼보 전술 훈련에는 전술 능력과 기술의 형성이 포함된다. 전술 훈련의 기본 방향은 다양한 경기 전술을 사용하고 기술 수행 중에 전술적 행동을 사용하여 경기 참가 전략을 학습하고 개선하는 것이다. 삼보선수는 전술 숙달의 기본을 형성하는 것이 필요하다. 습득한 기술 동작을 경기 상황을 변화시키는데 합리적으로 사용할 수 있다.

삼보선수의 신체 훈련은 복잡하다. 경기에서 기술을 사용하는 능력은 신체 훈련의 수준에 달려 있다. 삼보 훈련 중의 부상 예방을 위해서는 지구력과 유연성뿐만 아니라 속도와 조절 능력을 발전시켜야 한다. 효과적인 신체 훈련을 조직하는 코치는 선수의 연령 특성과 준비 수준을 고려하여 신체적 특성의 발달 체계를 설계하는 방법을 알아야 한다.

삼보선수의 인성 교육과 스포츠 자질 형성의 가장 중요한 측면은 심리 훈련이다. 훈련과 경기 활동에서 심리 훈련의 수단과 방법은 유연한 사고와 높은 집중력을 목표로 하는 정신 과정의 개선, '페어 플레이' 원칙에 관한 도덕적이고 정의로운 자질을 개인적으로 형성하는 것이다. 일반적 및 특별 심리 훈련, 특정 경기 과정에서의 부정적인 영향에 대한 심리적 방어 등 경기 전 삼보선수의 훈련을 합리적으로 조직하는 것 등이 경기의 좋은 결과에 영향을 미친다.

삼보 훈련은 한 사람이 효율적으로 사회화 되도록 도와준다. 스포츠 팀은 학습 및 훈련과 경기 과정의 합리적인 조직과 스포츠 팀의 의사 소통을 통해 동료애의 기본, 상호 원조, 충돌 없는 행동 및 주변 사람들을 존중하는 태도를 형성할 수 있다.

1장 정리를 위한 문제들

1. 러시아에서 삼보가 만들어지는 것에 영향을 준 요소는 무엇인가?
2. 러시아에 있는 민족들의 격투기 명칭을 말하고 격투 형식에 따라서 그것을 분류하라.
3. 삼보에 영향을 미친 세계의 격투기들과 영향을 미친 기술에 대해서 말하라.
4. 스피리노도프와 오세프코프의 삼보 발전을 위한 활동에 대해 말하라.
5. 삼보 발전의 주요 단계에 대해 간략하게 설명하라.
6. 삼보 대중화의 메커니즘을 설명하라(예를 들어서 여자 삼보).
7. 삼보선수가 배우는 준비 기술의 명칭을 말하라.
8. 누운 자세에서 삼보선수의 주요 기술은 무엇인가?
9. 삼보선수가 수행하는 다리 메치기의 예를 말하라.
10. 메치기 학습 전략의 기본 원리를 설명하라.
11. 삼보 연습에서 사용되는 팔 통증기술의 종류에는 어떤 것이 있는가?
12. 옆으로, 십자형으로 또는 머리 굳히기에서 벗어나는 예를 말하라.
13. 기술 동작을 배우기 위해 준비가 된 삼보선수의 특성을 말하라.
14. 경기 수행 전술의 계획은 어떻게 개발하나?
15. 경기 중 상대방을 모니터링하기 위한 전술적인 계획을 세워보라.
16. 경기의 전술적 방법을 열거하고 기술하라.
17. 경기에서 삼보선수의 기술 사용에 영향을 미치는 조건을 설명하라.
18. 삼보 기술을 배우면서 전술적 행동을 연구해야하는 이유는 무엇인가?
19. 전술적이고 기술적인 행동을 연구하는데 사용되는 삼보선수의 기본적인 학습 방법은 무엇인가?
20. 삼보 기술과 전술을 학습하는 과정에서 어떤 수단과 방법이 사용되나?
21. 신체적 특성의 유형은 어떻게 나뉘는가?
22. 삼보선수에게 힘과 관련된 능력을 키우기 위한 나이별 훈련 특성을 말하라.

23. 힘과 관련된 삼보선수의 역량은 무엇이며, 그것을 발달시키기 위한 훈련 방법의 예를 말하라.
24. 힘과 관련된 역량 개발을 위한 삼보선수 훈련에 사용되는 방법을 설명하라.
25. 복합적인 운동 반응 속도를 높이기 위한 방법을 설명하라.
26. 삼보선수가 경기를 하기 위해서 필요한 특별한 지구력에 대해 말하라.
27. 심리적으로 어려운 순간을 극복할 삼보선수의 조절 능력 개발을 목표로 하는 연습 사례를 말하라.
28. 삼보선수의 유연성 개발을 위한 연습은 어떻게 실시하나?
29. 삼보 훈련 체계에서 심리 훈련으로 어떤 과제를 해결할 수 있나?
30. 삼보선수 훈련에서 심리적 과정의 향상 방향은 무엇인가?
31. 삼보선수의 훈련 및 경기 활동에 나타나는 '페어 플레이' 원칙을 말하라.
32. 삼보선수 훈련에서 도덕 훈련의 방향을 말하라.
33. 삼보에서 좋은 결과를 달성하기 위해 기반이 되는 선수의 자질은 무엇인가?

2장

삼보선수를 위한 다년 훈련의 기본 원칙들

초심자부터 숙달된 운동 선수까지 다년에 걸쳐서 장기적인 계획으로 삼보를 훈련할 때에는 아래와 같은 내용들을 교육의 원칙으로 두고 시행해야 한다.

- 삼보 기술과 전술을 통합하는 교육적 시스템의 조직, 삼보선수의 신체와 성격 발달, 합리적인 과제, 도구, 방법을 제공하는 훈련, 다양한 연령의 삼보선수를 위한 세트 구성.
- 장기적인 훈련이 효율성을 갖기 위한 표준안 마련은 삼보선수들이 경기에서 얻은 결과(삼보선수의 지구력과 유연성, 높은 수준의 신체 훈련 능력과 힘, 속도, 조화 운동, 스트레스 상황을 극복하기 위한 사람의 심리적 준비 상태 등)를 기준으로 한다.
- 훈련생의 연령적 특성을 고려한 훈련의 다양한 측면(기술적, 전술적, 신체적, 심리적)의 상호 긍정적인 관계.
- 일반 및 특수 훈련 연습의 양의 지속적인 증가와 상관 관계의 변화(초보 삼보선수를 위해서는 일반적인 신체 훈련이 우선시 되어야 한다).
- 부하의 양과 강도의 점진적 증가(삼보선수의 적응 정도에 비례).
- 훈련 강도와 경기 부하를 반드시 점진적으로 증가시킨다.
- 모든 훈련 단계에서 삼보선수의 신체적인 능력의 발전 및 연령대에 맞는 가장 적합한 자질의 개발에 역점을 둔다.

2.1. 훈련 시설과 운동 장비

훈련용 삼보 매트는 11m×11m부터 14m×14m까지 있다. 경기를 할 때 삼보선수가 사용하는 매트의 유효 영역은 직경이 6~9m의 원이다. 오버런의 너비(매트의 나머지 부분)는 원의 어느 지점에서나 2.5m 이상이어야 한다(그림 30).

합성섬유로 만든 매트는 매끄러워야 하며 두께가 5cm 이상이어야 한다. 매트가 여러 개의 매트로 구성되어 있는 경우 꼭 맞게 조립하고 단단히 고정해야 한다. 연결 지점에는 빈틈이나 돌출부가 없어야 한다.

매트 중앙에는 직경 1m의 원주가 표시되어 있으며, 경계선의 두께는 10cm이다.

매트의 경계선(유효 영역)은 명확하게 선으로 표시해야 한다(또는 패시브 영역). 매트 경계선 두께는 10cm 이상이어야 한다. 이 선(또는 영역)은 매트의 유효 영역에 포함된다. 매트의 두 대각선 모서리는 빨간색과 파란색으로 표시된다(심판 테이블 왼쪽 - 빨간색, 오른쪽 - 파란색).

매트 표면. 매트의 전체 표면은 거친 이음새가 없는 부드러운 천이나 합성 소재로 덮여 있고 덮개는 단단히 펴져서 단단히 고정되어 있어야 한다.

매트 오버런. 운동 선수를 타박상으로부터 보호하기 위해 부드러운 카페트(또는 체조 등에 사용하는 매트)를 매트 주위에 놓고 매트에 고정시킨다. 카펫은 너비가 1m 이상이어야 하며 두께는 5cm 이상이어야 하고 매트보다 두껍지 않아야 한다.

매트가 놓이는 플랫폼은 매트보다 2.5m 이상 넓어야 한다.

부상을 피하기 위해 매트 주변 2m의 거리까지는 장애물이 없어야 한다.

삼보 훈련을 위한 스포츠 장비는 아령(2~5kg), 역기(16~32kg), 분리 가능한 덤벨(15~20kg), 바벨(작은 크기의 것이 좋음), 저항 밴드, 공, 스포츠 공, 액션 게임, 로프 건너 뛰기, 고무 튜브, 압착 용 손잡이 등 기타 스포츠 장비가 있다.

삼보선수 유니폼. 상의, 격투기 신발, 반바지. 또한 남자 선수는 보호 붕대(수영 트렁크)를 착용하고 여자 참가자는 브래지어와 원피스 수영복을 착용한다.

상의는 빨간색 또는 파란색으로 염색하며 벨트는 면직물로 만들어져 있다. 상의의 소매는 손까지 와야 하며, 그 너비는 소매 길이 전체에서 손과 천 사이 10cm 이상의 열린 공간을 제공

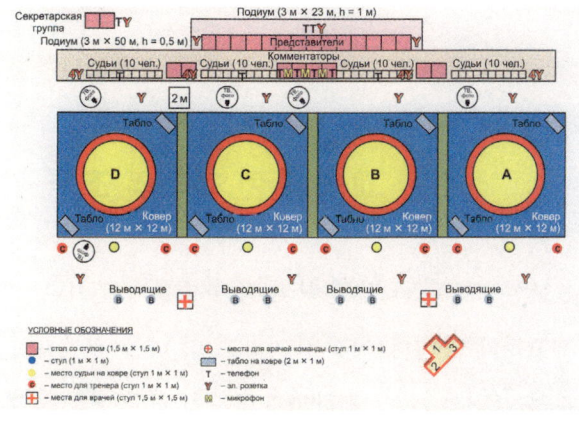

그림 30. 경기에 놓는 매트 모델

그림 31. 시상식

해야 한다. 허리 둘레를 따라 벨트를 통과시키기 위해 5cm 앞쪽과 옆 솔기 뒤쪽에 2개의 절개가 있다. 벨트는 이 절개를 통과하여 몸체를 두 번 감고 단단히 고정시켜야 하며 앞쪽에 묶어야 한다. 묶인 벨트의 나머지 부분은 15cm 이내여야 한다. 상의의 아랫단은 벨트보다 20~25cm 아래로 내려와야 한다.

삼보 대회 규칙에 따라 토너먼트 우승자는 빨간색 옷을 입고 시상식에 참석한다(그림 31).

부드러운 가죽으로 만든 격투기 신발은 돌출되거나 단단한 부분이 없는 부드러운 밑창이 있는 신발이다. 모든 솔기가 신발 안쪽에 있다. 발가락 관절 부분과 발은 가죽으로 된 작고 부드러운 패드로 보호된다. 삼보 경기 참가자의 반바지는 단색(빨강 또는 파랑) 모직, 반 모직 또는 합성 섬유로 만들어진다. 윗부분은 허리 라인에 닿고, 아래는 허벅지 상단 3분의 1을 덮어야 한다.

2.2. 교육-훈련 과정의 조직

계획 세우기는 삼보선수의 훈련 및 훈련 과정의 주요 부분이다. 계획을 세워서 즉흥성에 의해 시간과 힘을 불필요하게 낭비하는 것을 피하고 더 나은 결과를 얻을 수 있다. 목표 및 훈련을 설정하고 훈련 부하(훈련의 규모 및 강도), 회복을 위한 행동 체계 및 제어를 계획하고 훈련의 평균적인 부하량을 계획한다. 삼보 훈련을 계획할 때 다음 요구 사항을 고려해야 한다.

<u>전체성</u>. 계획은 훈련 및 경기 활동, 회복을 위한 행동, 훈련 경기의 조건, 여자 신체의 특수성 등 훈련의 모든 측면을 고려해야 한다.

<u>구체성</u>. 구체적인 과제를 훈련 과정에서 해결되어야 한다.

<u>훈련 최적화</u>. 최소한의 훈련으로 특정 목표를 달성한다.

2.2.1. 다년 훈련 모델

어느 연령대에서나 삼보 훈련을 시작할 수 있다. 기술적 및 전술적인 삼보의 동작을 습득하는 것에 관심이 있다면, 허약하여서 의사가 만류하지 않는 한 누구나 할 수 있다. 삼보 훈련을 시작한 나이에 관계없이 다년간의 체계적인 훈련만이 이 스포츠를 제대로 습득할 수 있다.

다른 경기 유형(또는 다른 스포츠)을 경험한 젊은 남자나 여자가 삼보 초보자로 시작하는 경우도 있다. 이러한 삼보선수는 이미 스포츠 훈련에 익숙해 있으므로 일정 수준 이상으로 신체적으로 준비가 된 상태이며 이미 스포츠의 규율성과 부지런함을 가지고 있으며 경기에 익숙할 것이다. 이 모든 지식과 기술은 삼보를 마스터하는데 도움이 된다.

삼보를 처음 시작하는 사람들의 유형을 분석한 결과는 아래와 같다.

- 10~11세 어린이(스포츠 훈련 경험이 없음).
- 14~18세(학생)의 청소년으로 다른 스포츠 경험이 있는 자.
- 삼보에 관심이 있는 20세 이상의 남성과 여성(특수 요원, 군인).

다년 훈련 시스템에서 삼보선수는 경기의 결과물을 지향하거나, 훈련 능력 향상을 지향하거나, 전문적인 활동(전문적인 일에 적용)을 수행하기 위해서 삼보 기술을 습득하고자 하는 경우가 있다. 다년 훈련에는 훈련 시스템, 시합 시스템으로 이루어지며 더 높은 효과를 달성하기 위하여 훈련과 시합 시스템에 추가적인 사항을 결합 시킬 수 있다.

다년 훈련의 합리적인 계획은 아래의 기본 요소들을 고려하여서 수립한다.

- 최고의 스포츠 결과를 위한 최적의 연령 범위.

- 훌륭한 결과를 위한 체계적인 훈련 기간.
- 각 단계별 훈련의 지향점.
- 삼보선수의 개인적인 특색과 그들의 능력의 발달상황.

다년 훈련 과정은 시기별로 구분된다. 6년 이상 지속되는 훈련을 특히 장기적인 훈련이라고 한다. 3년 미만 지속되는 기간을 단계라고 한다.

표 14

삼보선수의 장기적인 훈련 모델

1	시기	기본기 훈련 시기		개인 역량을 최대로 끌어 올리는 시기			운동 지속기	
2	단계	예비 훈련	전문 능력 시작	전문 능력 향상	전문 능력 완성	최고 수준	수준 유지	체력 유지
3	훈련 연한	1-2-3	4-5	6-7	8-9-10	4~12년	-	-

각 단계별로 훈련의 일정한 지향점들을 가지고 있다. 그것은 다음과 같다.

<u>예비 훈련 단계</u>. 건강을 지키고 신체 발달을 향상시키는 것을 목적으로 한다. 다양한 운동(트랙 및 필드, 체조, 아크로바틱)의 기본적인 기술을 숙달한다. 다양한 스포츠를 통한 다양한 신체적 능력 습득(종합 트레이닝) 훈련에 관심을 갖는다. 의지력을 개발한다. 신체를 단련하기 위해 삼보를 선택한다.

<u>전문 능력 시작 단계</u>. 보편적인 신체적 준비 상태 완성. 삼보의 기본 기술 및 기타 신체적 운동의 숙달. 삼보의 기본 전술을 배우면서 개별적인 전문 능력을 향상시키는 훈련(경기에서 사용되는)을 시행한다.

<u>전문 능력 향상 단계</u>. 삼보의 기술, 전술 및 특별한 신체적 특성 개선. 기술적, 전술적, 신체적, 심리적 훈련의 수준을 높임. 삼보 경기 경험 축적.

전문 능력 완성 단계. 삼보 기술과 특수한 신체적 능력의 향상. 전술 훈련 수준 향상. 어려운 훈련 및 경쟁에 대한 압박감에 적응. 일정한 결과 달성. 시합 경험과 심리적 준비 상태의 완성.

최고 수준 단계는 다년 훈련에서 가장 중요한 시기다. 훈련의 수준과 훈련 체계의 합리성, 경기 및 그 효과를 보장하는 기타 요소를 훈련에 포함시킨다. 이 단계의 주요 임무는 최상의 개인 결과를 얻는 것이다.

수준 유지 단계. 삼보선수는 대회에 참여하여 달성한 레벨의 틀에서 훈련 수준을 향상시킨다. 이 단계가 끝나갈 때 선수의 능력은 어느 정도 감소할 수 있으나, 그 수준은 상당히 높다.

체력 유지 단계는 다년 훈련의 마지막 단계이다. 선수의 개인적 능력은 계속해서 하락한다. 이 단계의 끝에서는 건강 증진 성향의 훈련으로 점진적으로 전환한다.

2.2.2. 훈련 수단과 도구, 종류

삼보선수의 훈련의 목표는 경기를 준비하는 것이다. 훈련은 선수가 가능한 빨리 최고 수준을 달성하는 것을 목표로 한다(이는 경기 활동의 요구 사항에 해당하며 계획된 스포츠 결과의 달성을 보장함).

삼보선수의 운동적인 성취 정도는 시합을 할 때 기술적인 측면, 신체적인 측면, 전술적인 측면, 심리적 측면 등 다양한 측면에서 동시에 그 능력을 얼마나 잘 보여주느냐에 있다.

삼보선수는 훈련을 통해서 다음의 과제들을 해결한다.
- 삼보 기술 및 전술 학습.
- 신체 기능의 발달과 신체 기능 체계 향상(심혈관, 호흡기)으로 경기에서 훈련 성과 및 계획된 결과 달성을 가능하게 함.
- 삼보선수의 의지력 교육. 훈련에서 성과를 얻고 경기를 하기 위해 필요한 이론과 실제 경험을 습득.

신체 훈련(그림 32)은 삼보 스포츠 훈련의 주요 수단이다.

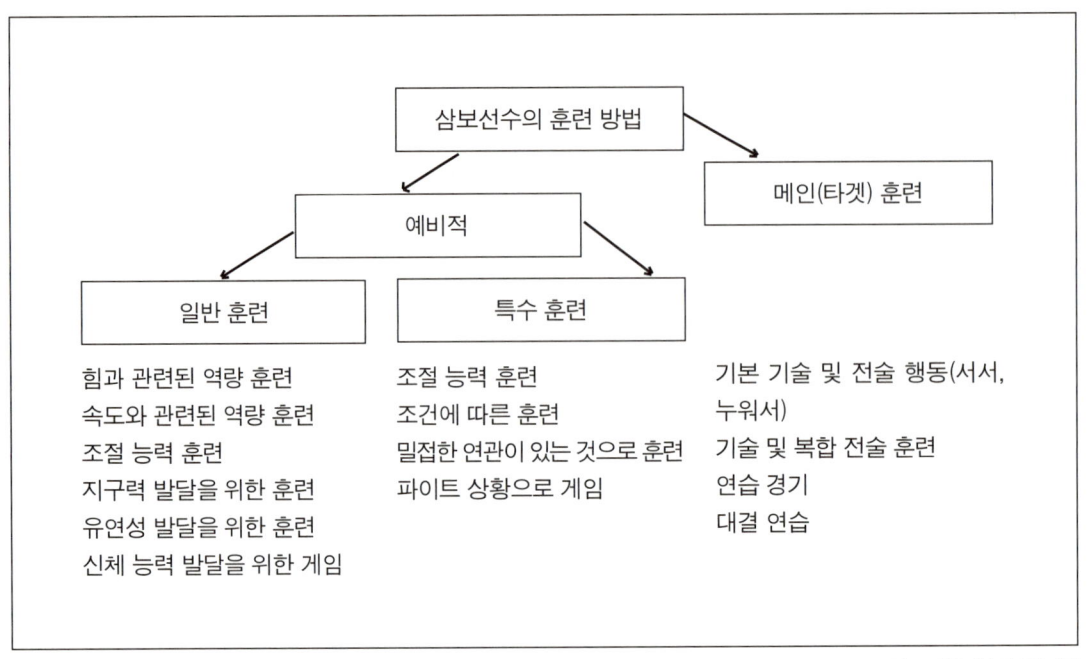

그림 32. 삼보 선수의 훈련 수단

일반적인 훈련은 일반적인 신체 수준 향상을 위해 사용된다. 일반적인 훈련은 삼보선수가 아래의 사항을 발달시킬 수 있도록 도와준다.
- 일반적인 체력(오래 달리기, 수영, 장거리 경주).
- 힘과 관련된 역량(기구로 운동 - 덤벨, 역기, 바벨).
- 움직임 속도(수행 속도 운동, 스포츠 및 액티브한 게임).
- 조절 능력(아크로바틱 훈련, 게임).

일반 훈련은 앞으로 삼보를 훈련하는데 기반이 되는 훈련으로(근육, 인대 강화) 삼보선수의 운동능력을 증대하고, 성실성 및 절제력을 훈련시킨다.

특수 훈련은 삼보선수의 경기 행동 요소뿐만 아니라 외적으로 또는 신체적 특성의 발현이라는 측면에서 비슷한 특성을 가진 동작들을 훈련시킨다.
- 조절 능력 훈련은 낙법 하며 떨어질 때 본인과 상대를 보호하기 위한 연습, 아크로바틱

운동, 레슬링 선수 다리 운동, 시뮬레이션 연습(파트너와 또는 파트너 없이 기술 또는 부분적인 기술 사용)으로 수행한다.
- 조건에 따른 훈련은 연습 경기에서의 메치기, 굳히기, 팔과 다리의 통증기술 등과 유사한 특정 훈련을 포함한다. 이 연습은 삼보선수의 특성을 고려하여 선택된다.
- 다양한 기술적 및 전술적 동작의 수행 효과를 높이는 복합적인 훈련은 삼보선수의 신체 에너지 공급 메커니즘을 개선하는 것을 목표로 한다. 삼보 기술을 빠르게 수행하도록 하기도 하고 피로한 상태에서 기술 및 전술적인 훈련을 수행하는 훈련을 하기도 한다.
- 상대방의 다양한 신체 부위(팔, 다리, 몸)를 만지며 하는 잡기 게임, 잡기로부터 벗어나는 게임, 상대방을 포위하는 게임 등을 한다.

메인(타겟) 훈련은 삼보에서 격투를 할 때 사용되는 수단으로서의 동작들을 시합 규칙에 맞추어서 수행한다. 이 훈련에는 아래의 사항들이 포함된다.
- 기본적인 기술 및 전술적 동작(삼보선수의 시작 위치는 누워서 및 서서 자세, 두 선수의 맞서기, 잡기, 공격수의 기술과 전술 및 수비 행동 요소).
- 기술적 및 전술적 복합체(서서 기술과 누워서 기술의 조합).
- 파이트 연습(학습을 위한 파이트, 훈련을 위한 파이트, 경기를 위한 파이트 등).
- 연습 경기(경기).

삼보선수를 위한 훈련 방법

삼보선수들의 훈련에는 4가지 그룹의 방법론이 있다. 그것은 언어적인 방법, 시각적인 방법, 관념운동적인 방법 및 실습에 의한 방법이다. (그림 33)

삼보선수 훈련의 언어적 방법은 연령 특이성을 고려하여 적용한다. 스토리, 대화 및 설명은 10~12세의 훈련생을 위한 주요 방법이다. 13~14세 이상의 삼보선수에게는 설명, 표시, 평가, 시험, 분석 및 강의로 한다. 삼보선수의 훈련 활동은 연령에 관계없이 시각적 방법과 결합된 언어적 방법을 사용하면 더욱 효과적이다.

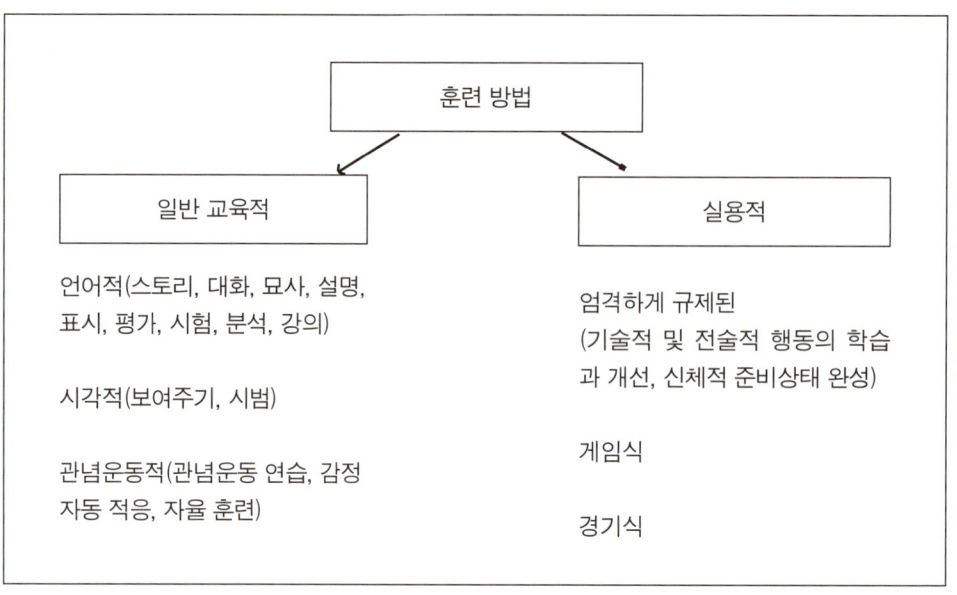

그림 33. 삼보선수 훈련에 사용되는 교육 방법

삼보에서 사용되는 시각적인 방법은 다양하다. 가장 일반적으로 사용하는 것은 보여주기 (코치 또는 선수) 및 모델 시범(비디오 자료)이다. 모방은 보여주기 방법을 사용하여 삼보 기술과 전술을 배우는 기본적인 방법이다. 모방은 계획적으로 해야 한다. 기술 수행을 위한 삼보 훈련생의 준비 여부는 아래와 같은 여러 가지 요소에 의해 결정된다.

- 보이는 행동을 분석할 수 있는 능력.
- 훈련생의 정신 생리학적 성숙과 운동의 복잡성에 대한 반응.
- 지식 수준, 수행된 행동에 대한 훈련생의 생각의 완전성.
- 배운 동작에 대한 삼보선수의 관심, 코치의 시기 적절하며 정확한 동작 통제.

관념운동적인 방법. 삼보선수는 훈련을 할 때 내적 언어, 창조적 사고 및 강한 상호 관계에서 형성된 다른 개념을 사용하는데 이것은 신체적 및 심리적 상태에 영향을 준다.

다음은 삼보 훈련 실습에서 가장 자주 사용되는 항목이다.

<u>관념운동적인 훈련</u> - 중요한 순간에 주위를 기울이면서 기술적 또는 전술적 행동을 할 때 여

러 번 반복적으로 사고를 한다.

다음에 해야 하는 동작 앞에서 최대한의 힘으로 동작을 수행하기 위한 감정 상태를 만들기 위해서 <u>감정을 스스로 조절</u>한다.

<u>자율 훈련</u> - 삼보선수들이 훈련을 할 때 적용하는 릴렉스하기 위한 전문화된 자기 암시 시스템이다.

실습에 의한 방법은 3가지로 나눈다. 그것은 엄격하게 규정된 훈련 방법, 게임식 훈련 방법, 경기식 방법이 있다.

엄격히 규제된 훈련 방법의 특성은 다음과 같은 행동 프로그램(운동 반복의 순서, 선수간 기술의 연결)에 연관된다.

운동 과정에서 부하의 정확한 조절과 역동성의 관리는 물론 휴식 구간의 조절과 부하 단계와의 교체, 삼보선수의 움직임 제어를 용이하게 하는 외부 조건의 생성과 사용(훈련을 촉진시키는 훈련 시뮬레이터의 사용)을 실시한다.

이러한 방법은 새로운 기술 및 전술적 행동, 능력 및 기술의 습득, 다양한 연령의 삼보선수의 물리적 특성 개발에 영향을 미치기 위한 최적의 조건을 만든다.

게임식 훈련 방법은 다음과 같은 특징으로 정의된다.

게임을 통해서 삼보선수에게 경쟁심을 유발하고 감성, 게임 상황에 따른 행동의 변화가 가능하다. 이 방법을 사용하면 삼보선수는 스스로 의사결정을 수행하게 된다. 훈련을 하는 동안에는 삼보선수의 행동에 대한 엄격한 규정이나 그로 인한 부하도 극복된다. 삼보선수는 간단한 운동 능력과 신체 능력만 가지고 있으면 된다.

게임식 방법의 장점은 복잡한 운동 기술이 향상되고 경기에 필요한 신체 능력을 개발할 기회가 창출된다는 것이다. 단점은 복잡한 운동 기술의 형성과 부하 측정에 제한이 있다는 것이다.

경기식 방법

경기식 방법과 게임식 방법의 차이는 게임식 방법에서 삼보선수의 활동은 이야기적 성격을 가지고 있다는 것이다. 반면 경기식 방법에는 그것이 없다. 경기식 방법의 특징 중 하나는 삼보선수의 모든 활동은 오직 승리 하나를 얻기 위해서 집중된다는 것이다. 또한 최고의 스포츠 결과를 얻기 위해 최대한의 신체적 및 심리적 힘을 집중하는 훈련을 한다는 것이다. 경기식 방법은 삼보선수의 활동을 관리하고 부하를 조절하는데 일정한 어려움이 있다. 하지만 이 방법은 삼보 기술 개선에 가장 효과적인 방법이다. 이 방법을 구현하기 위해서 삼보선수에게는 높은 수준의 신체 능력의 개발이 요구된다.

해결해야 하는 과제에 따라 엄격하게 규제된 방법이 다양한 방식으로 적용된다.

1. 교육적 방법은 삼보 기술을 습득함에 있어서 요소에 대한 기술을 학습(분할 구조적 훈련 방법)하느냐 아니면 기술 전체를 하나로 학습(통합 구조적 훈련 방법)하느냐로 나눌 수 있다.

복합 조절 기법을 학습할 때 분할 구조적 훈련 방법이 사용된다. 특히 운동이 본질적으로 서로 밀접하게 관련되어 있지 않은 몇 가지 요소로 구성되어 있는 경우에 그렇다. 기술 동작의 요소로의 분할이 근본적으로 구조를 변경해서는 안 된다. 이 방법은 삼보 동작을 수행할 때 삼보선수가 비교적 큰 기술을 학습하는데 사용된다(균형 깨기, 넘어뜨리기). 특정 동작을 훈련(더 빨리, 더 강하게, 더 정확하게) 하거나 운동 특성(운동학, 리듬감, 고품질)을 학습한다. 몸의 핵심 위치를 마스터링하는 과정(기울어진 웅크리기, 처짐)에 사용된다.

삼보선수의 훈련 과정에서 이러한 방법을 적용하면 해당 요소로 운동을 학습한 다음 그러한 요소들을 연결하게 된다.

통합 구조적 훈련 방법은 전체적인 측면에서 기술적 및 전술적 동작 학습을 목표로 한다(버티기, 메치기). 이것은 기술의 주요한 부분을 통해서 배울 수 있다(예: 메치기 도중 상대방의 불균형). 기술 훈련은 연습을 통해서 수행할 수 있다.

2. 기술적 및 전술적 행동 개선 방법은 기술 동작의 개선 과정에서 사용되며 수행의 질적 향상과 함께 삼보선수 기술의 통합 구조를 형성하는데 도움이 된다.

연관 훈련 방법은 삼보선수의 동작 구조를 변화시키지 않고(즉, 연관된 동작을 볼 수 있다) 삼보선수의 신체적 특성을 발전시키기 위한 동기를 부여해주는 추가적인 부하를 줄 목적으로 기술적 동작을 수행하는 것이다.

선택 지향적 훈련 방법은 주로 삼보선수의 신체 능력에 영향을 미친다. 이것은 전문적인 운동의 요소로서 동작의 형태를 완성할 뿐만 아니라 신체의 기능성을 증가시키기 위한 훈련이다.

3. 삼보선수의 신체 훈련 방법. 특정 유형의 신체 운동이 사용되면(특정 속도로 달리거나 수영, 설정한 메치기 세트 수행, 특정 결과로 점프) 부하의 표준화 및 조절이 단순화된다. 이 방법은 표준화 또는 외부 부하 매개변수의 변화에 따라 표준 반복 훈련 방법과 교대에 의한 훈련 방법으로 나눈다. 이 방법에는 부하가 끊임없이(연속적인) 계속되는 연속 훈련 방식과 부하가 휴식에 의해서 간격을 두는 인터벌 훈련 방법이 있다. 삼보선수들이 실습을 할 때에는 이 그룹의 기본적인 차이점만 구별을 한다.

반복적인 방법은 삼보선수가 동선 및 외부 매개변수를 변경하지 않고 학습 및 경기에서 설정된 동작을 반복적으로 실행하는 것이다. 이 반복적인 방법의 목적은 이동 기술의 형성과 훈련 능력 수준을 유지하기 위한 조건을 만들기 위한 것이다. 반복적인 방법의 훈련은 속도 능력 개발, 체력 속도 향상, 전술 훈련, 경쟁 상황 모델링, 피곤한 상태에서의 정신 안정 발달 등 다양하게 한다. 반복적인 훈련을 하는 동안 신체의 활력 시스템에 심각한 압박(때로는 가혹한)이 생긴다. 그로 인해 근육, 자율신경, 내분비선과 같은 신체 시스템도 자극을 받는다.

반복적인 방법의 장점은 부하를 정확하게 측정할 수 있다는 점이다. 반복적인 방법의 단점은 내분비 및 신경계에 중대한 영향을 미친다는 점이다. 젊은 삼보선수 훈련에 적용하는 것은 권장되지 않는다. 이 방법을 계속 사용하면 활력이 넘쳐서 훈련을 과도하게 할 수 있다.

교대 방법은 훈련을 하는 과정 중에 영향을 미치는 요소들을 고의로 변경하는 방법이다. 템포, 리듬 및 진폭과 같은 이동 매개변수를 지속적으로 교체한다. 이러한 모든 매개변수를 운동 기술 및 훈련의 질적 관리와 관련해서 변화시키는 것이다. 이 방법을 적용하는 목적은 배운 기술에 대한 필요를 증가시키고 기술과 운동 조절력을 향상시키기 위한 것이다.

교대 방법으로 해결될 수 있는 과제들은 삼보 운동 기술의 범위를 확대하고, 신체의 조절 능력을 향상시키고 운동 통제의 효율성, 속도 능력, 및 체력을 발달시킨다. 이 방법은 훈련의 성격과 강도의 한 모드에서 다른 훈련 강도 모드로 연속 전환시키는 것이다. 이것은 삼보선수가 경기를 할 때를 포함하여 다양한 운동 활동 조건에 몸을 적응시키는 것을 돕는다. 이 방법은 신체의 능력과 몸의 기능성을 향상시키기 위한 보편적이면서도 지향성을 가지고 있다는 장점을 가지고 있다.

규칙적인 방법은 삼보선수가 적당한 강도의 운동을 계속해서 끊지 않고 수행하도록 하는 방법이다. 이 방법은 동작의 경제성을 증가시키고, 뒤쳐진 기관 및 시스템의 기능을 강화하고, 신체 호흡 기능을 발달시킨다. 삼보선수의 몸에 미치는 영향으로는 안정된 운동 기술의 형성, 오랜 시간 동안 피로를 견딜 수 있는 신체 능력이 보강된다는 점이다. 규칙적인 방법의 장점은 훈련을 많이 하지 않는 젊은 삼보선수에게 큰 부하를 견뎌 낼 수 있는 기회를 제공하고 훈련 수준을 크게 향상시킬 수 있다는 것이다.

삼보선수들은 이 방법에 신속하게 적응하는데, 이것은 단점이 된다. 그로 인해 훈련 효과가 감소하기 때문이다.

인터벌 방법은 다음과 같은 특징이 있다.
- 스피드업 하면서 운동 지속 시간(45초~1분)과 훈련 강도를 엄격하게 한다.
- 스피드업 하는 사이 휴식 인터벌과(45초~1분 30초) 일련의 스피드업 시간(4~5 분)을 정확하게 계획한다.
- 최적의 훈련 강도와 일련의 훈련 사이의 휴식 인터벌을 위한 기준을 심박수로 정한다.

인터벌 방법의 주된 임무는 특별히 심장에 영향을 주어서 삼보선수의 유산소 및 무산소 능력을 개발하는 것이다. 이 훈련이 효과를 발생 시키는 시간은 코치가 지시하는 것에 따라서 훈련할 때가 아니라 스피드업 사이의 정지 및 휴식 인터벌 시간에 발생한다. 삼보선수의 심박수 지수는 감소하고, 심박수의 강도는 증가하며, 훈련이 일시 중지되더라도 산소 요구량은 비교적 높은 수준으로 유지된다. 삼보선수 훈련의 인터벌은 걷기, 근육 이완 운동(조깅, 셀프 마사지) 등 액티브한 휴식으로 채워진다. 인터벌 방식의 장점은 훈련 부하를 정확하게 측정할 수 있다는 점이다. 인터벌 방식의 단점은 삼보선수의 정신 상태에 부정적인 영향을 미치는 부하를 상대적으로 단조롭게 바꾼다는 점이다.

순환 방법은 엄격히 규제된 운동 방법으로 훈련을 진행하는 것을 의미한다. 다양한 연령대의 삼보선수의 훈련 과정에서 순환 방법이 적용되고 있다. 수업은 순환 방식으로 이루어진다.

특정한 횟수의 훈련을 설정하고, 일정한 순서로 수행하며 부하 및 휴식 시간의 간격을 엄격하게 유지해야 한다. 단시간의 액티브한 휴식 후에 운동 전체의 '순환'이 반복된다. 운동은 팔 및 어깨 연습, 하지 사지 운동, 신체 및 목 운동의 특정 해부학 순서로 설정된다. 삼보선수는 8~10단계의 순서로 훈련을 수행한다. 기술적으로 간단한 움직임이 순환 훈련에 사용된다. 보통 비순환 구조(점프, 스쿼트, 프레스업)이지만 순환적인 특성이 인위적으로 부여된다. 왜냐하면 이들 움직임이 연속적으로 반복되기 때문이다. 운동이 단순성을 가지기 때문에 여러 번 반복해서 반복할 수 있다.

삼보 연습에 속하는 각종 방법의 사용 및 선택은 코치의 체계적 능력, 훈련으로 해결해야 할 임무, 선수의 개인적인 특성 및 훈련 원리에 따라 다양하게 이루어진다.

수업 형태

삼보 수업의 주요 유형으로는 그룹 수업, 개별 계획에 따른 개인 수업, 캠프 수업, 경기, 이론 수업, 테스트 수업이 있다.

모든 수업은 다양한 유형으로 구성된다.

- 그룹 수업에서는 삼보선수들끼리 그룹 내에서 경쟁 조건을 만든다(자신의 기술을 파트너의 기술과 비교하고 신체 훈련 수준을 비교). 운동하면서 상호간 돕기 위한 조건을 만들기도 한다.
- 개별 수업에서는 삼보선수의 활동은 목표에 따라 독립적으로 수업을 진행한다. 원칙성과 독립성, 그리고 훈련 경기에 대한 창의적인 접근 방식이 개발된다.
- 정면 수업은 삼보선수들이 동시에 동일한 훈련을 하는 것이다.

자습은 삼보 훈련 프로세스의 유형 중 하나이다. 아침 체조, 코치의 과제에 따른 개별 수업이 이에 해당한다.

삼보선수의 훈련은 일반 신체 훈련을 위한 수업과 기술, 전술, 전문성, 신체 및 심리 훈련의 전문 수업으로 구분된다.

삼보의 훈련 수업은 준비 수업, 본 수업, 마무리 수업의 세 부분으로 구성된다.

준비 수업의 과제는 수업이 시작되기 전에 삼보선수를 준비시키는 것이다. 본 수업을 하기 전에 신체의 기능들을 준비시키는 것이다. 30~40분 동안 한다.

몸풀기는 삼보선수의 기능력을 향상시켜 최대 운동 능력을 보여주기 위한 조건을 만든다. 근육과 인대를 풀어주면서 다음 활동을 준비한다.

<u>본 수업</u> 시간에는 삼보선수의 신체가 생리적, 심리적으로 가장 큰 부하에 도달하도록 한다. 이 시간의 과제는 기술적인 준비상태를 개선하고 복잡한 기술 및 전술, 신체적 훈련을 수행하는 것이다. 본 수업 시간은 80~90분 동안 하는 것이 좋다.

<u>마무리 수업</u>에서는 부하가 점차적으로 감소하고, 교육 내용을 정리하고, 근육이 이완되고 유연해지도록 만든다. 8~10분 동안 한다. 준비 수업, 본 수업, 마무리 수업의 시간은 수업 유형에 따라 다르게 적용한다(표15).

표 15

수업 시간 배분(분)

번호	수업 내용	수업 유형			
		배우기	배우기 및 훈련	훈련	테스트
1	준비 수업	30~40	25~30	20~25	독립적 워밍업
2	본 수업	50~70	55~80	65~90	80~110
3	마무리 수업	10	10	5	10
4	총 시간	90~120	90~120	90~120	90~120

삼보선수 훈련 수업 유형

삼보선수의 <u>학습 수업</u>은 새로운 것을 연구하고, 연습하고 향상시키는 것을 목표로 한다.

<u>학습-훈련 수업</u>은 기술 및 전술 훈련의 개선과 일반 및 특수한 신체 능력의 발달을 포함시킨다.

<u>선수의 기술 및 전술-기술적 능력을 향상시키기기 위한 수업이 훈련 수업이다.</u> 편안한 조건에서 또는 상대방의 저항을 부분적으로만 준 상태에서 수행한다. 삼보선수의 기술 훈련은 이

러한 수업 시간에 해결된다.

다음과 같은 훈련이 수행된다. 서서 메치기(여러 번), 파트너가 저항을 하는 조건에서 누워서 싸우기, 유리한 조건에서 서서 싸우기 기술의 조합, 유리한 상태에서 누운 자세로 싸우는 기술의 조합, 파트너가 저항을 강하게 하는 조건에서 '서서' 및 '누워서' 연결 동작, 파트너가 저항을 증가 시킬 때 파트너 메치기, 파트너의 부분적 저항의 조건에서 누워서 상호 기술을 사용하기 등이 있다.

선수의 기술, 전술-기술, 전술 능력을 향상시키기 위한 것이 훈련 수업이다. 상대방과 상호 저항의 조건에서 교육 훈련이 진행된다. 이 수업은 상호 저항 조건에서 잡기를 하고 싸우기, 일방적 저항 조건에서의 메치기의 전술 훈련 방법, 다양한 거리에서 싸우는 기술, 파트너가 움직이는 동안 위치를 바꾸는 기술, 역습을 하는 기술 및 상호 저항의 조건에서 서서 역습을 수행하는 기술, 상호 저항의 조건에서 누워서 수행하는 기술, 경기의 전반부에 지속적인 공격의 전술의 구현, 수비를 은폐하는 기술, 템포를 변화시키며 싸우는 기술, 경기를 누운 자세로 옮기고 상대방을 주시하는 기술, 매트의 경계선에서 싸우는 기술 및 전술의 적용, 상호 저항의 조건에서 서서 자유형 레슬링으로 싸우기, 상호 저항 조건에서 누워서 자유형 레슬링 으로 싸우기 등의 기술을 배운다.

복합 훈련으로 선수의 능력을 완성시키기 위한 수업이 훈련 수업이다. 테스트 차원에서 연습 경기를 대회 규칙에 따라 실시한다.

테스트 수업은 기술 평가, 신체의 준비 상태를 테스트한다.

4~5년 동안 삼보를 배운 선수들과 신체적으로 높은 수준의 준비상태가 되어 있는 선수들만이 일반 신체 및 전문 신체 훈련 수업을 한다.

일반적인 체력을 향상시키기 위한 일반 체력 훈련 수업은 크로스 달리기, 수영, 스포츠 경기 등을 통해서 한다.

삼보선수의 속도와 힘, 유연성과 특수 체력을 향상시키기 위한 일반 체력 훈련 수업은 속도와 힘, 유연성, 힘과 관련된 특수 체력을 포함하는 능력 개발을 목표로 한다. 힘과 속도를 포함한 운동, 힘과 관련된 체력의 발달을 위한 운동, 유연성 운동이 사용된다.

특별 체력 훈련 교육은 힘과 관련된 삼보선수의 능력을 개발한다. 빠르게 메치기, 3명의 훈련생이 돌아가면서 메치기를 한다.

훈련 실행 방식 - 삼보선수 1번이 먼저 메치기를 한 다음, 삼보선수 2번이 하고, 다음 삼보선수 3 번이 메치기를 하는 식으로 수행한다.

과제의 유형:

- 최대 속도로 앞으로 메치기, 15~20번(5번의 팔 메치기, 5번의 다리 메치기, 5번의 몸 메치기), 코치는 시간을 재고 기록지에 결과를 기록한다.
- 심박수가 분당 100~120로 회복될 때까지 1~2분 휴식, 매트를 따라 걷기, 유연성 운동, 호흡 회복 및 근육 스트레칭 운동.
- 최대 속도로 뒤로 메치기, 15~20번(10번의 팔 메치기, 10번의 다리 메치기), 코치는 시간을 재고 기록지에 결과를 기록한다.
- 심박수가 분당 100~120로 회복될 때까지 1~2분의 휴식, 매트를 따라 걷기, 유연성 운동, 호흡 회복 및 근육의 스트레칭 운동.
- 최고 속도로 옆으로 메치기, 양쪽으로 각각15~20번(10번의 팔 메치기, 10번의 다리 메치기), 코치는 시간을 재고 기록지에 결과를 기록한다.
- 심박수가 분당 90~110로 회복될 때까지 3~5분의 휴식, 매트를 따라 걷기, 유연성 운동, 호흡 회복 및 근육 스트레칭 운동.
- 첫 번째 세트는 4~6번 반복한다. 그런 다음 1번 선수와 2번 선수가 훈련을 시작하다. 두 번째 삼보선수가 연습을 시작하면 메치기 횟수를 10~15회까지 감소시키고, 세트 수는 4까지 줄이고, 휴식 간격은 1분씩 늘인다. 세 번째 삼보선수의 메치기 횟수는 5~10회, 세트 수는 3으로 줄이고, 휴식 간격은 1분 더(두 번째 삼보선수와 비교하여) 늘인다.

일반 신체 훈련 및 특수 신체 훈련(속도 능력 개발) 수업의 유형은 일주일이 시작하는 날에 수행하는 것이 좋다. 특별 신체 훈련 수업은 삼보선수의 특별한 체력을 개발하는 훈련을 포함한다. 훈련은 순서대로 수행된다. 훈련 유형은 아래와 같다.

- 3분 동안 서서 싸우기, 삼보선수는 3번의 점수를 받을 수 있는 메치기를 수행한다, 심박수가 분당 120~130로 회복될 때까지 1~2분 휴식, 호흡기 및 근육 회복 훈련하기.
- 반복 6회(6경기, 각 3분), 세트 수행 후 6~8분 휴식, 총 훈련 시간은 18분.

- 세트는 2~3회 반복할 수 있으며 각 세트 사이의 휴식은 6~8 분이다.

2.2.3. 다년 훈련 체계 구성 원칙

공통 문화 원칙

현재의 삼보 발전에는 스포츠와 문화적 측면이 있다. 삼보훈련으로 성격의 다양한 면과 조화로운 발달을 촉진하게 된다. 한편으로 삼보는 훈련생으로서 자신의 능력과 재능을 드러내고 표현할 수 있는 영역인 스포츠다. 반면에 삼보는 사람들이 삶을 살아가는데 도움이 되고 건강을 강화시킨다.

성격의 조화로운 발달 원칙

다양한 연령대의 사람들을 위한 삼보 교육은 개인적 육체적 특성을 다각적으로 향상시키는 기초가 된다. 삼보선수 훈련에서 성격의 조화로운 발달을 사용하면 신체적, 정서적, 심리적 영역의 조화로운 발전, 인간의 심리적 육체적 발달 사이의 조율을 가능하게 한다.

수업 중 원칙의 수행

- 사람의 신체적 잠재력의 형성은 다른 성격 교육의 측면과 일치하여 발생한다. 코치는 선수에게 스포츠 훈련을 실시하며, 성격의 지적, 육체적, 도덕적, 미학적 자질의 복합적인 발달에 관한 세션을 수행한다.
- 삼보 교육은 훈련생의 개인적인 자질이 드러나게 하기 위해 신체의 부분적인 발달을 위한 교육을 하지 않는다.
- 삼보선수의 훈련 과정에서 훈련 수단은 훈련생에게 합목적적인 영향을 주며, 통일적으로 적용할 수 있는 훈련을 한다.
- 삼보 훈련은 여러 유형의 사람들(어린이, 청소년, 청년, 성인, 장년, 노인) 사이에서 매우 인기가 있음을 고려하여 다양한 훈련 방법을 사용해야 한다. 스포츠 훈련에 적용할 삼보

훈련 기술을 개발할 때에는 훈련생의 나이, 성별, 생활 기능, 특성 및 기타 요소를 고려해야 한다.

삶과 삼보 교육 연관 원칙

삼보 교육은 실용적인 의미를 가지고 있다. 교육의 주요 목적은 조국을 지켜야 할 경우를 대비하여 사회 구성원이 노동 활동을 준비할 수 있도록 하는 것이다. 삼보의 가장 큰 의미는 환경으로부터 안전하게 생활을 할 수 있도록 만드는 것이다. 이러한 원칙은 안전한 낙법 기술을 훈련하면서 형성되고 성취된다. 가장 중요한 삼보 기술 중 하나는 뒤로 또는 옆으로 낙법 할 때 자신을 보호하는 것이다.

수업 중 원칙의 수행

- 삼보 학습 프로그램의 개발과 실제로 그 프로그램을 구현할 때에는 안전한 낙법 기술의 확립과 개선, 그리고 삼보의 움직임을 더욱 숙달하기 위해 필요한 신체적 능력 개발에 특별한 주의를 기울일 필요가 있다.
- 삼보 훈련 과정에는 다양한 유형의 운동 활동에 대한 숙련도가 포함되어야 한다.
- 좀 더 전문적인 활동(삼보 영역, 군사 영역, 다른 영역에서의 교수법)을 준비하기 위해 삼보의 응용 효과를 사용하는 것이 중요하다.

삼보 훈련의 건강 증진 지향 원칙

삼보의 인본주의 지향성을 반영하여 건강 증진을 촉진하고 삼보 운동의 긍정적인 영향을 훈련생의 정신 및 신체 상태에 반영하다.

수업 중 원칙의 수행

- 훈련생 개개인의 특수성을 고려한 코치의 지식과 훈련은 높은 '치유 효과'를 갖는다.
- 훈련생 건강을 위해서 의무적으로 의료조치를 취한다.

여기에 설명된 모든 공통된 문화적 원리는 훈련생의 유형에 관계없이 밀접하게 상호 연결되어 있으며 동시에 구현되어야 한다.

교육 방법론적 원칙

훈련 경기의 형성 패턴을 반영하는 삼보 교육의 주요한 방법론적 원칙은 의식과 활동의 원칙, 시각화, 가용성과 개인화, 일관성, 학습한 재료의 견고한 마스터링 등이 있다.

의식과 활동의 원칙

삼보 기술과 전술에 대한 연구는 훈련생의 자각과 적극성 없이는 불가능하다. 삼보에 관한 새로운 지식을 연구하는 목적은 다양한 연령의 삼보선수의 모든 행동의 주요 동기가 되어야 한다. 삼보선수는 가장 어릴 때부터 목적을 가지고 기술과 전술의 요소를 연구해야 한다.

교육적 훈련을 정할 때 삼보선수 동기부여에 영향을 주는 요인. <u>외부 요인</u>은 과제의 복잡성과 배우는 요소의 시사성에 있다. 삼보선수의 활동성 상태를 결정해 주는 것이 외부 요소이다. <u>내부 '동기부여' 요인</u>는 과제의 중요성을 이해하는 수준과 삼보에 대한 관심과 수행한 과제에 상당한 영향을 주는 훈련 수준이다.

수업 중 원칙의 수행

- 삼보 훈련생에게 생각을 하도록 만들고 운동에 대해서 지속적으로 관심을 갖도록 만들어 주어야 한다. 어린이와 청소년들은 그들에게 필요한 운동인 삼보 기술을 배우는 것을 쉽게 받아들이지 못하는 경우가 많다. 그 이유는 학습 및 훈련 활동의 목적이 다르기 때문이다(훈련생은 '몸을 움직이면서' 싸우고 싶어하지만 코치는 삼보의 기술과 전술을 가르치려고 한다). 동기 부여가 적절하지 않으면 과제를 적극적으로 마스터 하지 않으려고 하여서 효율성을 감소시킨다. 훈련 교육에 대한 안정적인 관심의 부족은 코치가 준 과제를 훈련생이 개인적으로 혼자서 연습하고자 할 때에도 신체가 준비가 제대로 되어 있지 않아서 훈련의 효율성을 감소시킨다.
- 모든 연령대의 삼보선수는 의식적으로 학습 및 훈련 활동을 스스로 운영하고 행동하여야

한다. 선수는 훈련을 이해해야 한다. 훈련 세트를 완벽하게 수행하기 위한 기본 자세와 조건을 알고, 행동을 분석하고 교정함으로써 훈련의 과제를 해결해야 한다. 삼보 스포츠 숙달의 최고 수준은 배운 요소에 대한 완벽한 이해가 있어야 가능하다. 삼보 경기에서 구체적으로 어떤 동작을 해야 되는데 훈련생이 그 한 동작의 특성을 제대로 이해하지 못한다면 그 구체적인 상황을 벗어나는 동작을 수행할 수 없다.

- 삼보를 배우기 위해서는 선수에게 동기를 부여하고 규제하는 것이 중요하다. 코치는 각 훈련생에게 개별적으로 가능한 학습 훈련을 설정해야 한다. 과제의 난이도가 중간 수준이라고 해서 그것이 훈련생에게 적극성을 불러일으키지 않는다. 너무 간단하거나 실현하기 어려운 훈련도 삼보선수의 적극성을 감소시킨다. 그러므로 최적의 난이도를 찾아서 삼보선수를 작극하는 것이 필요하다.

시각적 원칙

삼보에서의 시각화는 학습한 대상을 단순히 표현하는 것이 아니다. 삼보선수의 지각 과정을 구성하고 학습된 대상의 중요한 특징을 정의하는 구두 설명을 사용하여 시범을 보여야 한다는 것을 의미한다. 학습 및 훈련 과정에서 삼보선수가 기술적 및 전술적 행동 수행 중에 특정 사실을 관찰하고, 주어진 기술 수준의 공통적인 특징을 표현하도록 한다.

훈련 과정에서의 시각적 원칙은 학습한 운동에 관한(삼보 훈련생의) 개념을 형성한다.

학습한 운동에 관한 개념적인 측면은 우리가 왜 그 행동을 배우는지에 대한 질문에 답을 준다.

개념의 기술적 측면은 우리는 무엇을 해야 하며 어떻게 해야 하는지에 대한 질문에 답을 준다.

관찰을 기반으로 형성되는 움직임의 개념은 기술을 배우기에 있어 항상 충분한 것은 아니다. 완전한 개념을 형성하기 위해서는 관찰뿐만 아니라 동작의 필요성을 느끼고 암기해야 한다.

수업 중 원칙의 수행

- 삼보선수가 수행하는 행동의 기술적 측면을 구성할 때 학습 시각화의 원칙은 행동의 출

현에서부터 행동의 역학에 이르기까지 규칙에 따라 적용해야 한다.
- 수행한 행동에 대한 개념을 형성할 때 삼보선수는 경기의 의미부터 사용한 행동의 의미까지 정해진 규칙을 따라야 한다.
- 코치는 학습 및 훈련 과정에서 삼보선수가 단순히 하나의 동작에 관한 문제를 해결하기 위해서 하나의 동작을 습득하는 것이 아니라 이것을 예로 삼아서 삼보에서 사용하는 단일 종류의 동작 여러 가지의 수행 패턴에 대해서 요약을 해주어야 한다.

일관성의 원칙

학습-훈련 과정을 조직할 때 삼보선수를 위한 체계적인 세션을 수행해야 한다는 것을 의미한다. 합리적인 방식으로 삼보 운동을 배우면 학습에 소요되는 시간을 단축시키고, 규칙에 맞추어 신체 훈련을 하면 외상을 감소시키고 훈련의 점진적인 향상을 보장해준다. 일관성(연속성과 규칙성)은 삼보선수의 학습-훈련 수업 계획 과정에서 최대한 구현되어야 한다. 실제에 있어서 삼보 연습 원칙을 적용하는 동안 여러 개의 학습 원칙이 고수되어야 한다.

- '**알려진 것부터 알려지지 않은 것으로**' 규칙은 배운 훈련부터 새로운 훈련으로 전환시키는 것을 말한다.
- 다양한 연령의 삼보선수를 위한 훈련을 계획할 때 '**쉬운 것부터 어려운 것, 단순한 것부터 복잡한 것**'의 규칙이 적용된다. '단순-복잡' 척도에 따라서 훈련 과제의 복잡성을 평가해야 하며, 단순한 복잡성의 척도에 따라, 그리고 역동적 복잡성에 따라서(훈련생의 신체 훈련 수준에 따라) 쉬운-어려운 척도를 사용해서 훈련에서의 운동의 복잡성을 평가해야 한다.
- '**기본에서 세부사항으로**' 규칙은 삼보 기본 기술을 배우고 숙달한 후 공간적 특성을 연습하기 시작하는 것이다.
- '**특수성에서 일반성으로**' 규칙은 특정 조건에서 이동 훈련을 해결하는 기술을 형성하기 위한 표준 조건에서 먼저 수행해야 하는 실제 연습을 한 후 변화하는 조건으로 움직임을 '전환'한다.
- '**일반성에서 특수성으로**' 규칙은 삼보 기술의 기본 요소를 배울 때 요구되는 것이다. 삼보

선수는 이후 동일한 수준의 다른 요소들을 쉽게 배울 수 있게 된다.

학습한 내용 습득의 견고성 원칙

습득한 기술의 견고함은 학습 및 훈련 과정의 결과이며, 이 과정에서 프로그램 내용을 철저히 연구하며, 언제든지 내용을 재현하여 훈련 세션이나 경기에서 사용할 수 있다. **견고함은 삼보선수가 운동 과제를 해결하는데 질적 안정성을 제공한다.**

삼보선수의 학습 - 훈련 과정에서 원칙 구현을 하기 위한 전제 조건들이 있다.

a) 삼보선수는 암기를 위한 장치를 만들고 기술 및 전술 개선 과정에서 이 자료를 사용하는 방법을 보여주는 것이 중요하다. 이 장치는 기억할 수 있는 삼보 동작의 범위와 속도를 상당히 증가시켜줄 것이다.

b) 삼보 훈련생은 반복(훈련 또는 경기 전), 기술에 대한 개념(자연의 대상과 연결)을 기억하는 방법을 배워야 한다.

c) 다양한 유형의 반복을 사용하여 끊임없이 배운 행동을 반복할 필요가 있다.

- 초기 반복 - 새로운 움직임을 배울 때 필요한 삼보선수의 지식, 기술 및 능력을 기억에 복원시킨다.
- 일상 반복 - 배운 기술 동작을 삼보선수의 다양한 학습 및 훈련 활동에 포함시킬 뿐만 아니라 새로 배운 훈련의 한 부분으로서 역할을 한다.
- 삼보선수는 주기적으로(정기적으로) 반복해서 기술을 연습하고 향상시켜야 한다.
- 이전에 배운 삼보의 기술 동작을 체계화하여 반복한다.

d) 코치는 훈련 내용에 대한 감성적이며 명확한 설명을 해야 하며 그것을 받아들일 수 있도록 깊은 감성적인 배경을 만들어 주어야 한다.

과학적 원칙

과학성은 삼보의 훈련 체계의 특성이다. 삼보선수의 체계적인 훈련은 과학적 연구를 기반으로 한다.

과학적 원칙을 구현하기 위해서는 다음과 같은 조건을 충족시켜야 한다.

- 학습한 기술적 및 전술적 행동은 고전적인 방식으로 우선 수행되어야 한다. 이러한 형식으로 습득해야만 자신의 기술로 개인화 할 수 있다.
- 삼보선수는 과학적 사실과 획득한 지식만 알아서는 안 된다. 교육학, 심리학, 생체 역학의 법칙으로 모든 훈련생에게 적합한 기술을 훈련하는 방법론에 대한 깊은 지식을 가지고 신체적 역량을 개발시켜줘야 한다.
- 학습 및 훈련 과정에서 적용되는 조건을 사용해야 한다. 삼보 용어에 대해 이해하는 것은 중요한 훈련 중 하나이다. 코치는 하나의 대상을 표현하기 위해 다른 용어를 사용하거나 이질적인 현상을 표현하는 데 하나의 용어를 사용하면 안 된다.

가용성 및 개인화의 원칙

삼보 연습에서 이 원칙을 구현하려면 적용되는 부하, 운동, 방법 및 선수 연령 및 운동 훈련 수준에 맞는 훈련 경기 구성 방법을 준수해야 한다. 신체적 운동의 유용성은 훈련생의 능력과 운동하는 동안의 복잡성의 정도(운동의 조화 복잡성, 강도, 시기)에 달려 있다. 삼보선수의 능력이 훈련의 복잡성에 완벽하게 부합되면 수행된 행동의 가용성이 관찰될 수 있다. 최적의 사용 가능성을 위해 코치는 연령 발달 단계에 따른 삼보선수의 신체 기능을 잘 알아야 한다. 신체의 기능적 능력에 대한 성별, 개인별 특성 및 환경의 영향과 훈련생의 능력을 고려하여 이성적으로 스포츠 훈련의 수단과 방법을 적용한다.

가용성은 삼보선수에게 어려움이 없다는 것을 의미하는 것이 아니라 심리적, 영적 에너지 동원 과정에서 자신의 힘에 따라 극복한 정도를 의미하다. 삼보 훈련생이 이용할 수 있는 학습 자료의 틀을 변경하는 것은 목적에 따른 스포츠 훈련에서 발생한다.

삼보선수의 새로운 동작 구현 능력과 기술은 이전에 획득한 것들을 토대로 그 요소를 기반으로 형성된다. 가용성의 조건 중 하나는 각각의 이전 훈련의 내용이 다음 경기의 내용과 연결되는 방식으로 훈련 내용을 배분하는 것이다. 가용성의 또 다른 조건은 그라데이션, 즉 더 단순한 훈련에서 좀 더 복잡한 훈련으로 이동하는 것이다.

개인화는 이 원칙의 두 번째 부분이며, 본질적으로 삼보선수의 개인차 및 개별 접근법의 구현에 대한 것이다. 일반적으로 다음과 같은 상황이 학습 및 훈련 과정에서 일반적으로 있다.

a) 한 그룹에 속한 한 명 또는 여러 명의 삼보선수(특히 가장 어린 나이)가 체력 수준이 낮은 경우 코치가 개별 부하 수준을 계획하고 교육 과정에서 특별 준비 연습을 시켜서 기술을 습득하거나 일반적인 신체 훈련으로 수준을 높인다.
b) 한 명 또는 여러 명의 삼보선수가 신체 및 기술 훈련의 상위 레벨인 경우(다른 훈련생에 비해) 독립적으로 더 복잡한 훈련을 수행한다.

구체성 원칙

구체성 원칙은 삼보 스포츠 훈련 경기에 우선적으로 적용된다. 이것은 학습 및 훈련 과정의 효율성과 경쟁력을 결정하는 사회적, 의학적, 생물학적, 심리적, 스포츠 및 훈련적 특성의 객관적인 패턴이다. 아래의 구체적인 원칙들은 삼보선수가 훈련에서 구현해야 하는 것들이다.

가능한 최고 수준의 전문화 및 개인화 달성 지향 원칙

삼보의 최고 수준 달성을 위해서 효과적인 훈련 수단 및 방법, 학습 및 학습 과정 및 경기 중 활동의 강도 향상, 삼보의 효과를 높이는 요소 및 조건 최적화, 선수의 활동(회복 및 역량 증가 체계)을 지향한다. 가능한 최고의 성취도로 원칙을 구현하려면 학습 및 훈련 활동의 내용, 즉 목적과 훈련, 수단과 방법, 학습 및 훈련 과정의 구조, 조절및 관리 체계 등이 필요하다.

삼보의 고급 전문화는 모든 종류의 훈련을 향상시키기 위해 시간과 힘을 최적으로 할당하는 것을 의미한다.

개인화는 연령 특이성, 개별 임무 개발을 위한 각 삼보선수의 훈련 및 능력의 수준을 고려해야 한다.

일반 및 특별 훈련의 통합

삼보의 전문화는 신체 및 개인적인 자질의 전방위적인 발전과 신체의 기능성 향상을 위한 역동성을 의미한다. 삼보에서의 성공은 선수가 다양한 측면에서 성장을 이루어야만 가능하다. 삼보선수의 일반 훈련과 특수 훈련의 통합은 신체의 통합(활동과 성장 과정에서의 신체 기관과 시스템의 상호작용)과 습득한 능력과 기술의 상호 작용에 의해서 규정된다. 삼보선수 를 훈련시킨다는 것은 매우 전문적인 과정이며 일반적인 훈련과 특수 훈련의 통합이 요구된다(훈련의 모든 측면이 동일하게 중요). 일반 및 특수 훈련의 최적의 상관 관계는 운동적 성취의 다양한 단계에서 변화한다. 삼보 수업을 통해 얻은 경험이 축적되고 스포츠 숙련도가 높아지면서 특수 훈련의 양이 증가하고 있다.

훈련 과정의 지속성

삼보선수가 다양한 훈련의 측면에서 높은 수준의 성취를 이루기 위해서는 정기적이며 장기적인 훈련이 필요하다. 그렇기 때문에 **삼보 훈련은 1년 내내 연중 계속 진행되어야 한다.** 각 훈련 세션의 영향력은 이전 훈련의 '흔적'에 '층'을 지어 올려지므로 훈련 체계를 보다 효율적으로 만든다. 신체 기능의 회복은 각 부분이 시간적인 차이를 가지고 있다. 이러한 적응 과정의 이시성(heterochrony)은 훈련 과정의 연속성을 유지하게 한다.

훈련 부하를 만들 때 단계와 한정의 통합

일반적으로 훈련 및 경쟁 부하를 점진적으로 증가시키면 삼보선수는 단계적으로 스포츠에서 자신의 목표의 달성을 이루게 되며, 훈련생들은 훈련 수준 향상에 대한 정확한 설명과 함께 수행되는 훈련의 일관성을 보여준다. 삼보선수의 학습 및 훈련 과정은 조화로운 신체 발달을 자극하고 건강 증진 효과를 강화시키며 성격을 형성할 때 긍정적인 영향을 미친다. 코치는 운동 부하를 점진적으로 올려야 한다. 특히 어린 삼보선수의 경우 스포츠 성취가 매우 느리게 증가한다. 삼보선수의 모든 연령대의 훈련 과정에서 이러한 원칙을 구현해야 한다.

부하 역학의 기복

부하 역학의 기복은 체적과 강도로 표현된다. 작은(마이크로 사이클), 평균(훈련의 중간 사이클), 큰(큰 훈련 주기 시기 동안) '주파'로 나눌 수 있다. 부하량 및 강도의 매개변수의 조합에 기반해서 삼보선수의 학습 및 훈련 과정의 부하 계획을 세운다.

- 훈련 교육의 빈도와 강도가 낮을수록 부하량이 증가하는 단계가 길어진다(증가 정도는 작음).

- 훈련 교육에서 부하 - 휴식 절차가 가깝고 부하의 강도가 높을수록 운동의 기복이 짧아진다.
- 부하의 총량이 크게 증가하는 단계에서는 강도가 감소한다. 반대로 부하의 총 강도가 증가하면 볼륨이 감소한다.

이 원칙의 시행은 경기 일정을 고려한 삼보 훈련 계획과 밀접하게 연관되어 있다.

훈련 과정 사이클

삼보선수의 학습, 훈련 및 경기 중 활동은 다양한 주기에 기반을 두고 있으며, 이를 통해 훈련 경기의 수단, 방법 및 유형을 체계화할 수 있다. 삼보 훈련에서 훈련에 영향을 주는 요소는 체계적으로 반복되며, 훈련 내용을 고려하여 내용이 변경될 수 있다. 학습 및 훈련 과정의 각 요소는 다른 요소와 상호 연결되어야 한다. 삼보선수의 학습 및 훈련 활동의 주기적 특성은 훈련 단계와 시기의 체계적인 변화에 기반하고 있다.

삼보선수의 시합에서의 활동 패턴과 훈련 패턴의 통합과 연동

시합에서의 성공은 다양한 종류의 훈련 패턴의 통합에 기반을 두고 있다. 삼보선수(특히 나이가 아주 어린 선수)가 대회에 참가할 것을 계획할 때 코치는 개인 훈련 수준에 주의를 기울여야 한다. 경기에 참여함으로써 어린 선수의 몸이 과부하 되면 외상을 입을 수도 있으며, 그렇게 되면 삼보에 대한 관심이 감소하고 몸을 사리게 된다(역량이 덜 '강한' 선수들).

다년 스포츠 활동의 연령 적합성

삼보선수, 특히 어린 선수를 훈련할 때 코치는 고도로 전문화된 훈련 과정을 계획해서는 안 되며 훈련 및 경쟁심에 대한 부하를 점차 증가시켜야 한다. 삼보 훈련생의 신체 발달 과정(성격 발달 포함)은 스포츠를 하면서 점진적으로 개선된다는 것을 설명해줘야 한다.

시스템에 적용할 때 일반적이며, 체계적이며, 구체적인 원칙들이 다양한 연령대의 삼보선수의 교육에 효과를 높여준다는 것을 기억해야 한다.

2.2.4. 훈련 수준 컨트롤

삼보선수의 활동, 행동 및 건강을 체계적으로 컨트롤하는 것이 중요하다. 경기 시즌에는 체중 조절이 필수적이다.

교육학적 컨트롤

삼보선수 훈련에서의 교육학적 컨트롤은 훈련에서의 부하와 경기에서의 결과의 상호 연관성을 알아보는데 필요하다.

이러한 컨트롤은 교육학적 방법, 생물학적 방법, 심리학적 방법, 사회학적 방법에 의한 테스트들로 구현될 수 있으며 다양한 종류의 테스트가 있다.

<u>휴식 상태의 테스트.</u> 신체 발달 지표(키와 체중, 피하지방의 두께, 팔과 다리의 길이, 몸통의 길이)가 이 테스트에 속한다. 심장, 근육, 신경계 및 혈관계의 기능 상태 또한 휴식 상태에서 측정된다. 심리 테스트도 포함된다.

<u>표준 테스트.</u> 모든 운동 선수에게 동일한 과제를 주고 이루어지는 테스트이다. 예를 들어, 전반적인 신체 조건(Overall Physical Condition) 제어를 위한 복합 훈련을 통해서 다음의 테스트를 할 수 있다.

- 30m 달리기. 경기장 트랙이나 체육관에서 운동화를 신고 수행된다. 한 레이스에 최소 한 두 명이 참여한다. 결과는 10분의 1초까지 정확하게 기록한다. 기회는 한번만 준다.
- 멀리 뛰기. 미끄럽지 않은 곳에서 수행한다. 선수는 시작 위치에 서서 양다리를 평행하게 둔다. 양다리를 밀면서 팔을 움직여서 멀리 뛴다. 두 다리가 동시에 충격흡수 기능이 있는 바닥에 닿게 한다. 출발 선에서 가장 가까운 곳을 출발선에서부터 줄자로 측정한다. 세 번의 시도 중 가장 좋은 결과를 센티미터 단위로 기록한다.
- 3x10m 셔틀 러닝. 최대 속도로 수행된다. 선수는 출발선에 서있고 명령에 따라 결승선까지 달려가 선 뒤에 발바닥이 닿아야 종료된다. 시간은 10 분의 1 초까지 정확하게 기록한다. 시도는 한 번만 허용된다(실수로 참가자가 넘어지는 경우 추가 시도가 가능함).
- 턱걸이 하기. 손으로 잡은 후 최대 횟수를 수행한다. 시작 위치는 철봉에 매달려서 한다.

팔은 팔꿈치 관절을 완전히 곧게 편다. 턱걸이는 턱이 수평 바 위치에 위에 있을 때 성공한 것으로 간주된다. 매번의 후속 턱걸이는 시작 위치에서 수행된다. 고관절과 무릎 관절을 움직이거나 팔의 위치를 서로 바꾸는 것은 금지되어 있다.

- 푸시 업. 최대 횟수 수행. 시작 위치는 수평면에서 엎드리고, 팔꿈치 관절은 완전히 곧게 펴고, 몸통과 다리는 곧은 선을 만든다. 가슴이 바닥에 닿았다가 다시 시작 위치로 돌아올 때 성공한 것으로 간주된다. 고관절의 움직임은 금지된다.
- 400m, 500m, 800m 달리기를 경기장 트랙을 따라 진행. 시간은 0.1초 단위로 정확하게 기록한다.
- 윗몸 일으키기. 매트 위에 누워서 몸통을 들어 올리고, 무릎은 구부리고 있는다. 다리가 고정된 채 등이 매트에서 완전히 올라오고 가슴이 무릎에 닿으면 성공한 것으로 간주된다.

이 테스트의 특성은 부하가 극한 상황에서 이루어지지 않는다는 것이다. 그러므로 이 테스트는 최대 결과를 얻기 위한 동기를 필요로 하지 않는다. 이러한 테스트의 결과는 부하량 설정 방법에 따라 달라진다. 만약 역학적 부하량이 설정되면 생물학-의학적 지표를 측정할 수 있다. 생물학-의학적 지표에 따라 시험 부하가 설정되면 물리적 부하 강도(시간, 거리)를 측정할 수 있다.

경기는 두 가지 측면에서 컨트롤을 한다.

1) 삼보선수의 경기 결과에 의해서 훈련 사이클을 컨트롤한다. 이러한 컨트롤 과정에서(대부분 1년 단위) 훈련 주기 및 경기 수를 결정한다.
2) 경기 효율성 측정 및 평가.

스포츠 건강 관리

스포츠 건강 관리의 주요 과제는 다음과 같다.

- 삼보선수의 기능 상태에 대한 건강 검진 및 평가.
- 정기적으로 운동의 영향을 받는 삼보선수의 신체의 물리적 및 기능적 훈련 수준의 변화를 체계적으로 모니터링하고 개별 부하 표준을 평가.

스포츠 건강 관리에는 경기 전 건강 검진, 초기 질병이나 외상 후 추가 부하 사용, 스포츠 적응 및 선택을 통한 의료 및 훈련 감독, 위생적인 훈련 및 경기 시설 통제, 식사 조절 및 회복 수단 및 행동에 관한 관리가 포함된다.

삼보선수의 건강 컨트롤, 훈련 허용 및 경기에 대한 부하 조절로 적시에 필요한 의학적 예방 행동을 취할 수 있다. 선수가 의식적으로 자제력을 행사할 필요성이 있다는 점에 주목해야 한다. 이와 관련하여 어린 선수들에게는 피로감의 신호 및 건강 상태에 대한 설명을 익히는 것이 필요하다. 이를 위해 제시된 피로감의 신호(표 16)를 배우고 훈련생이 몸 상태에 대한 자기 통제 과정에서 이를 사용하도록 훈련할 필요가 있다.

표16

신체 부하를 받는 동안 나타나는 피로감의 외적 신호

피로감 신호	피로감의 수준		
	미약	상당함	매우 높음
피부 얼룩	약간 붉은기	상당한 붉은기	매우 진한 붉은기 및 핼쑥
땀 흘림	약간	상당히 많이	관자놀이와 스포츠 셔츠에 과도한 소금기
호흡	숨가쁨, 고르다	상당히 숨 가쁘게 호흡	숨가쁨, 깊은 호흡을 나누어서 쉬면서 얕게 호흡, 들숨과 날숨의 무질서한 교대(상당한 호흡곤란)
움직임	빠른 걸음	불확실한 스텝, 흔들림	급격히 흔들림, 걷기, 뛰기, 하이킹 시 뒤로 처짐
주의력	좋음, 명령에 따라 수행	명령 수행이 정확하지 않음, 움직이는 방향을 바꿀 때 실수	느린 명령 수행, 큰 소리의 명령만 인식
기분상태	불만 없음	피로감, 다리 통증, 호흡곤란, 심장 박동에 대해 불만	두통, 가슴 통증, 메스꺼움 같은 현상에 대해 불만.

선수의 건강 검진 결과는 기록부에 기록하며 훈련 부하 견디기 시험에 대한 결정은 근거에

따라 결정된다. 연습 경기에 의한 영향, 훈련 시 부하가 적당한 지 여부, 기능 수준에 대한 평가 점수 부여하고 이후 훈련 계획을 수정한다.

2.3. 경쟁적 활동 및 스포츠 경기의 체계

삼보선수의 경기 중 활동은 특정한 동기와 관심을 가지고 내적 또는 외적 활동을 하는 것을 의미한다. 경기 중 활동의 내적 활동의 내용은 심리적-생리적 과정이며, 외적 활동은 운동 동작과 작전으로 표현된다.

2.3.1. 삼보선수의 경기 중 활동의 효율성 판단 기준

경기를 진행하는 과정에서 삼보선수에게는 목표와 임무를 수행하기 위한 구체적인 체계가 필요하며(먼저 잡거나, 상대방의 움직임을 제어하거나, 메치기를 하는 등), 수행을 위한 자원 (기술적, 전술적, 물리적 등), 의사 결정에 필요한 정보가 있어야 한다.

좋은 결과를 얻으려면 경기 활동의 내용을 잘 알고 결과를 예측해야 한다. 또한 특정 경기에서의 성공 또는 실패의 이유를 확인하는 것도 중요하다. 훈련 계획 수정, 전술적 준비 상황 높이기, 연습 경기에서의 대결 시뮬레이션 등을 할 수 있다.

삼보선수의 경기 결과는 양질의 훈련, 상황의 안정된 인식 및 정보 처리 속도, 의사 결정 시간 및 수행 동작에 달려 있다.

경기에서의 삼보선수의 경쟁적 활동의 특징은 적극적인 상대의 저항에 직면한다는 것이다 (대부분의 경우 생소한 상대). 이 경우 경기 활동을 정확하게 계획하는 것은 의미가 없다.

일반적으로 삼보선수의 경기 활동 모델에는 활동성, 변동성, 효율성 및 성과가 반영된다.

교육적인 관찰의 결과에 따르면 경쟁적 활동의 지표는 다음과 같이 정의된다.

활동성(Activity) - 한 경기에서 한 선수가 평균적으로 기술적 및 전술적 활동을 시도한 횟수이다. 산정은 다음 공식으로 한다.

$$A = \frac{N}{T}$$

여기서 N은 기술 및 전술적 행동(기술 및 수비)을 수행하려는 시도 횟수이다. T는 파이트 횟수 또는 시합에 소비된 시간이다.

공격과 수비를 개별적으로 나누어 삼보선수의 활동을 정의할 수 있다.

일반적인 활동은 경기에서 기술을 수행하려고 사용되는 기술 동작 그룹의 수에 의해 정의된다.

일반적인 가변성은 선수가 경기에서 기술을 수행하려고 할 때 사용하는 기술 동작 그룹의 수에 의해 정의된다. 유효 가변성은 기술을 성공적으로 수행하기 위해 삼보선수가 사용하는 (평가 결과를 가져온) 기술 동작 그룹의 수에 의해 정의된다

가변성은 공격과 수비에 의해 결정된다. 효과적인 수비는 상대방이 점수를 얻지 못하도록 수비하는 것이다. 비효율적인 수비는 상대방이 기술을 수행하여 점수를 얻게 되는 수비를 하는 것이다.

효율성은 전술적 행동 수행의 성공적인 시도와 전체 시도 숫자 사이의 비율이다. 산정은 다음 공식으로 한다.

$$E = \frac{A}{N} \times 100\%$$

여기서 E는 효율성 지표이다. A는 경기에서 성공적으로 수행된 기술 시도 횟수이다. N은 총 시도 횟수이다. 수비 효율성은 같은 방식으로 다음과 같은 공식에 따라 산정한다.

$$Ed = \frac{Ad}{Nd}$$

여기서 Ad는 성공적인 수비 시도 횟수이다. Nd는 수비 시도 횟수(상대방이 수행한 기술)이

다.

유효성은 기술적 및 전술적 행동 수행의 질적 지표이다. 선수가 득점한 점수를 경기 중 평균으로 산정한다. 삼보에서 퍼포먼스는 공식에 따라 산정한다.

$$P = \frac{12M1+4M2+2M3+M4}{C}$$

여기서 M1은 한판(폴)에 의해 승리로 간주되는 기술을 수행하려는 시도 횟수이다. M2는 4점 기술을 시도한 횟수이고, M3는 2점 기술을 시도한 횟수이고, 각 2점이다. M4는 1점 기술을 시도한 횟수이다. C는 파이트 횟수이다.

수비 유효성은 같은 공식에 따라 산정한다. 삼보선수가 잃은 점수는 파이트 당 평균으로 정의된다. 전체 유효성은 다음의 공식에 따라 산정한다.

$$Pg = Pa - Pd$$

Pg는 전체 유효성이다. Pa는 공격 유효성이다. Pd는 수비 유효성이다.

이 수식을 사용하면 삼보선수의 경기 활동 지표를 정의하고 두 선수의 훈련 수준을 비교할 수 있으며 가장 강한 선수의 모델을 결정할 수 있다(경기 우승자의 경기 중 활동의 분석에 따라).

2.3.2. 삼보 경기 체계(일정)

삼보 경기 체계는 이 스포츠의 발전에 영향을 미치는 주요 요소이다.
삼보 경기 진행의 목표는 다음과 같다.
- 스포츠의 진흥.
- 스포츠맨십의 향상.
- 다양한 유형의 사람들과 함께 삼보의 발전에 기여.

삼보 대회는 참가자들이 엄격하게 규제된 조건(경기 규정에 따라)에서 경쟁을 하고 경기에서(체급 카테고리) 훈련 수준을 비교하기 위하여 특별이 만들어진 경기이다.

대회 일정은 스포츠 단체가 주관하는 다양한 수준의 경기를 계획하는 형태이다. 국제삼보연맹(International Sambo Federation, FIAS)의 대회 일정을 분석해 보자.

FIAS 대회 일정 분석

대회 일정은 일정 시기 동안의 모든 대회, 경기장 및 기타 데이터를 나열하는 문서이며, FIAS가 개최하는 여러 수준의 스포츠 경기를 계획하는 주요 형태이다.

이 일정은 FIAS가 인정한 대륙 및 국가 연맹이 제안한 내용을 토대로 작성되었다.

삼보 대회 등급, 구조, 카테고리

삼보 대회 등급(클래스)은 일정한 순서(중요도가 높은 대회부터 중요하지 않은 대회까지)가 있다.

- 세계여름대학생대회(유니버시아드)의 순위는 국제대학스포츠연맹(FISU)이 결정한다. 세계무술대회는 스포츠어코드(SportAccord)협회에서 한다. 월드스포츠 포 올 게임(World Sports for All Games)은 TAFISA 국제협회가 한다.
- 월드컵, 세계선수권, 카테고리 국제토너먼트 카테고리 A와 B는 FIAS 통합 일정에 포함된다. 국제 삼보 대회 구성은 규모와 스포츠적 중요성에 따라 이루어진다. 그것은 매스 스타트를 메인 스타트에 결속되도록 규정한다.

1 레벨 대회

세계 대회

- 대학생(유니버시아드)
- 무술(SportAccord)

2 레벨 대회

월드컵

- 어른
- 컴벳 삼보

세계선수권대회

- 청년
- 주니어

3 레벨 대회

- 군인 월드컵(홀수 년도)
- 경찰 월드컵(홀수 년도)
- 국제학생대회(짝수 년)
- 연례 월드컵(마스터)
- 세계 대회(카테고리 A의 토너먼트에 의한)

4레벨 대회

콘티넨탈 챔피언십(대륙선수권대회)

5 레벨 대회

카테고리 B의 국제 토너먼트

대회 체계 구성을 위한 필요조건

한 해를 시작하기 전에 선수들이 각자의 전략적인 대회에서 최고의 경기를 하기 위해 전체 훈련 계획을 짤 수 있도록 대회 참여 체계를 구성한다.

대회에서의 결과를 향상시키기 위한 스포츠 능력을 형성하는데 필요한 규칙성과 특성을 고려한다.

훈련 부하의 역동성들의 상호 관계를 관찰한다.

특정 단계의 삼보선수 훈련의 과제에 맞춘다.

실력 및 등급에 따라 높은 자질을 가진 선수가 참여 할 수 있는 대회가 존재할 수 있게 한다.

대회 참여에 대한 개별적 계획

전체 일정과는 상관 없이 개인적인 대회 참여 계획은 전체 일정만 보지 않고 각 선수의 훈련 수준과 필요성에 따라서 이루어져야 한다. 스포츠맨의 개별적인 준비 정도와 목표, 현실성, 훈련 체계 내에서의 가능성, 개인적인 훈련 계획과 대회 참여에 따른 부하, 생활 등 개별 요소를 고려해야 한다. 그렇기 때문에 전체 대회 일정과 개별적 참여 가능 일정이 다를 수 있다.

주요 대회를 대비하여 훈련을 하는 삼보선수는 연습 경기를 방해 받지 말아야 하며, 연습의 체계적인 구성과 깊은 집중도를 만들어주는 합리적인 훈련을 제공받아야 한다.

삼보선수의 다년 간의 경기 참여 역학

몇 년 동안 운동을 하는 삼보선수가 항상 똑같은 컨디션을 유지하는 것은 불가능하다. 삼보선수의 대회 참여는 대회 준비 정도와 수준의 향상 정도, 삼보를 한 기간, 시합 경험, 나이, 구체적인 삶에서의 조건 및 다양한 요인과 환경으로부터 영향을 받는다.

선수는 운동 성과의 달성 수준에 따른 유형으로 분류된다. 대다수는 아마추어로서 운동을 계속하고, 나머지는 엘리트 스포츠로 옮겨간다.

삼보선수들이 모두 일반 교육적, 전문적, 그리고 교육이나 삶의 다른 영역을 희생해서 삶의 지배적인 부분을 시합 등 스포츠 활동으로 채운다면 분명 잘못된 것이다. 비교적 적은 수의 삼보선수를 제외하고, 삼보를 하는 대부분의 사람들의 스포츠 활동은 실제로 기본적인 활동에 머무른다. 이러한 상황에서 삼보에 소비되는 시간과 힘은 자연스럽게 경기 연습 매개변수에 매우 제한적으로 영향을 준다. 아마추어로 운동을 하는 대다수의 선수는 경기 부하와 강도의 총량이 증가하면 다소간의 시기 동안에는 안정화된다(일부 개인 및 단계에 차이가 있음). 이 안정화를 유지하는 이유는 여러 가지가 있다. 개별적인 적응력과 훈련 기술(훈련의 결과로 점진적인 변화를 겪을 수 있는 능력)이 높거나, 사회 생활 조건, 훈련생의 특성, 스포츠 관심사의 변화(나이 및 스포츠 경험을 가진 정도)가 개인에게 나타나기 때문이다. 일반적으로 적응 능력과 훈련 기술이 자연스럽게 퇴보하면(상대 회귀) 삼보에 대한 관심이 적어지고 단순한 체육 활동 영역으로 옮겨진다.

엘리트 스포츠 영역에 속한 삼보선수들의 대회 참여 역학의 특성은 매우 다르다. 이러한 선수들의 경우 자신의 능력이 최대로 구현되는 스포츠 커리어 처음 1년 동안 경기가 임계 값에 도달하게 되고 이때 참가하는 시합 총 수와 강도가 극도로 증가한다. 삼보선수의 경기 참여 강도는 절대적인 성과를 달성하기 위해서 개인에게 계속적으로 부하가 걸리게 되며 이로 인해서 선수는 경기에 대한 긴장감으로 불안정하게 된다. 아무리 강한 삼보선수라도 경기에 대한 심한 부담감을 가지게 되고('침체'), 이러한 경우 선수에게 덜 중요한 경기에 참가하는 빈도를 줄여서 조금씩 줄여서 부담감을 줄여준다. 젊은 삼보선수는 흔히 엘리트 수준의 대회에 5~8년 동안 적극적으로 참여한 후 전체 경기의 수를 줄이게 되는데 이는 스포츠 효율성 측면에서의 생물학적 비축에너지가 고갈되었기 때문이 아니라 다른 이유 때문이다. 주된 이유 중 하나는 극도의 집중된 훈련과 적응 능력 및 훈련 기술을 동원하며 수많은 중요한 대회에 참가하면서 경기에 대한 부담감을 가지므로 명망 있는 선수조차도 만성적인 정신 스트레스를 받기 때문이다.

발군의 실력을 가지고 있었으며 대회 경험이 많은 유명한 삼보선수들은 수준이 높은 공식 경기를 비롯해서 여러 대회에 지속적으로 참여하고 참여를 원한다. 이들을 위해서 경험 많고 나이 많은 삼보선수를 위한 국제 대회가 개최되고 있다.

2.3.3. 경기 조직

현대 삼보에서 각종 대회는 승자를 결정하는 방법일 뿐만 아니라 선수를 훈련시키기 위한, 선수의 실력을 향상시키는, 그리고 선수의 훈련을 컨트롤하는 가장 중요한 도구이다. 삼보선수의 경기는 특별한 규칙에 의해 통제된다. 경기 규칙에 대한 일반적인 요구 사항으로는 일반적인 스포츠에서 요구하는 내용의 포괄성, 정확성 및 인본주의이다.

현재 전 세계 스포츠 산업에는 엔터테인먼트가 더욱 중요해지고 있다. 이러한 경향은 TV 방송을 위해 경기를 맞추고, 청중의 편의성을 고려하고, 체육관 장식 및 기타 스포츠 상용화 조건을 높이게 만든다.

현대 스포츠의 특징은 올림픽과 유니버시아드 등 여러 스포츠가 포함된 복합 대회를 개최하는 것이다. 세계무술대회는 올림픽 정식 종목과 비올림픽 종목의 격투기들을 포함하고 있다. 삼보선수는 2010년부터 이 게임에 참여했다.

삼보 대회는 〈대회 규정〉에 따라서 개최된다. 선수의 다양한 체급 카테고리, 심판의 기능, 일반 선수권대회 평가, 장소, 체중 측정 시간 및 참가자 선택을 위한 추첨, 기자 인증 규정 등을 제공한다.

시합 유형

대회는 개인전, 단체전, 개인-단체전 및 카테고리전(오픈대회)으로 구분된다.

대회의 성격은 각 대회 규정(이하 '규정')에 의해 정의된다. 개인전에는 참가한 선수들의 개별 성적과 순위가 체급별로 결정된다. 단체전에서는 팀별로 대회를 한다. 시합의 결과에 따라 각 팀의 순위가 결정된다. 개인-단체전에서는 참가자 개인의 순위가 결정되고, 팀 순위는 규정에 따라서 참가자의 개별 성적에 따라 결정된다. 카테고리전에서는 개인 및 팀의 순위가 결정되지 않는다. 참가자들의 성적은 채점에서 운동 향상도의 확인 또는 자격증에 반영된다.

대회 개최의 체계와 방법

대회 진행시 참가자들은 하나의 그룹(하위 그룹 편성 없는 체계)으로 시합을 하거나 하위 그룹(하위 그룹으로 나뉘어진 체계)에 배정되어 시합을 하게 된다. 후자의 경우, 승자가 다음 경기 단계로 올라가고 패자는 떨어진다는 원칙을 구체적으로 명시해야 한다. 또한 대회는 예선과 결선으로 나누어야 한다.

각 경기(예선, 결선)에서 시합하는 방식은 두 가지로 나눌 수 있다.
1) 각 참가자가 모든 선수와 한번씩 시합하는 순환 방식
2) 규정에 명시된 횟수만큼 패배한 참가자가 떨어지는 방식

참가자(팀) 간의 시합 순서는 대회를 실시하는 방식 및 체계에 따라 결정된다. 시합 예선 및

결선을 수행하기 위한 체계 및 방법은 규정에 명시되어야 한다. 예선과 결선 방법을 다양하게 조합한 체계와 팀 경기를 치르는 방법, 결과 또는 대회 장소 결정을 위한 기본 방법은 부록 1~5에 있다.

경기장 장비

삼보 경기는 징, 참가자의 체중을 측정하는 체중계, 스톱워치, 전자 디스플레이, 매트 등의 장비가 필요하다. 대회가 개최되는 체육관은 구체적으로 설계되어야 한다(그림 34).

심판 옆에 단순한 전자 디스플레이를 두어 관중과 선수에게 대회에 대한 정보와 점수를 보여준다.

보드의 왼쪽 절반은 빨간색이고 오른쪽은 파란색이다. 점수판은 숫자 1, 2, 4와 문자 'A'와 'O' 그리고 숫자1(상단에 막대로 표시)로 경고 점수를 보여준다. 그리고 점수판의 텍스트는 청중에게 분명하게 보여야 한다. 개별 점수 대신 총점을 표시한다.

그림 34. 주니어 대회

장소의 필요요건

경기 중에는 실내 온도가 +15~+5°C, 습도가 60% 이상이어야 한다. 시간당 3회 환기를 시켜줘야 한다.

야외 경기를 위한 온도는 +15에서 +25°C이어야 한다. 매트는 직사광선으로부터 보호되어야 한다.

대회 참가자의 연령 카테고리

대회 참가자는 다음의 연령 범주로 나눈다(표 17).

표17

번호	카테고리	남자	여자
1	초등부(틴)	11~12세	11~12세
2	중등부(영)	13~14세	13~14세
3	카테트부	15~16세	15~16세
4	유스부	17~18세	17~18세
5	주니어부	19~20세	19~20세
6	성인부	19세 이상	19세 이상
7	마스터부(베테랑)	35~39, 40~44, 45~49, 50~54, 55~59, 60세 이상	

대회 참가

경기 참가 자격, 소속, 자격 및 나이 조건 등 등록시 대회위원회에 제출해야 하는 서류 목록은 '규칙'에 구체적으로 설명되어 있다.

대회에 팀 및 선수로 참여하기 위한 신청서는 규격 양식에 따라서 조직의 수장, 코치 및 의사의 인장과 서명을 첨부해서 해당 참가자의 훈련 수준을 인증한 후에 제출한다.

주최 기관 대표, 수석 심판 또는 수석 심판 대행, 수석 서기, 주치의 및 대회 위원들이 참가하는 등록위원회는 참가자의 신청서를 검토하여 자격을 갖추었는지 확인하고 승인을 한다.

대회 참가자는 아래와 같은 체급 범주로 나눈다(표 18).

표18

삼보선수 체급 카테고리(kg)

초등부		중등부		카데트부		유스부		주니어부			성인부			마스터	
남	여	남	여	남	여	남	여	남	여	컴벳	남	여	컴벳	남	여
31	26	40	32	42	38	48	40	48	44	-	-	-	-	-	-

34	29	42	34	46	41	52	44	52	48	52	52	48	52	-	-
38	34	45	36	50	44	56	48	57	52	57	57	52	57	-	-
42	37	48	38	55	48	60	52	62	56	62	62	56	62	62	56
46	40	51	40	60	52	65	56	68	60	68	68	60	68	68	60
50	43	55	42	66	56	70	60	74	64	74	74	64	74	74	64
55	47	59	45	72	60	75	65	82	68	82	82	68	82	82	68
60	51	63	48	78	65	81	70	90	72	90	90	72	90	90	72
65	55	68	51	84	70	87	75	100	80	100	100	80	100	100	80
+65	+55	73	55	+84	+70	+87	+75	+100	+80	+100	+100	+80	+100	+100	+80

대회 참가자의 계체

계체의 목적은 참가자의 체중에 맞는 체급 범주를 찾기 위한 것이다. 참가자는 측정된 체중에 맞는 체급 범주의 경기에만 참가할 수 있다.

경기 참가자의 계체를 하는 순서와 시간은 규정에 명시되어 있다. 계체 시간에 늦거나 빠진 선수는 경기에 출전할 수 없다. 참가자는 계체를 하기 1시간 전에 공식 측정에서 사용할 체중계로 예비 측정을 해볼 수 있다.

계체는 주심이 임명한 심판 팀에 의해 수행된다. 부심(매트 위원장 중 한 명), 대회 사무국 대표, 의사 및 심판이 이 팀에 포함된다.

계체 결과는 모든 심판이 서명한 기록부에 기록된다.

대회 참가자의 권리와 의무

- 규칙, 프로그램, 대회 규정을 엄격하게 준수한다.
- 심판의 요구 사항을 충족시킨다.

- 심판의 요청이 있을 때 즉시 매트로 온다.
- 어떤 이유로 인해 대회에 더 이상 참가하지 못할 경우 심판에게 즉시 보고한다.
- 시합 전후에 상대방과 악수한다.
- 모든 참가자, 심판, 경기를 개최하고 봉사하는 사람, 그리고 청중을 배려한다.

참가자에게는 다음과 같은 권리가 있다.
- 팀 대표를 통해 심판에게 어필을 할 수 있다. 개인전인 경우 직접 주심에게 어필을 할 수 있다(대표가 없는 경우).
- 계체 1시간 전에 공식 체중계로 예비 측정을 할 수 있다.
- 경기 프로그램 및 변경 사항 등 필요한 정보를 적시에 받아야 한다.
- 한 경기에서 2분간 의료적인 치료를 받을 수 있다.

팀 대표 및 코치

팀 대표(리더)는 팀 참가자들을 컨트롤하고 심판과 교류한다. 팀에 대표가 없는 경우 코치 또는 팀 리더가 그 직무를 수행한다.

2.3.4. 심판의 기본

대회는 심판단이 통제한다. 심판단은 주심, 부심, 매트책임자, 수석 비서, 아르, 사이드 심판, 타임키퍼 심판, 득점 기록원, 안내원, 참가자, 서비스 요원, 아나운서, 의사, 지휘관 등으로 구성된다.

삼보 시합은 매트책임자, 아르, 사이드 심판, 타임키퍼 심판, 사무원, 안내원으로 구성된 심판단이 판결한다.

시합 승자의 결정

경기를 시작하기 위해 삼보선수들을 매트 위로 부른다. 경기가 시작되기 전에 붉은 색의 유니폼을 입은 선수를 먼저 부르면 해당 선수는 매트의 붉은색 코너로 가고, 그 후 파란색 유니폼의 선수가 파란색 코너로 간다. 소개를 한 후 아르의 신호에 따라 선수들이 매트의 가운데에서 만나고 악수를 한다. 그 후 한발 뒤로 물러서서 아르가 호각을 불면 시합을 시작한다.

경기는 징(소리 신호)으로 끝난다. 경기가 끝나면 삼보선수는 경기 시작 전의 위치로 간다. 아르는 경기의 결과를 알리기 위해 삼보선수를 가운데로 부른다. 두 선수의 손목을 잡고 승자의 손을 들어 올린다(그림 35). 그런 다음 선수가 서로 악수하고 매트를 벗어난다.

그림 35. 승자 발표

경기 시간 설정:

- 성인 및 주니어(남자) - 5분
- 성인 및 주니어(여자) - 4분
- 카데트 및 유스부(남자 및 여자) - 4분
- 베테랑: 남자 - 4분(60세 이상 남자 - 3분), 여자 - 3분.

경기 카운트다운은 아르의 첫 번째 호각 후 시작된다. 휴식 시간은 순수(실제) 경기 시간에 포함되지 않는다. 필요한 경우, 참가자는 아르의 동의 하에 경기복을 바로 입기 위해 매트에서 벗어날 수 있다.

부상으로 인해서 의료 타임아웃을 한 경우 경기 규정에 따라 시간을 제공한다. 치료는 매트

(매트 가장자리)에서 직접 제공된다.

시합 횟수

성인 삼보선수의 경우 하루에 9번을 초과해서 시합할 수 없다.

경기가 1일 이상 지속될 경우 1일당 시합 횟수는 5회를 넘지 않아야 한다. 카데트 및 유스부 연령의 경우 하루 동안 하는 대회는 하루 7경기, 여러 날 하는 대회는 하루 4경기를 초과하면 안 된다.

중년 및 중년 이상의 연령의 경우, 관련 표준은 하루 대회에서 하루 7경기, 토너먼트 대회에서 하루 4경기를 초과해서는 안 된다.

경기 간의 휴식은 성인과 주니어 참가자에게는 10분 이상, 청년과 10대 참가자에게는 15분 이상 준다.

경기 결과

경기의 결과는 한 삼보선수에게는 승리, 다른 한 선수에게는 패배를 주며, 예외적인 경우에는 두 선수 모두에게 패배를 준다.

승리는 한판, 우세(8점차), 판정, 기술, 경고, 상대가 수동적으로 하는 경우 상대 선수의 감점으로 얻을 수 있다(표 19).

참가자가 경기 직전에 의사의 판단에 따라 기권을 하거나, 2분 이상 경기에 출장하지 않을 경우(불출장), 상대방은 0분 00초에 4:0의 결과를 획득한다(상대방이 경기에 기권해서 승리함).

표19

삼보 시합 결과의 판단

번호	시합 결과	분류 점수 승자	분류 점수 패자
1	한판승(종료시간 보다 일찍)	4	0
	a)한판 메치기	4	0
	b)통증기술(관절기), 굳히기를 당하여 항복의 표시를 한 경우	4	0
	c)확실한 우세승(8점 이상의 차이)	4	0
	d)상대방이 경기 중 퇴장을 당하는 경우	4	0
	e)상대방이 대회 참가 자격을 박탈당하는 경우	4	0
2	점수차에 의한 판정승(1-7점 차이)	3	0
	a)패자가 기술 점수가 있는 경우	3	1
	b)패자가 기술 점수가 없는 경우	3	0
3	기술승(양선수의 점수가 같은 경우)	2	0
	a)기술점수를 많이 받은 선수가 승리	2	0
	b)기술점수 난이도가 높은 선수가 승리	2	0
	c)모든 점수표에서 양선수의 점수가 같은 경우에는 마지막으로 득점한 선수가 승리	2	0
	d)기술점수도 없고 경고수가 같은 경우에는 경고 점수를 마지막으로 받은 선수가 승리	2	0
4	양선수 모두 퇴장(실격) 당한 경우	0	0

한판승

한판승은 경기 규정에 따라 확실한 메치기, 통증기술, 한 선수의 확실한 우세(8점 차이), 상대가 기권하는 경우, 상대가 경기 도중 기권하는 경우에 심판이 판단을 한다.

확실한 메치기는 공격수가 넘어지지 않고 수비수가 서있는 자세에 있다가 등으로 떨어지거나 빠르게 등으로 구르는 것이다(멈추지 않고).

통증기술 한판승은 선수 중 한 명이 항복 신호를 하면 주어진다.

항복 신호는 큰 소리로 '예스!'라고 말하거나, 매트나 상대방의 몸에 손이나 발을 두 번 두드리면 된다. 경기 중에 선수 한 명이 상대보다 8점 이상 더 많은 점수를 받으면 경기가 중단되고 확실한 우세로 승리를 거둔다. 한판승을 할 경우 승자는 분류점수 4점을 받고 패자는 0점을 받는다.

판정승

경기가 끝났을 때 어느 선수가 득점한 점수가 상대방보다 1~7점 높을 경우 점수차에 의한 판정승을 내린다.

승자는 카테고리 점수 3점을 받고 패자는 경기가 끝났을 때 기술점수를 받았거나 못 받았거나에 따라서 카테고리 점수 1점을 받거나 받지 못한다.

기술승

경기가 끝난 후 양선수의 점수가 같은 경우 양 선수 중에서 기술점수를(메치기, 굳히기) 많이 받은 선수는 승리한다.

기술점수까지 같을 경우에는 기술의 난이도가 높은 선수가 승리한다(2또는 4 점 차의 기술점수 가 많은 선수).

모든 점수표에서 양선수의 점수가 같을 경우, 양 선수 중에서 마지막으로 득점을 한 선수가 (1,2,4점) 경기에서 이긴다.

경기가 끝났을 때 양 선수 모두 기술 점수가 없고 경고 수도 같은 경우 마지막으로 상대방에게 경고가 주어지면서 점수를 얻은 선수가 승리한다.

이러한 경우 승자는 카테고리 점수 2점을 받고 패자는 0점을 받는다.

기술 동작의 평가

한판승을 하지 못한 공격수가 수행한 기술은 점수로 평가한다(표20). 메치기의 질과 평가는 다음과 같이 한다.

- 메치기 전에 공격하는 선수의 시작 자세.
- 넘어지지 않고 메치기를 했는지의 여부.
- 메치기 전의 수비 선수의 시작 자세.
- 상대방의 메치기로 인해 몸이 어떤 부분이 떨어졌는지 판단.

아래의 경우 4점이 주어진다.

a) 서서 메치기 하여 공격자가 넘어지면서 상대가 등으로 떨어짐.
b) 서서 메치기 하여 공격자가 넘어지지 않고 상대가 옆으로 떨어짐.
c) 20 초 동안 굳히기.

아래의 경우 2점이 주어진다.

a) 서서 메치기 하여 공격자가 넘어지면서 상대가 옆으로 떨어짐.
b) 서서 메치기 하여 공격자가 넘어지지 않고 상대가 가슴, 배, 엉덩이, 허리 또는 어깨로 떨어짐.
c) 10초 이상 미완성 굳히기 지속.
d) 상대방에게 두 번째 경고 선언.

아래의 경우 1점이 주어진다.

a) 서서 메치기 하여 공격자가 넘어지면서 상대방이 가슴, 배, 엉덩이, 허리, 또는 어깨로 떨어짐.
b) 상대방에게 첫 번째 경고 선언.

공격수가 넘어지면서 메치기를 실패하여 자신 스스로 엉덩이, 가슴, 배, 허리, 또는 등으로 넘어진 경우 상대방은 역공을 하지 않는 한 점수를 얻지 못한다.

수비수가 역공을 할 때 공격수가 떨어지는 방향을 바꾸지 못하고 자신 스스로 그 방향으로 넘어지면 공격수의 메치기가 성공한 것으로 간주된다.

표20

삼보 메치기 평가 기준

공격받는 선수가 넘어지면서 바닥에 닿은 신체 부위	공격선수의 자세	
	넘어지지 않음	넘어짐
등, 교각	한판승	4점
옆구리, 반 교각	4점	2점
가슴, 배, 엉덩이, 허리, 어깨	2점	1점

한 경기에서 굳히기를 수행한 경우 총 4점 이상을 얻지 못한다. 따라서 완전히 성공한 굳히기를 수행한 후에는 성공하지 못해서 얻은 이전의 점수는 취소된다.

경기에서 굳히기를 당하고 있는 선수가 경기를 중단시키길 요청하면 상대 선수가 규정을 위반하지 않는 한 굳히기 점수를 받는다.

a) 4점 - 경기 끝에 굳히기가 된 상태가 20초 이상인 경우.
b) 2점 - 경기 끝에 굳히기가 된 상태가 10초 이상 20초 미만인 경우.
c) 한판승 - 굳히기에 걸린 선수가 항복 신호를 보낸 경우.

시합 회피

삼보선수가 시합을 회피하는 행동은 다음과 같다.
- 누워서 싸울 때 서서 또는 기어서 매트의 경계를 넘어 고의적으로 도망침.

- 서서 위치에서 기술을 수행하는 실질적인 시도의 부재.
- 공격 시늉을 하는 경우(허위 공격).
- 서서 위치에서 잡기 회피.
- 기술을 실제로 시도하지 않고 스스로 눕기 위치로 변경.
- 상대를 매트 밖으로 명백하게 밀어냄.

금지된 기술 및 행동

스포츠 삼보 대회에서는 상대방 머리를 거꾸로 메치기, 통증기술 잡기로 메치기('노트', '레버'), 나의 전신을 상대방 위로 떨어트리기, 조르기, 상대방의 입과 코 압박해서 숨을 못 쉬게 하기, 때리기, 스크래치, 깨물기, 척추 기술, 목 트위스트, 양팔과 양다리로 상대방의 머리 쥐어 짜기 또는 매트 쪽으로 누르기, 상대방의 몸을 나의 두 다리로 교차해서 감기, 나의 양팔, 양다리 또는 머리를 상대방의 얼굴에 대기, 상대방의 손가락 잡기, 등 뒤로 팔 꺾기, 핸드 통증기술, 상대방의 뒤꿈치 트위스트 및 발 '노트'하기, '무릎' 레버를 원래 구부리는 방향이 아닌 반대로 구부리기, 서서 통증기술하기, 드래그 통증기술 하기 등은 금지되어 있다.

삼보선수가 금지 기술을 하는 것을 심판이 보지 못하면 부상당한 사람이 목소리를 높이거나 제스처를 취하여 신호를 보낼 수 있다.

거짓 신호는 금지된 기술로 간주된다.

허리 아래, 벨트 끝, 상의의 옷깃을 안쪽으로 잡기, 매트의 가장자리 또는 커버 잡기, 유니폼을 의도적으로 훼손하기 등과 같은 행동도 역시 금지된다.

2장 결론

삼보 훈련 체계는 다년간의 과정으로 형성된다. 삼보선수 훈련에는 특별한 조건과 장비가 필요하다. 마킹이 그려진 특수 매트가 사용된다(표준에 따름). 삼보 훈련생은 특수 유니폼을 입는다. 상의와 반바지를 입고, 삼보 슈즈를 신는다. 시뮬레이터와 체조기구(크로스바, 바)뿐만 아니라 덤벨, 공, 줄넘기 등의 작은 기구도 사용한다.

삼보 훈련 과정은 목적과 과제에 따라 계획된다. 삼보선수의 다년 훈련 모델의 구성에는 기본 훈련, 개인 능력의 최대 성취, 운동 수명 연장이 포함된다. 준비(일반 및 특별) 연습 및 주요 기술 및 전술 연습, 일반적인 교육학 및 실용적인 방법을 주로 배운다. 선수의 동작 숙달 정도는 다양한 형태의 삼보 교육 수업(학습 수업, 학습-훈련 수업, 훈련 수업, 컨트롤 수업)을 적용하여 향상시킨다.

방법론적인 설정, 즉 원칙(선수의 운동 능력을 향상 시키기 위한 공통 문화 원칙, 구체성의 원칙)은 삼보선수를 위한 훈련의 조직에 영향을 준다.

교육학적 컨트롤과 스포츠 건강 관리가 삼보선수의 훈련 과정에 적용된다. 이러한 컨트롤은 삼보선수의 신체 상태 및 훈련 수준을 평가하고 훈련 및 경기에 대한 부담감이 신체에 미치는 영향을 결정하는데 사용된다.

삼보 대회는 매우 다양하다. 삼보 대회는 세계 여러 국가에서 전국적인 규모 또는 국제적인 규모로 개최된다. 대회 활동의 효과는 삼보선수의 복잡한 훈련(기술, 전술, 신체, 정신)에 달려 있다. 경기 활동의 매개변수는 효능, 가변성, 효과성, 생산성으로 정의할 수 있다.

삼보 경기 체계는 다양한 수준의 스포츠 조직에 의해(일정 형태로) 계획된다. 대회 일정에는 개최지와 구체적인 일정표, 주최하는 조직에 대한 정보가 있다.

삼보선수 개인의 대회 참여 계획은 선수의 목표, 훈련 체계의 특성, 훈련 상태 및 대회 부하 등 기타 요소에 대한 개별적인 상태에 달려 있다.

다년간 경기에 참가하는 삼보선수는 자신의 체급과 숙련의 정도에 따라서 맞게 참여를 한다. 삼보 대회는 선수의 훈련 체계의 일부이며 일반적인 대회 규칙에 의해 규제된다.

삼보 대회는 개인전, 단체전 및 개인-단체전으로 특성에 따라 나누어진다. 경기 조직은 '경기 규정'의 적용을 받는다.

삼보선수는 특별히 장비가 갖추어진 장소에서 경기를 하며, 참가자는 체중과 나이에 따라 그룹으로 나뉜다. 참가자는 경기 과정에서 자신의 의무를 준수한다. 팀 대표(수장)는 팀의 참가자를 통제하고 심판단과 교류한다.

경기에서는 시합의 결과에 따라서 승자를 결정하게 된다. 삼보 경기에는 규칙에 따라 한판승, 우세승, 판정승, 기술승, 경고승, 상대방의 패시브 기권에 의한 승이 있다.

경기 중 삼보선수의 안전은 경기 규칙에 의해 통제된다. 누워서 또는 서서 경기할 때 위험한 동작은 금지된다.

다양한 연령의 선수를 위해 조직된 삼보 경기 체계는 스포츠와 기술 숙달을 향상시키고 선수의 인격도야에 도움이 된다.

2장 정리를 위한 문제들

1. 삼보선수의 장기적인 훈련을 체계적으로 규정하는 조항은 무엇인가?
2. 삼보 경기 장소의 필수 요건을 나열하라.
3. 삼보선수(연령 및 단계)의 다년 훈련 모델의 특성을 설명하라.
4. 삼보 스포츠 훈련의 목표를 설명하여라.
5. 삼보선수 훈련의 주요 수단에 대한 예를 몇 가지 들라.
6. 삼보선수 훈련에서 시각적인 방법이 어떻게 사용되는지 설명하여라.
7. 삼보 기술 훈련 방법에는 어떤 방법이 적용되는가?
8. 삼보선수의 신체 훈련의 여러 가지 방법을 열거하고 설명하라.
9. 교육적 및 통제 형식의 훈련 세션에서 시간 배분을 어떻게 하는지 예를 들어 보라.
10. 속도와 힘을 개발하는 것을 목표로 하는 훈련 교육은 무엇이며 그 특성은 무엇인가?
11. 삼보 훈련에서 구현되는 성격의 조화로운 발달 원칙은 무엇인가?
12. 삼보 훈련 시기 동안 과학적 원칙 구현의 조건은 무엇인가?
13. 삼보선수 훈련 시기 동안 개별 훈련의 실행 사례를 제시하라.
14. 삼보선수의 어떤 활동 지표가 훈련 모니터링 과정에서 규정될 수 있나?
15. 국제 삼보 시합의 체계를 설명하라.
16. 삼보선수가 경기에 다년간 참여했을 때의 역학적인 특징은 무엇인가?
17. 개인전, 단체전, 개인-단체전 삼보 시합 특성을 열거하라.
18. 삼보 경기 참가자의 권리와 의무는 무엇인가?
19. 삼보 경기의 결과는 어떻게 결정되나? 한판승과 우세 승의 예를 들라.
20. 경기 중 메치기 기술 평가 기준을 열거하라.
21. 경기 참가자의 안전을 위한 규정은 무엇이 있는가?

3장
응용 스포츠 훈련 시스템 (컴벳 삼보)

컴벳 삼보는 호신술, 공격 기술 및 경기 원칙을 연구하고 개선하는 것을 포함한다. 컴벳 삼보 경기는 선 자세(메치기, 통증기술, 조르기, 타격)와 누운 자세로 기술 동작을 적용할 수 있다.

스피리도노프는 1928년에 처음으로 삼보 규칙을 개발했다. 독일과 러시아 선수 간의 친선 경기가 1928년 8월 총연합 스파르타키아드(All-Union Spartakiad)에서 시행된 규정에 기반하여 열렸다.

현대 컴벳 삼보(스포츠 삼보와 비교)에서는 유니폼이 변경되었다(그림 36). 유니폼에는 헤드가드, 마우스피스, 하드 국부보호대, 장갑(타격 및 잡기용), 정강이 패드(레슬링 슈즈 끈 커버)가 포함된다.

그림 36. 승자 발표

컴벳 삼보에 참가하는 사람들은 파이터라고 부른다(선수가 아님). 이것은 기술 및 전술적 무장이 실제 격투 조건과 최대한 근접하기 때문이다.

삼보 경기 기술과 전술을 연구하기 위해서는 우선적으로 스포츠 삼보 훈련을 통과해야 한다. 이때 메치기, 누르기, 팔과 다리 통증기술 기술을 마스터할 것이 요구된다. 높은 강도의 훈련 및 시합에 대한 부하를 위해 신체를 준비해야 한다. 삼보 대회 체계를 연구하기 위해서는 발달된 의지력, 도덕적 및 지적 능력이 있어야 한다.

3.1. 컴벳 삼보의 기본 기술

삼보 경기에는 두 가지 기술 동작 그룹이 있다. 한 그룹은 선 자세(스탠드)에서 수행되고 다른 그룹은 누운 자세에서 수행된다.

서 있는 자세 기술 동작

- 팔, 다리, 몸으로 메치기(그림 37).
- 두 팔을 이용한 통증기술.
- 두 팔과 팔뚝으로 목조르기.
- 타격(주목, 팔꿈치로), 킥(발, 무릎으로).

누운 자세 기술 동작

- 굳히기.
- 두 팔, 두 다리를 이용한 통증기술.
- 두 팔(손, 팔뚝)과 두 다리를 이용한 목조르기.
- 타격(주먹과 팔꿈치로), 킥(무릎으로).

그림 37. 효도르 예멜리아넨코가 메치기를 하고 있다

파이터 기술 훈련의 특징

파이터의 기술 훈련을 조직할 때는 신체적 준비 부족, 정신력 결핍, 충분한 연습 동작의 부족은 바로 부상과 연결됨을 명심해야 한다.

파이터는 훈련 조건에서 상대방을 넘어뜨리거나 보호할 때 스스로를 보호하는 기술을 갖고 있어야 한다. 파이터의 기술 무기는 다양해야 한다. 기술 습득이 불충분하면 기술을 결합하고 기술 요소를 결합할 수 있어야 한다. 예를 들어, 공격 시작 시 또는 타격에 대한 방어 후에 메치기를 사용할 수 있다(표 21).

표 21

컴벳 삼보의 타격에 대한 방어 행동의 유형

(I.L. Tsipurskiy에 따름, 2004)

번호	방향	상대 공격-타격	블록-방어 (타격 정지)	수비 후 메치기	끝내는 통증기술
1	직접	a) 가까운 왼손으로 직접 강타 b) 가까운 오른손으로 직접 강타	반대쪽 손 안쪽과 잡기에 겹치기	상대 다리 앞쪽 걸기	서서 팔꿈치 레버
2	직접	a) 가까운 오른손으로 직접 강타 b) 가까운 왼손으로 직접 강타	같은 쪽 손 안쪽과 잡기에 겹치기	무릎을 구부리고 상대의 다리 잡기(히트)	서서 무릎 또는 팔꿈치 레버
3	옆으로	a) 가까운 왼손으로 측면 강타 b) 가까운 오른손으로 측면 강타	블록-상대의 손을 반대쪽 손으로 잡기	a) 오른쪽 발뒤꿈치 b) 왼쪽 발뒤꿈치	어깨 노트 또는 팔꿈치 레버
4	옆으로	a) 먼 오른손으로 측면 강타 b) 먼 왼손으로 측면 강타	블록- 상대의 손을 반대쪽 손으로 잡기	a) 오른쪽 앞 힐 b) 왼쪽 앞 힐	서서 팔꿈치 레버
5	어퍼컷	a) 왼쪽 어퍼컷 b) 오른쪽 어퍼컷	블록-반대쪽 손으로 커버	a) 오른쪽 다리 잡기 b) 왼쪽 다리 잡기	서서 팔꿈치 레버
6	백핸드	a) 왼쪽 백핸드 b) 오른쪽 백핸드	타격 초기 단계에서 블록	a) 왼쪽 허리께 b) 오른쪽 허리께	서서 팔꿈치 레버

컴벳 삼보 경기에서 굳히기를 하면 4점이 부여된다. 굳히기 수행 능력은 상대방이 움직이지 못하도록 만드는 방법을 배우게 되고 격투 상황에 적응할 수 있도록 돕는다. 굳히기를 수행하면서 파이터는 엎드린 자세에서 타격, 통증기술, 조르기 기술을 계속 할 수 있다. 컴벳 삼보 경기에서 조르기 기술은 선 자세 또는 누운 자세에서 허용된다. 조르기 및 통증기술을 수행 하려면

추가적인 준비 동작이 필요하며, 메치기나 타격 같이 경기하는 동안 순간적인 효과는 없다. 조르기를 할 때 공격수는 수비수의 움직일 수 있는 자유를 완전히 통제해서 항복신호를 받을 수 있어야 한다. 조르기의 실행은 바로 '한판승'으로 이어진다.

통증기술은 누운 자세로 경기할 때 상대방을 좇는 방법으로 폭넓게 사용될 수 있다.

보통 팔과 다리 통증기술은 끝내는 기술로 수행된다(표 22).

표 22

컴벳 삼보에서 킥 방어 행동의 유형

(I.L. Tsipurskiy에 따름, 2004)

번호	방향	상대방 공격-핸드 강타	블록-방어(타격 정지)	수비 후 메치기	끝내는 통증기술
1	직접	먼 다리로 직접 킥: a)오른쪽 다리로 b)왼쪽 다리로	같은 쪽 팔뚝 바깥으로 다리 잡기	같은 쪽 다리 아래 드로잉으로 걸기	서서 아킬레스건 옭아매기
2	직접	가까운 다리로 직접 킥: a)왼쪽 다리로 b)오른쪽 다리로	팔뚝 바깥으로 블록	뒷다리 걸기	서서 통증기술을 위해 빠르게 달리기
3	측면	아래쪽 겨냥한 사이드 킥: a)왼쪽 다리로 b)오른쪽 다리로	반대쪽 정강이로 블록	반대쪽 다리로 안에서 페어링	팔꿈치 레버 또는 아킬레스건 크러시
4	측면	중간과 위를 겨냥한 사이드 킥: a)왼쪽 다리로 b)오른쪽 다리로	양쪽 팔뚝으로 블록 뻗은 팔과 팔뚝으로 블록	같은 쪽 다리의 뒷다리 걸기(앞으로 다리 걸기) 정강이를 잡고 "파테르"로 트위스트해서 자세 바꿈	팔꿈치 레버 무릎 안쪽 레버
5	밖으로	앞 발의 바깥 끝으로 킥 (사이드 킥) a)왼쪽 다리로 b)오른쪽 다리로	뒤로 물러선 뒤(기운 몸통) 잡기	뒷다리 걸기. 상대방의 다리 자세에 따라 다름: 다리가 가깝거나, 멀거나, 다른 쪽 다리거나	팔꿈치 레버 또는 어깨 노트

번호	방향	상대방 공격-핸드 강타	블록-방어(타격 정지)	수비 후 메치기	끝내는 통증기술
6	밖으로	가까운 다리 바깥 끝으로 킥(사이드 킥): a)왼쪽 다리로 b)오른쪽 다리로	반대편 다리 엉덩이로 겹치기	같은쪽 다리 뒷다리 걸기	팔꿈치 레버

타격 기술

타격은 인체의 한 부분인 손, 다리 또는 머리로 수행하며 규칙에 의해 특정 속도 및 특정 강도로 직선 또는 곡선 궤적이 허용되는 기술 동작이다. 타격은 다양한 초기 위치(서서(그림 38)와 누워서)에서 수행할 수 있다.

기술적인 동작을 한 후에 상대방이 균형을 잃어버리고 몸의 일부가 매트 위에 닿으면(규칙에 따라) 타격이 평가된다.

컴벳 삼보 경기에서 타격 기술은 주로 타격과 킥으로 하며, 박치기를 할 때도 있다. 보호 장비(헤드가드)가 있지만 타격을 하면 녹아웃이나 녹다운의 결과를 낳는다.

녹아웃은 선수의 상태가 일시적으로 다운되어 10초가 지났음에도 경기를 계속할 수 없을 때를 말하며 때로는 타격으로 인해 의식을 잃을 수도 있다. 경기 도중 기절한 경험이 있는 선수는 더 이상 기대감을 받지 못한다.

그림 38. 타격을 위한 초기 자세
(효도르 예멜리아넨코)

녹다운은 타격으로 인해 스스로 방어하는 능력을 일시적(최대 10초)으로 상실했을 때를 말한다. 선수가 완전히 회복하면 시합 자리에 선다.

타격은 주먹의 어떤 부분으로도 수행할 수 있다(손바닥 아랫부분 제외). 팔꿈치로는 머리의 앞부분과 옆구리, 몸, 팔, 다리뿐만 아니라 사타구니도 칠 수 있다.

킥은 무릎, 정강이, 발, 발 뒤꿈치로 머리의 앞쪽과 옆(상대방이 다리를 잡으려고 할 때 무릎 반대 타격을 제외하고), 몸, 다리(엉덩이 또는 정강이 안과 바깥 부분), 사타구니를 친다.

상대방도 누운 자세일 때 누운 자세에서 타격, 킥, 박치기를 할 수 있다(머리 뒤통수, 목과 등, 허리, 꼬리뼈 제외).

머리 또는 쇄골을 겨냥한 반격을 제외한 팔꿈치 타격이 허용된다.

공격수와 수비수에게 권투용 헤드 가드가 장착 되어 있는 경우 박치기가 허용된다.

메치기 기술

스포츠 삼보와 같이 모든 종류의 메치기가 허용된다(그림 39).

누운 자세에서 시합하는 기술

선수는 삼보에서 허용되는 누운 자세 및 선 자세의 통증기술을 배우며, 팔을 뒤로 돌리는 통증기술도 배운다. 컴벳 삼보 경기에서의 통증기술의 특징은 공격수가 통증기술을 시행하는 동안 서 있는 자세로 움직일 때 경기가 중단되지 않는다는 것이다. 이 위치에서 공격당한 선수는 머리를 제외하고 상대방을 매트에 쓰러뜨림으로써 자신을 방어할 수 있다.

조르기 기술은 정상적인 호흡을 방해하거나 의식 상실을 초래하는, 목에 영향을 미치는 기술 동작이며, 누운 자세 및 서 있는 자세로 수행된다. 조르기 기술은 팔, 다리 및 옷으로 수행할 수 있다.

팔을 이용한 조르기는 경추가 비틀어지지 않는 범위에서 공격 팔의 팔뚝으로만 해야 한다.

옷을 이용한 조르기는 삼보 상의 덮개로만(벨트 제외) 허용된다.

그림 39. 메치기의 동작

그림 40. 다리 쪽에서 굳히기

다리를 이용한 조르기는 상대편의 손과 함께 목에 힘을 가하는 경우에만 허용된다.

굳히기 - 규정으로 허용되는 굳히기는 모두 수행할 수 있다(그림 40).

컴벳 삼보 경기에서 타격에 대해 점수를 주는 체계는 파이터들이 타격만 해야겠다는 생각을 버리게 하였다. 타격으로 상대방이 녹아웃 되게 하는 것은 상당히 어렵다. 이기는 타격은 보통 일련의 다른 기술적인 동작과 조합해서 한다.

시합에서 기술적 동작의 평가

삼보 경기에서의 기술 동작은 다양하다. 이전에 다른 스포츠 경기를 했던 선수가 컴벳 삼보를 배우는 경우가 종종 있다. 파이터는 자신이 가지고 있는 최상의 기술을 적용하여 상대방을 이길 수 있다.

컴벳 삼보 경기에서는 다음과 같이 기술 동작에 대한 점수가 규정되어 있다(표 23).

컴벳 삼보 경기에서 이기는 행동은 타격 전(또는 후에) 수행된 메치기, 통증기술 또는 조르기 기술이다. 컴벳 삼보 기술에 있는 메치기 그리고 타격의 존재는 실제 격투 상황과 경기가 서로 유사하다.

시합에서의 기술 동작의 점수

표 23

번호	판정	내용
1	한판승(경기조기종료)	1) 녹아웃, 녹다운 두 번 2) 한판 메치기 혹은 상대 선수를 타격으로 넘어뜨리기, 이때 공격 선수는 선 자세를 유지 3) 조르기 4) 통증기술 5) 8점 이상의 점수 차로 인한 확실한 우세 6) 경기 불능(경기 거절, 부상, 의료 처치 시간 초과) 7) 규칙 위반으로 인한 자격 박탈
2	4점	1) 선 자세에서 넘어지면서 메치기 또는 타격으로 상대 선수가 등을 댄 자세로 넘어짐 2) 메치기 시도하여 상대 선수가 넘어져서 옆구리가 바닥에 닿고 공격 선수는 선 자세를 유지 3) 20초간 굳히기 4) 녹다운
3	2	1) 메치기, 타격하여 공격자가 넘어지면서 상대 선수의 옆구리가 바닥에 닿거나 반 교각자세로 넘어지는 경우 2) 메치기, 타격하여 공격자가 넘어지지 않고 상대 선수의 가슴, 배, 엉덩이, 허리, 어깨가 바닥에 닿은 경우 3) 상대방 선수가 경고를 2번 받았을 때 4) 굳히기 10초 이상 20초 미만
4	1점	1) 메치기, 타격하여 공격자가 넘어지면서 상대 선수의 가슴, 배, 엉덩이, 허리, 어깨가 바닥에 닿은 경우 2) 상대방 선수가 경고를 1번 받았을 때
5	주의	1) 삼보 규칙에 의거 2) 공격을 당하는 선수가 배가 바닥에 닿은 자세에서 소극적으로 방어를 하는 경우
6	경고	1) 삼보 규칙에 의거 2) 상기 주의(2)항목을 반복하는 경우

3.2. 전술적 훈련

파이터들이 컴벳 삼보 대회에 참여하려고 한다면, 그들의 경기를 위한 활동은 다음을 기반으로 해야한다.
- 정신적, 신체적 능력을 최상으로 만든다.
- 준비 상태를 시범을 보이거나 비교를 해본다.
- 규정에 의해 명시된 조건에서 승리를 만들어야 한다.

시합에서 이기려면 파이터가 얻은 전체 기술 및 전술 무기를 사용해야 한다. 경기 참가 전략, 경기 전술 및 기술 수행의 전술을 연구하고 향상시키는 것이 필요하다. 이러한 전술 지식, 능력 및 기술은 다년간의 삼보 훈련 체계에서 형성된다.

컴벳 삼보 파이터의 기술 무기가 스포츠 삼보보다 훨씬 광범위하다고 간주할 때(타격, 조르기 기술 포함) 일반적으로 파이터는 몇 가지 기본적인 기술 동작만 수행하여 모든 기술 동작을 습득한다는 것은 어렵다. 이와 관련한 컴벳 삼보 전술의 또 다른 요소는 상대방 기술에 자신의 기술을 적용하는 것이다.

경기의 전술적인 계획을 개발하려면 선수의 유형을 고려해야 한다.
- 주로 타격으로 공격하는 파이터는 상대방과의 거리가 멀리 떨어져 있는 상태에서 움직인다. 공격은 킥(정강이, 무릎)에서 무효화되어야 한다. 타격 후에는 상대의 팔을 고정 잡기로 막고 메치기 기술을 적용하고 누운 위치에서 공격을 끝내야 한다.
- 팔과 다리로 공격하는 파이터는 대체적으로 오랫동안 싸우는 것을 선호다. 타격으로 공격을 중지시켜야 한다. 일시 정지하면 선수의 상의를 잡을 수 있으며, 그때 서서 통증 기술 공격을 하거나 누운 자세로 만들어 팔이나 다리 통증기술이나 조르기 기술로 공격을 마무리할 수 있다.
- 상대방의 몸을 사용하는 좋은 메치기 기술을 가지고 있는 파이터가 있다. 이런 파이터는 가까운 거리에서 자신감을 느낀다. 이런 상대의 공격은 킥으로 멈추게 하여야 한다. 잡은 것을 놓치면 안되며, 보통 이러한 선수는 매우 강하고 팔을 잡기로 고정하기가 어렵

다. 상대방을 잡고 다른 방향에서 공격하려고 시도하고, 누운 자세로 상대를 공격하고 조르기 기술과 통증기술을 적용해야 한다.
- 스포츠 삼보 기술을 잘 아는 파이터는 대부분의 경우 서서 타격 및 누워서 조르기 기술로 역공할 준비가 되어 있기 때문에 이런 상대방과는 먼 거리에서 싸워야 한다. 조르기 기술은 상대방을 누운 자세를 바꾸는데 성공적으로 적용될 수 있다.

보편적으로 파이터들은 삼보의 경기 기술과 전술을 효과적으로 사용한다. 모든 파이터는 메치기 및 공격 기술을 완전하게 익히고 통증기술 및 조르기 기술을 적용하여 공격을 종료할 수 있어야 한다. 자신의 개별 스타일의 경기를 만드는 것이 중요하다.

3.3. 신체 훈련

컴벳 삼보 훈련을 할 때에는 신체 훈련에 상당한 주의를 기울여야 한다. 파이터가 하는 훈련은 체력의 발달을 목표로 하며, 이는 경기 중 구체적인 상황에서 확실하게 나타난다.

실제 경기의 요소와 외부적으로 유사한 비슷한 동작을 연습한다고 하더라도 훈련 및 경기활동에서의 성공적인 수행을 보장하는 것은 아니다. 파이터의 특별한 신체 능력의 발달을 위하여 다른 기술과 전술이 있는 경기에 참여하기도 한다. 그러한 경기 유형은 다음과 같다.
- 특별한 힘 - 훈련 수준이 낮은 상대와의 경기, 적은 시도로 더 많은 점수를 얻는 것이 임무이다.
- 특별한 체력 - 에너지 절약을 목표로(중간 강도의 긴 경기) 최대 20~30분까지 한다.
- 특별한 민첩성 - 훈련 수준이 낮은 파이터와의 시합, 임무는 여러 그룹의 기술을 수행하고 누운 자세에서 상대를 쫓는다.
- 특별한 속도 - 최소한의 시간에 기술을 수행하는 임무를 준다.
- 특별한 유연성 - 훈련은 넓은 운동 진폭(스윙)으로 메치기를 수행한다.

파이터의 능력을 향상시키려면 체중이 더 무거운 상대 및 더 가벼운 상대방과 싸우는 것이 좋다. 파트너의 기능을 합리적으로 사용하면 시합 중 신체의 특수 체력이 향상된다.

3.4. 심리적 훈련

컴벳 삼보 훈련 및 경기 중에는 기술 동작이 까다롭지만 파이터는 상대방에게 적대감을 보여서는 안 된다. 기술 및 전술적 행동을 수행할 때 과도하게 심각하면 안되고 일대일 격투에서 지나친 공격성을 보여줘서는 안된다.

파이터의 정서적 반응과 감정은 스포츠 활동에 영향을 준다. 주요 감정 유형은 아래와 같다.

- '전투 영감'(스포츠 영감)은 파이터가 에너지 폭발, 성공에 대한 확신, 적극적으로 싸우려는 욕망을 특징으로 하는 강도의 특별한 향상 상태이다.
- '스포츠 열정'은 시합의 결과에 영향을 준다. 이 상태는 심리적 결단과 힘의 집중, 성공을 위한 노력, 주된 목표 달성을 위한 힘의 합리적인 분배를 특징으로 한다. 스포츠 열정의 상태에서 파이터는 피로와 고통을 느끼지 않으며, 승리만을 위해 노력한다. 스포츠 열정은 '스포츠 흥분' 상태가 될 수 있다. 스포츠 열정의 상태에서 심리적 안정성이 때때로 방해받으며 부적절한 결정이 내려 질 수 있다.
- 파이터의 '스포츠 흥분' 상태는 최적의 한계를 초과하여, 때로는 무례하고 잔인해질 수 있다(수단과 방법을 가리지 않고 승리해야 하기 때문이다.). 파이터가 위험한 기술을 수행하고 스스로 다칠 수 있는 경우도 있으며, 스스로 옳지 않은 결정을 내릴 수도 있다. 라이벌 파이터(파트너)의 관심을 무시하고, 외상을 입히거나 모욕하는 것은 허락되지 않는다. 그렇게 하면 스포츠의 도덕성이 파괴되기 때문에 어떤 감정도 '페어 플레이' 규칙 위반을 정당화할 수 없다.
- '스포츠 분노'는 경기에서 실패하면 발생하는 파이터의 상태이다. 보복과 실수에 대한 보상을 열망하게 된다. 이러한 종류의 '분노'는 남아있는 기능적 능력을 최대한 동원하게 하고, 상대와의 경기에서 최대한의 노력을 하게 하는 등 승리를 위한 노력으로 변할 수 있다.
- '스포츠 경쟁심'은 대립 조건에 따라 만들어지는 특별한 느낌이며 승리를 한 경우 보상이

그림 41. 상대방 존중

된다. 이러한 감정은 다른 파이터보다 자신이 우세하다는 것을 표현하려는 열망이다. '스포츠 경쟁심'은 자신의 능력을 평가하고 상대방 능력과 비교한다.

파이터는 도덕적 감정을 드러내는 것이 중요하다. 그 중에서 가장 중요한 것이 '스포츠 이상'이다. 공정한 경기에 충실하고, 도핑을 하지 않고, 자신의 조국을 명예스럽게 하는 것이 그것이다. 이것을 기반으로한 뛰어난 스포츠 업적에 대한 동기 부여가 뛰어난 파이터를 만든다. (그림 41).

'스포츠 고귀함'의 느낌은 파트너, 상대방, 코치 및 주변 사람들과 관련하여 파이터에게서 나타나는 것이다. 경기 활동, 경쟁 활동, 일상 생활(컴벳 삼보 훈련 외의)에서의 파이터의 행동은 도덕적 규범을 준수해야 한다.

'스포츠 영예'는 국가대표가 되면 실행된다. 이 높은 감정은 삼보 파이터들의 도덕적인 덕목에 대한 대중의 인정과 관련이 있다.

'스포츠 자부심'은 스포츠 결과에 만족하는 파이터의 경험과 관련이 있다. '스포츠 자부심'은 자만심과 분리되어야 한다.

코치는 파이터의 심리적 훈련을 통제해야 한다. 훈련이나 경쟁 활동 상황에서 파이터가 나타내는 감정을 모니터 해야 한다. 필요한 경우 파이터의 감정을 고쳐주고 파이터가 자부심을 가질 수 있도록 해야 하고 감정 상태를 조절하는 방법을 가르쳐야 한다.

3.5. 훈련 과정의 조직

컴벳 삼보에서 훈련 레슨은 파이터가 경기를 치르기 위해서 준비시키는 과정에서 행하는 훈련의 주요한 형태이다. 복잡한 상황(예: 상대가 상의를 입지 않고 기술 동작을 취하는 경우)에서 기술을 수행하는 훈련을 주로 한다(그림 42). 훈련 레슨은 파이터가 경기를 치를 때 필요한 것들로 구성된다.

컴벳 삼보 대회는 실제 격투에 가장 근접한 것으로 알려져 있다. 컴벳 삼보 경기는 두 가지 방법으로 승자를 결정한다.

- 기술 동작에 대한 점수의 합.
- 기술적인 제한을 최소한으로 한 '종합 격투'의 성격으로 경기를 할 경우에 점수의 합은 제외될 수 있음.

컴벳 삼보 레슨은 과제별로 세 가지 그룹으로 나눈다.

교육적 과제는 파이터의 기술 및 전술적 행동을 개발하는 것을 목표로 한다. 레슨 중에 기술 훈련을 배우는 것에 주의를 기울인다(타격, 메치기, 누운 동작에서의 행동). 이를 위해 다양한 방법이 사용된다.

- 타격 기술에서 메치기 기술로의 전환을 목표로 한 훈련 방법(반대의 경우도 마찬가지).

그림 42. 효도르 예멜리아넨코 - 복잡한 상황에서의 기술 연습

그림 43. 복잡한 상황에서 누운 자세로 기술 개발

근접 격투(잡기, 움직임)로 들어가기 위한 행동을 배운다.

- 기술 및 전술적 행동(안정성 및 운동의 다양성에 중점), 기술 동작의 질(순차 배열, 결합성)을 향상시키는 방법.
- 잡기와 굳히기에서 벗어나기, 타격과 메치기에 잡기가 혼합된 상태에서 싸울 때의 행동을 배우고 개선하는 방법.
- 외상의 가능성이 매우 높은 응용 기술 동작(스포츠 삼보에서는 금지)을 연구하는 방법. 이런 동작을 배울 때는 운동 설비와 장치들을 사용한다. 파트너와 시도할 때에는 일차적으로 정확하게 동작을 구사하고, 적용하는 기술이 50~60%가 되게 노력하며, 부상을 입지 않을 정도의 횟수로 연습을 반복한다.

발전 과제는 다음을 강화한다.

- 운동 설비나 장치를 이용해서 훈련을 하거나 스파링 파트너와 훈련을 하여서 복잡한 동작에 대한 반응(움직이는 물체에 대한 반응과 반응의 선택)을 보다 잘 할 수 있도록 파이터의 신체를 단련한다.
- 복잡한 조건(그림 44)에서 서서 또는 누운 자세에서 기술을 수행할 때 최소한의 시간으로 신체적 자질(힘, 속도, 체력, 유연성)을 최대한으로 보여줄 수 있도록 파이터의 신체

를 특별하게 단련한다.

정신 교육적 과제는 다음 사항에 기여한다.
- 애국심의 표현(조국을 지킬 수 있는 능력).
- 극한 격투 상황(상대방의 최대 저항, 피로한 상화에서의 훈련 등)에서 승자의 성격 형성.

훈련 레슨에서 이러한 임무를 해결하면 매우 효과적인 파이터 훈련 과정을 조직할 수 있다. 구성 요소는 다음과 같다.

타겟 구성 요소

컴벳 삼보 레슨은 훈련 목표의 명확한 정의(삼보 연습의 목적은 무엇인가?)가 있어야 하며 각 훈련생이 이러한 목표를 이해해야 한다. 컴벳 삼보의 학습 목표에는 코치 및 파이터가 달성해야 하는 이상적(심리적) 결과가 있다.

삼보 경기의 기술과 전술을 공부하는 실제적인 목적을 위해서는 각 파이터에 대한 개별적인 접근이 필요하다. 파이터는 기술과 행동을 수행할 때 자제력이 형성되고, 외상 상황에서 과제 수행을 적시에 종료할 수 있어야 한다.

욕구와 동기 부여 요소

컴벳 삼보 레슨은 파이터의 개인적 특성 개발 및 형성에 기여해야 한다.

파이터는 풍부한 경기력을 갖춘 삼보의 기술적인 무기를 배울 필요가 있다. 기술 훈련의 한 측면(예: 타격 기술)에만 우선 순위를 부여할 수는 없다. 동시에, 본인의 마스터 기술을 완벽하게 해야 한다. 그러한 필요성은 파이터가 동기(자기 개선과 자기 충족)를 형성하고 배운 행동을 습득하는데 관심을 표명할 때 발생하다. 코치는 파이터의 지식과 무지 사이의 내부 모순을 자극해야 한다. 다른 상황에서 배운 행동을 적용할 수 있다는 것을 기억하는 것이 중요하다. 아래와 같이 문제가 되는 세 가지 상황을 제시해서 훈련을 하면 좋다.
- 상대의 역량이 알려지지 않은 상황(기술적, 전술적, 물리적).
- 경기의 전술과 관련된 상황(상대방이 사용하는 행동과 그에 반응하는 방법).

- 상대방이 자신의 마스터 기술(타격, 메치기, 통증기술 및 기타)을 보여주는 상황.

실질적인 구성 요소

훈련 프로그램에 의해서 컴벳 삼보 훈련의 내용을 결정한다. 기술 및 전술적 행동을 정확하게 구현하는 파이터는 상대방을 압도할 수 있다.

상대 파이터가 허가된 타격과 메치기를 하였는데 파이터의 상태 변화에 대한 가시적인 결과가 없으며 더 나은 공격을 계속할 수 없음을 알게 해주는 것을 **기술적 우세**라고 한다.

실질적인 우세는 타격, 메치기, 통증기술 또는 조르기 기술의 결과로 획득하며, 공격 또는 반격 후 상대의 상태로 판단한다. 그 상태는 녹아웃, 상대방이 항복, 녹다운, 상대방이 메치기를 당함(옆이나 등으로), 상대방이 엎드림(어깨, 허리, 엉덩이, 배) 등이 있다.

훈련 레슨에서, 경기의 조건과 관련하여 필요한 이론적 지식의 양을 정하고 파이터가 새로운 행동을 배우고 마스터해야 하는 기술과 능력을 결정하는 것이 중요하다.

운영적 활동 관련 구성 요소

배운 운동 동작을 습득을 위해 가장 중요한 요소는 자신이 행한 행동에 대한 이해(배우고 있는 동작의 외부 특징 분석, 수행하는 운동 논리, 동작 교정)이다.

운동 동작을 배우기 위한 훈련 레슨을 조직할 때에 다음도 같이 이루어져야 한다.
- 이론 습득.
- 기술적 및 전술적 동작 실습 훈련.
- 기술과 능력을 향상시키기 위해 배운 동작을 반복, 일반화 및 체계화.

감정적 및 의지적 구성 요소

현대 컴벳 삼보 훈련은 레슨에 대한 파이터의 감정적 태도와 의지적 노력이 훈련 과제를 수행할 때 반드시 나타난다.

컴벳 삼보 훈련을 하는 동안의 감정은 트레이닝의 성격을 표현해준다. 트레이닝을 할 때 훈련생은 기술 및 전술적 훈련, 파이터의 신체적 및 감정적 훈련, 그리고 트레이닝 과제를 수행할 때 행하는 의도적인 동작 등 컴벳 삼보에 대한 포괄적인 정보에 관심을 보인다.

통제 및 조정 구성 요소

컴벳 삼보 훈련 체계에서의 통제와 격려는 기술적 및 전술적 행동을 습득하고 파이터들이 자기통제를 유지하도록 하기 위해서 수행된다. 훈련 활동의 통제는 또한 파이터의 개인적 특성과 능력을 고려하여서 이루어져야 한다. 준비가 잘 된 파이터는 복잡한 상황에서도 추가적으로 어려운 훈련을 수행할 수 있다. 준비가 잘 안 된 파이터는 표준 조건에서 훈련을 수행해야 한다.

판정 및 결과 구성 요소

훈련 수준에 대한 정기적인 평가 및 자체 평가를 통해 파이터가 일정한 목표를 달성했는가는 물론 훈련 과정의 단점을 찾아 주어야 한다. 교육학적 관찰이 가장 효과적이다. 컴벳 삼보 경기가 계속되는 공격, 수비, 반격 액션을 포함하는 여러 에피소드로 구성된다는 것을 고려하면 특정 파이터에게 개선이 필요한 훈련 부분을 계획할 수 있다.

3.6. 스포츠 커리어 모델링

스포츠 커리어는 높은 성과를 목표로 하는 다년간의 스포츠 활동과 하나 또는 그 이상의 스포츠에 대해서 파이터가 완벽해지기 위해서 지속적으로 노력하는 것과 관련이 있다.

스포츠 커리어에는 어떤 스포츠인가에 상관없이 기본적인 발전 방향을 가지고 있다. 삼보에서의 스포츠 커리어는 두 가지 방향, 즉 대중 스포츠(모두를 위한 스포츠)와 엘리트 스포츠로 기본적인 발전 방향을 잡고 있다.

대중 스포츠로서 삼보 활동은 학생들, 그리고 미래 직업(군 복무, 특별 서비스)을 위해 삼보를 배우는 젊은 사람들을 모두 아우른다.

엘리트 스포츠는 아마추어와 프로 삼보로 나눈다. 아마추어 삼보는 대륙 및 세계파이터권

대회에서 최고의 스포츠 결과를 얻는 것을 목표로 한다. 프로 삼보는 상업 대회에서의 성공을 목표로 한다. '프로' 스포츠와 '아마추어'와 다른 것은 프로는 비지니스의 법칙을 따르는 것이고 아마추어는 스포츠의 법칙을 따른다는 것이다.

수슬로프(F. Suslov)와 홀로도프(J. Kholodov)(1997)에 의하면 200만 명의 어린이와 청소년들 중 34,500명만이 고도로 숙련된 운동 선수가 된다. 그러므로 훈련생의 약 2%만이 엘리트 스포츠로 진출한다고 말할 수 있다.

삼보 훈련을 할 때 스포츠 커리어 발전 방향을 미리 고려해 두면 좋다. 첫 번째 방향은 대중 스포츠로서 삼보 훈련을 하고, 아마추어로서 엘리트 스포츠, 다음에 프로로서 엘리트 스포츠를 지향하는 것이다.

두 번째 방향은 다양한 유형의 격투기를 배우다가 삼보를 전문적으로 배워 아마추어 삼보선수가 되고 이후 프로 삼보선수로 전환하는 것이다.

삼보 파이터의 스포츠 커리어 개발 과정에서는 대중 훈련이 엘리트 스포츠(아마추어 삼보)가 될 수 있다고 간주된다. 아마추어에서 프로로 전환하는 삼보 파이터는 삼보 스포츠에서 전형적인 것은 아니다.

스포츠 커리어 개발의 특징

<u>빠른 시기에 '스포츠 훈련'을 시작.</u> 대개 유치원 또는 초등학교 연령에서 시작한다. 아동 스포츠 커리어의 이러한 개발은 전형적으로 '스포츠' 가족에게서 볼 수 있다. 이 경우 부모가 스포츠 분야에서 자녀의 미래를 계획하는 경우이다.

<u>전문화된 스포츠의 조기 교육</u>은 체조, 피겨 스케이팅, 다이빙, 싱크로나이즈드 스위밍 등의 스포츠에서 전형적으로 나타난다. 스포츠가 발달한 현대에는 격투기의 경우에도 일찍 시작하는 경우가 있다. 5~6세의 어린 선수들을 프로그램에 따라 훈련을 시작할 수 있다.

<u>상대적으로 빠른 스포츠 결과 달성.</u> 격투기의 경우 어린이와 청소년들 시합(팀 또는 개인 챔피언십)이 있어서 그곳에서의 승리를 경험할 수 있다.

스포츠 커리어 개발 단계와 신체 발달 단계(아동기, 청소년기, 성장기)를 함께 발전시킬 수 있다. 이 나이 때에는 신체의 형태와 기능이 발달하게 되는 시기이다. 이때 운동을 하게 되면

개인의 능력의 발달에 큰 영향을 주게 된다.

스포츠 커리어 개발은 일사천리로 해나갈 수 있다(선수는 아동기, 청소년기, 청년기, 성인기에 각각 우승을 하면서 국가대표가 될 수 있다). 또는 단계별로 나아간다(체계적으로 우승하지는 않았어 국가대표가 될 수 있다). 이러한 파이터는 아동기와 청소년기에 리더가 되지 않았어도 이후에 맞는 조건을 갖추어서 가장 강한 선수가 될 수도 있다.

스포츠 커리어는 정기적인 수입이라는 측면에서 보면 부분적으로 '프로'라고 할 수도 있다, 항상 프로적인 태도를 필요로 한다.

언제 스포츠 커리어를 끝내고 스포츠에서 은퇴해야하는지는 불확실하다. 커리어의 지속 시기는 객관적인 요소(성취 역학, 부상의 결과, 수입 보장 등)와 주관적인 요소(심리적 피로, 다른 활동으로의 전환 등)에 의해서 결정된다.

효도르 예멜리아넨코(FEDOR EMELIANENKO)

유도 경력:

1997년 러시아 전국 유도챔피언십 우승자이며 러시아 올림픽 유도팀 국가대표였다(이 팀에서 가장 우수했던 선수는 이후 올림픽에서 두 번 수상한 트메노프(T. Tmenov), 두 번째는 미하일린(A. Mikhailin), 세번째가 효도르 예멜리아넨코였다).

1998 - 23세 이하 러시아 챔피언, A시리즈 토너먼트 상.

1999 - 이스탄불 유럽선수권대회 러시아대표로 금메달, A시리즈 국제 토너먼트상(Moscow, Sofia)

삼보 경력:

1998 - 러시아 전국삼보챔피언십 수상.

1999 - 하를람피예프 국제대회(Kharlampiev Memorial International) 'A' 토너먼트 챔피언.

컴벳 삼보 경력:

2002 - 세계 챔피언(그리스).

2002 - 앱솔루트 세계 챔피언(Absolute World Champion)(파나마).

2005 - 세계 챔피언(체코).

2007 - 세계 챔피언(체코).

MMA 경력:

2001 - RINGS 헤비급 세계챔피언(도쿄). 앱솔루트 세계 챔피언.

2002 - 가장 권위있는 MMA인 프라이드 격투기 챔피언십(Pride Fighting Championships)진입.

2003, 2004, 2005, 2006 - PRIDE 앱솔루트 세계 챔피언.

스포츠 종목을 바꾸면 스포츠 커리어를 연장할 수 있다. 좋은 예가 효도르 예멜리아넨코의 스포츠 커리어이다. 그는 격투기라는 한 분야의 스포츠 내에서 커리어를 성공적으로 발전시켰다. 여러 스포츠 분야(유도, 삼보, 컴벳 삼보) 및 프로 스포츠로의 전환(그림 44)의 가능성을 보여준다.

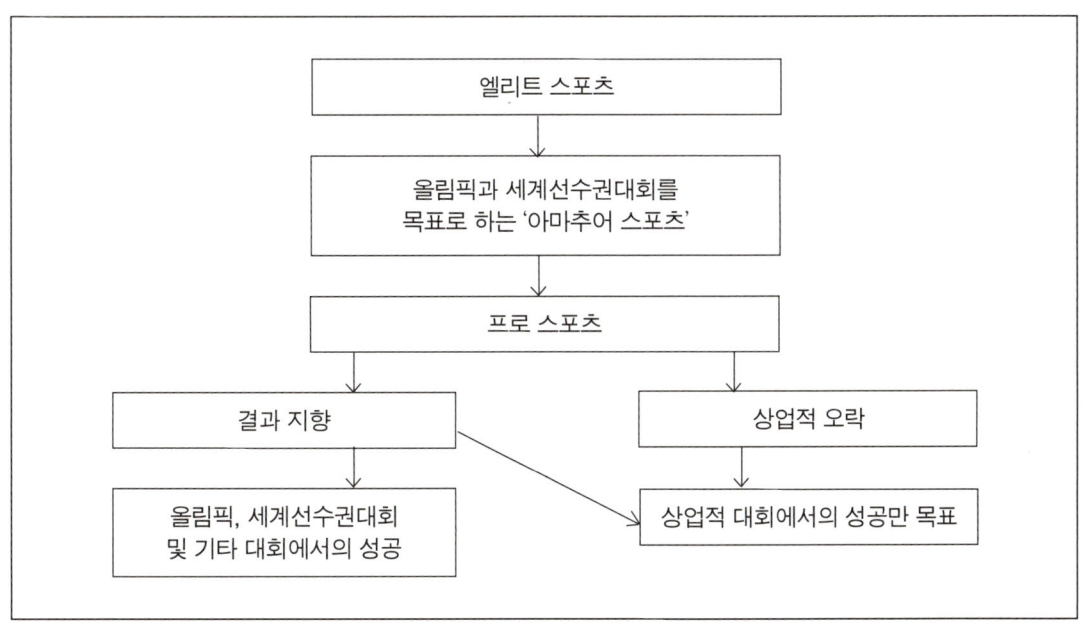

그림 44. 엘리트 스포츠 구조

프로 스포츠는 획일적이지 않다. 아마추어 스포츠와의 주요 차이는 스포츠 법칙(훈련 체계 조직)과 비즈니스 법칙(대회 참가, 광고 계약 수익)에 따라 발전한다는 것이다. 프로 스포츠 종목의 경쟁 체계는 대회 일정의 영향을 받는다. 선수는 한 해에 2~3번만 '스포츠 형태'에 설 것을 과제로 해야 한다.

3장 결론

컴벳 삼보는 전 세계에 많은 추종자가 있다. 이것은 공격 및 수비 행동이 실제 격투와 근사한 경기 방식 때문이다.

컴벳 삼보 기술은 서서 및 누운 자세에서 싸울 때 수행되는 기술을 포함한다. 선수의 기술 훈련에는 메치기 및 타격 기술, 통증기술 및 조르기 기술, 굳히기가 포함된다. 훈련 및 시합에서 기술적인 동작의 적용 범위는 대회 규칙에 의해 엄격히 규제된다.

다양한 기술 동작은 컴벳 삼보 전술(경기 참여 전술, 전술 경기, 기술 수행 전술)에 대한 높은 숙련도가 필요하다. 컴벳 삼보 전술의 또 다른 요소는 선수의 행동을 상대방의 기술 및 전술 무기에 적용하는 것이다.

선수 훈련에서는 특수한 신체 훈련에 상당한 주의를 기울여야 한다. 다양한 스타일의 스파링 파트너와 연습 경기를 한다. 각 연습 경기에서는 동작을 성공적으로 수행하면 훈련 능력이 향상되고 선수의 기술 향상이 촉진되는 특정한 동작의 훈련을 실시한다.

삼보선수 훈련은 심리 훈련에도 큰 관심을 기울여야 한다. 훈련 및 시합에서 발생하는 감정을 통제할 수 있도록 선수를 가르치는 것이 중요하다. 스포츠 영감, 스포츠 열정, 스포츠 흥분, 스포츠 분노, 스포츠 경쟁 등이 내적 통제가 필요한 주요 감정이다. 스포츠 고귀함, 스포츠 영예, 스포츠 자부심을 가져야 한다.

컴벳 삼보 훈련은 신체 및 정신 능력의 복합적인 표현을 요구한다. 선수는 고도로 조직된 다재 다능한 사람이어야 한다. 컴벳 삼보의 다양한 기술 및 전술 무기는 규칙에 따라서만 사용되어야 하며, 훈련 레슨 및 경기 이외에 기술 사용에 대한 책임은 전적으로 선수 자신에게 있다.

3장 정리를 위한 문제들

1. 컴벳 삼보에서 서서 수행하는 경기의 기술 동작을 열거하라.
2. 타격에 대한 방어 행동의 예를 들라.
3. 누운 자세로 싸울 때 수행하는 경기 기술 동작을 열거하라.
4. 메치기 후에 누운 자세로 싸우며 공격을 끝내는 예를 들라.
5. 시합 중의 타격과 메치기에 점수를 부가하는 방법에 대해서 말하라.
6. 경기의 전술적 계획을 수립할 때 어떤 종류의 유형 분류를 사용할 수 있나?
7. 선수의 특수 훈련 수준을 향상시키기 위해 경기에서 해결된 훈련의 예를 들라.
8. 스포츠 활동에서 나타나는 선수의 감정의 종류를 설명하라.
9. 삼보 훈련 과정에서 어떤 스포츠 이상이 형성되어야 하나?
10. 삼보를 연습할 때 스포츠 커리어 개발의 특징을 설명하라.

결론

이 책을 준비하는 데 오랜 시간이 걸렸다. 우리는 삼보 훈련을 구상하고 대회를 조직했던 경험을 바탕으로 삼보선수가 되기 위해 필요한 기본적인 내용들을 모아서 정리했다. 또한 삼보 분야의 유명한 전문가들과 조직원 및 스포츠 종사자, 국내 및 대륙 삼보연맹의 대표, 국제삼보연맹(FIAS)의 전문가들을 만나서 조언을 들었다. 삼보 개발에 대한 각국의 '다양한' 견해는 이 스포츠의 특성을 일반화할 수 있게 해주었다.

삼보는 무엇보다도 신체적, 심리적 단련을 통해서 개인의 인격을 형성하기 위한 수단이라는 것이 중요하다. 삼보의 훈련은 신체적인 발달이 정신적 심리적인 발달과 조화를 이루고 특히 개인의 인격 형성에 많은 영향을 미친다.

현대의 과학기술 발전에 따른 사회 발전은 인간의 운동 활동을 제한하고 자연으로부터 분리시킨다. 그렇기 때문에 특히 삼보 운동이 중요하다. 삼보 훈련을 하게 되면 건강 증진, 질병 예방, 건강한 생활 습관에 대한 의식을 형성할 수 있고 긍정적인 감정을 일으키는 기능이 있기 때문에 각계각층의 사람들(훈련생들)의 관심이 높아지고 있다.

삼보의 사회적 가치는 매년 커지고 있다. 삼보가 사회적으로 많은 관심을 갖는 이유는 건강, 신체적인 완벽함, 여가 활용, 사람들의 사회 활동 증진 및 의사 소통의 발전과 같은 인본주의적 가치와 이상을 삼보가 구현하기 때문이다.

삼보 훈련에 대한 대중적인 관심은 삼보가 신체를 단련시킨다는 것 이상의 의미를 갖고 있다. 삼보는 국가와 민족 간에 우호적인 관계를 만드는데 도움을 준다. 승리를 하게 되면 그 사람뿐만 아니라 지역과 국가가 기뻐하며 패배를 할 경우 모두가 함께 슬퍼한다.

삼보는 인간에게 내재되어 있는 스포츠 활동 능력을 표출해내고 활용하는 것을 목표로 하고 있다. 어린 삼보선수는 훈련 과정에서 용기, 결심, 인내, 훈계, 도덕적 자질, 상대방에 대한 존

중, 정직, 친근함 등 자발적인 자질을 형성함으로써 어려움을 극복하는 방법을 배운다. 삼보 훈련은 실용 가치가 높으며 삼보 훈련을 한 사람들은 복잡한 능력을 필요로 하는 어려운 직업에서 높은 생산성을 가진 노동을 할 수 있다. 삼보 기술을 사용할 수 있는 사람은 또한 신뢰할 수 있는 호신술을 가지고 있다는 것을 의미한다.

삼보는 실제로 호신술의 하나로서 오래 전부터 러시아 경찰과 군인들의 체력 훈련의 일부가 되어왔다. 삼보는 또한 자신의 신체적 특성과 성격 특성을 잘 파악해서 자기제어를 할 수 있도록 해준다. 삼보 훈련을 통해서 얻게 된 심리적 판단력은 어려운 경기 상황에서도 기술 및 전술적 능력을 효율적으로 사용할 수 있게 해준다.

저자들은 삼보 훈련을 개인의 자아실현의 한 방법으로 권장하며 이 멋진 스포츠에 찬사를 보낸다.

용어

경고 - 비신사적 행위와 관련하여 경기 규칙을 위반한 것에 대한 심판의 처벌 전의 예비 행동.

경기 규칙 - 국제삼보연맹이 제정한 삼보대회에 관한 절차와 규칙.

고정(fixation) - 누운 위치에서 싸울 때 기술을 수행하기 위해 특정 위치에 상대를 붙잡는 행동.

공격 - 상대방을 이기거나 우세를 얻는 것을 목표로 하는 빠른 공격.

굳히기 - 공격수의 몸에 의해 눌려진 상대방이 매트에 등이 닿은 자세로 누워있게 하는 동작.

근감각(Muscular sense) - 운동을 느끼는 능력으로 신체의 각 부분의 위치, 근육, 힘줄 및 관절에 있는 수용체의 작동으로 인한 힘을 측정할 수 있다.

기술 - 삼보선수의 기술적인 행동(메치기, 굳히기, 통증기술, 상대를 이기거나 우세를 얻는 것)을 목표로 한다.

기술 버전 - 기본 기술의 일종으로 기본 기능 구조는 일반적인 반면 특정 기능을 포함한다.

누운 자세에서 대결 - 경기 중 한쪽 또는 양쪽 삼보선수가 누워서 규칙에 정의된 기술을 적용(굳히기, 통증기술)하면서 하는 경기의 한 부분.

다리 메치기 - 다리 동작으로 인해 상대방이 떨어지도록 던지는 것. 발목 걸기, 발뒤꿈치, 잡기, 외부 리핑, 오버 헤드 메치기가 있다.

매트 - 삼보선수의 연습과 경기를 위해 특별히 준비된 장소.

매트의 목적 - 떨어질 때 충격을 줄여 부상으로부터 보호. 매트에는 유효 영역과 센터가 표시되어야 한다.

메치기 - 상대가 균형을 잃어버리고 상대방이 매트 위에서 등으로 떨어지게 만드는 삼보의 기술. 메치기의 질은 수비선수가 어떻게 떨어지는가에 의해 결정된다.

몸 메치기 - 상대방의 몸(보통 골반)을 칠 때. 몸 메치기에는 등, 엉덩이, 가슴 메치기가 포함된다.

삼보 - 전 세계에서 행해지고 있는 격투기 스포츠의 하나. 시합에서는 메치기, 통증기술 및 통증기술 굳히기를 몸과 옷(삼보선수의 상의)의 일부를 잡고 수행할 수 있다. 한판승을 위해 삼보선수는 한판 메치기 또는 통증기술을 하여 상대방에게 패배를 인정하도록 한다.

삼보선수의 활동 - 특정한 목적을 가진 외적, 내적 행동으로 특정한 모티브와 관심에 기인한 것이다. 내적 활동은 심리적 과정을 일컬으며, 외적 활동은 신체 활동과 그 운영이다. 삼보선수의 외적 활동은 경기와 훈련으로 나뉜다.

서있는 자세에서 경기 - 두 삼보선수가 서있는 자세에 있을 때 경기하는 상황(매트 위에 발이 닿음)으로서 규칙에 정의된 기술을 적용하고 수비.

수비 - 상대방의 공격을 받고 목표를 달성하지 못하게 막는 것.

잡기 - 삼보선수의 손 동작으로 상대방의 신체 부위 또는 자신의 신체 부위를 강하게 잡는 기술이나 수비 행동.

조합 - 목표 세트를 달성하기 위한 일련의 훈련 또는 시퀀스 완성.

주의 - 점수에는 추산되지 않으며 상대방에게 이익을 주지 않는 규칙 위반에 대한 경고.

체급 카테고리 - 경기에 참가하는 선수의 동등한 조건을 만들기 위해 몸무게(체중)에 따라 분류 하는 것.

크러시 - 상대방의 팔이나 다리에 통증기술을 수행하여 근육을 누르는 행위.

턴오버 - 축을 중심으로 상대를 회전시키는 행위.

통증기술 - 특별한 잡기로 관절, 팔과 다리의 인대에 통증을 유발하는 동작. 한판승을 할 수 있다. 통증기술은 상대방의 항복 신호로 종료된다.

파이트 - 경기 규칙에 따라 상호 잡기로 수행되는 두 명의 삼보 파이터의 상호 작용.

팔 메치기 - 팔 동작(다리 잡기, 균형 깨기)으로 인해 상대가 넘어지는 경우.

행동 - 특정 상황에서 특정 훈련을 수행하기 위한 두 가지 이상의 상호 관련 기술의 지속적인 수행.

트레이닝 - 삼보 훈련의 일부. 삼보선수가 최상의 능력을 발휘할 수 있도록 특정 능력을 훈련하고 향상시키는 것을 목표로 한 특수 훈련 과정.

참고문헌

1. Акопян А. В., Кулик Н. Г. Воспитание волевых качеств у начинающих самбистов // Детский тренер, 2005. – № 2.
2. Астахов А. М. Самбо среди женщин / А. М. Астахов. – Саранск: Мордовское книжное изд-во, 1991.
3. Волков В. П. Курс самозащиты без оружия "Самбо" / В. П. Волков. – М., 1940.
4. Волостных В. В. Борисов Н. И. Боевое самбо: введение в систему / В. В. Волостных, Н. И. Борисов. – М.: Изд-во МЭИ, 1999. – 28 с.
5. Герасимов К. А. Специальная физическая подготовка(самбо). Учебное пособие. – Саратов: СЮИ, 1999.
6. Грунтовский А. В. Русский кулачный бой: история, этнография, техника / А. В. Грунтовский. – С-Пб., 1993. – 160 с.
7. Боевое самбо для всех / А. Г. Жуков, В. А. Тихонов, О. А. Шмелев. – М., 1992.
8. Иващенко В. В. Методика силовой подготовки юных самбистов / В. В. Иващенко. – Краснодар: Кубанский учебник, 2000.
9. Марищук В. Л. Поведение и саморегуляция человека в условиях стресса / В. Л. Марищук, В. И. Евдокимов. – С-Пб.: Издательский дом Сентябрь. 2001. – 260 с.
10. Маркиянов О. А. Обучение сложным приемам в борьбе самбо / О. А. Маркиянов, А. Н. Урмаев, Н. А. Алешев. Методические указания к практическим занятиям. – Чебоксары: ЧГУ, 2001.
11. Метелица В. А. Самбо – любовь моя / В. А. Метелица. – Барнаул: ОАО Алтайский полиграфический комбинат, 2000. – 592 с.
12. Мицкевич Э. А. Самбо / Э. А. Мицкевич. – Минск: БГПУ, 2003. – 259 с.
13. Мороз В. В. Теоретические основы борьбы самбо: технические характеристики и морфофункциональные аспекты приемов / В. В. Мороз, В. А. Замараев, Н. М. Киселева. – Хабаровск: Изд-во ДВГАФК, 1999.
14. Искусство рукопашного боя / Н. Н. Ознобишин. – М.: ФАИР-ПРЕСС, 2005.
15. Основы психофизиологии экстремальной деятельности / Под ред. А. Н. Блеера. – М.: Анита Пресс, 2006. – 380 с.
16. Психологическое сопровождение в спортивной деятельности(на примере единоборств) / Петров А. Б. и соавторы // Детский тренер, 2006. - № 4.
17. Рудман Д. Л. Самбо / Д. Л. Рудман. – 2-е изд., перераб. – М.: Физкультура и спорт, 1985. – 176 с.
18. Рудман Д. Л. Школа самбо Давида Рудмана: 1000 болевых приемов / Д. Л. Рудман, К. В. Троянов. – М.: Человек, 2010. – 296 с.
19. Самбо: вчера, сегодня, завтра // Мат-лы Всероссийской научно-практической конференции, посвященной памяти Е. М. Чумакова 15 февраля, 2002 г. – М., 2002. – 180 с.
20. Самбо: Правила соревнований / Всероссийская федерация самбо. – М.: Советский спорт, 2006. – 128 с.
21. Свищев И. Д. Особенности психической подготовки единоборцев // Детский тренер, 2008. - № 1.
22. Селиверстов С. А. Самбо(спортивный, боевой и специальный разделы) / С. А. Селиверстов. – М., 1997.
23. Система самбо. Становление и развитие. Из семейного архива Харлампиевых / Сост. А. А.

Харлампиев, Н. Н. Харлампиева. – М.: ФАИР, 2007.

24. Спиридонов В. А. Основы самозащиты. Тренировка и методика / Составитель А. А. Харлампиев. – М.: ФАИР-ПРЕСС, 2005. – 320 с.
25. Спортивные единоборства на рубеже столетий // Мат-лы Всероссийской научно-практической конференции, посвященной 80-летию Е. М. Чумакова 16 – 18 февраля 2001 г. – М.: Блок, 2001. – 229 с.
26. Сто уроков борьбы самбо. – Изд. 3-е, испр., доп. / Под общей ред. Чумакова Е. М. – М.: Физкультура и спорт, 1988. – 304 с.
27. Терминология спорта. Толковый словарь спортивных терминов / Составитель Ф. П. Суслов, Д. А. Тышлер. – М.: СпортАкадем Пресс, 2001. – 480 с.
28. Ушаков А. Ф., Дементьев В. Л. Методика Обучения спортсменов оперативно-тактическому анализу поединка в боевом самбо // Детский тренер, 2005. – № 2
29. Харлампиев А. А. Система самбо / А. А. Харлампиев. – М.: ФАИР-ПРЕСС, 2004, 528 с.
30. Харлампиев А. А. Система САМБО(сборник документов и материалов, 1933 – 1944) / А. А. Харлампиев. – М.: Хуравлев, 2003.
31. Харлампиев А. А. Жизнь и деятельность Анатолия Аркадьевича Харлампиева: к 100-летию со дня рождения / А. А. Харлампиев. – М.:ФАИР-ПРЕСС, 2006.
32. Ципурский И. Л. Боевое самбо. Алгоритм правил / И. Л. Ципурский. – М.: ФГУ ГлавНИВЦ, 2004. – 207 с.
33. Чумаков Е. М. Борьба самбо: Справочник / Е. М. Чумаков. – М.: Физкультура и спорт, 1985.
34. Чумаков Е. М. Сто уроков самбо / Под ред. С. Е. Табакова. – М.: Физкультура и спорт, 2002. – 448 с.
35. Чумаков Е. М. Тактика борца-самбиста / Е. М. Чумаков. – М.: Физкультура и спорт, 1976. – 224 с.
36. Чумаков Е. М. Физическая подготовка борца / Е. М. Чумаков. – М.: РГАФК, 1996. – 106 с.
37. Шестаков В. Б. Теория и методика детско-юношеского дзюдо: учебно-методическое пособие / В. Б. Шестаков, С. В. Ерегина. – М.: ОЛМА Медиа Групп, 2008. – 216 с.
38. Шестаков В Б Теория и практика дзюдо: учебник / В. Б. Шестаков, С. В. Ерегина. – М.: Советский спорт, 2011. – 448 с.
39. Шулика Ю. А. Самозащита без оружия и прикладные единоборства / Ю. А. Шулика, В. А. Самойленко, А. А. Саликов. – Краснодар: Краснодарские известия, 2002. – 119 с.
40. Эйгминас П. А. Самбо: первые шаги / П. А. Эйгминас. – М.: Физкультура и спорт, 1992. – 112 с.

부록

부록1

하위그룹으로 선수를 배분하는 라운드 로빈 경기

경기 절차

선수가 서로 다른 하위 그룹에 있는 방식으로 선수를 2, 4, 8 및 16개의 하위 그룹으로 나눈다. 가장 강력한 선수들이 서로 다른 그룹에 들어간다.

선수를 두 개의 하위 그룹으로 나눌 때 각 선수가 들어갈 그룹을 결정하기 위해 최종 라운드가 수행된다. 하위 그룹에서 1위와 2위를 차지한 각 그룹의 두 명의 선수가 결승에 진출한다.

선수를 4개의 하위 그룹으로 분배할 때, 하위 그룹에서 1위와 2위를 한 선수는 준결승전에서 싸운다. 첫 번째와 두 번째 하위 그룹의 승자는 첫 번째 준결승 그룹에 들어가고, 세 번째와 네 번째 하위 그룹의 승자는 두 번째 준결승 그룹에 들어간다. 준결승에서 1위와 2위를 차지한 선수는 결승에 진출한다.

선수를 8개와 16개의 하위 그룹으로 나눌 때도 이 순서가 유지된다.

경기의 예선 및 마지막에서 모든 선수가 대전하는 방식으로 한다. 준결승에 진출한 같은 그룹의 삼보선수들 사이에서 벌어진 경기는 준결승(결승)으로 간주되며, 그 결과는 준결승(결승) 경기의 기록지로 옮겨진다.

첫 번째 준결승에서 1등을 차지한 선수는 점수표에 1위로 등재되며 준결승에서 2등한 선수는 4위로 등재된다. 두 번째 준결승에서 1등한 선수는 점수표에 2위로, 두 번째 준결승에서 2등한 선수는 4위로 등재된다. 이 순서는 중간 점수표를 채울 때도 유지된다(선수를 4, 8 또는 16개의 하위 그룹으로 나누는 경우).

최종 또는 준결승에 포함되지 않은 선수(또는 경기의 다른 중간 부분)는 참여를 중단한다.

결승, 준결승(또는 경기의 다른 중간부분)에서의 경기는 2라운드로 진행된다. 1라운드 1-3,

2-4, 2라운드 1-2, 4-3이다. 결승의 두 번째 라운드는 첫 번째와 1위와 2위가 경기를 먼저 한 후 3위와 4위가 경기한다.

이러한 구체적인 순서는 라운드 로빈 팀 경기에서도 완벽하게 적용된다.

페어 정하기 순서

경기를 시작할 때 하위그룹으로 나누며 한 그룹에는 6명이 넘으면 안된다.

첫 번째 라운드의 페어는 선수의 수에 따라서 두 열로 나눈다. 첫 번째 숫자는 왼쪽 열의 맨 위에, 두 번째 숫자는 오른쪽 열의 맨 위에, 그 아래 숫자는 3, 4, 5 순으로 한다. 모든 선수의 절반에 해당하는 순서로 차례대로 기록된다. 나머지는 왼쪽 아래쪽에서 위로 계속된다.

하위 그룹에 홀수 선수가 있는 경우 마지막 숫자 뒤에 0이 추가된다(선수가 짝수가 되도록).

상대편에 있는 숫자들의 선수가 서로 경쟁한다.

두 번째 라운드와 다음 라운드의 페어를 그리려면 숫자가 이동된다. 첫 번째 숫자는 그 자리에 남고 나머지 숫자는 각 후속 라운드에서 반 시계 방향으로 이동하다.

홀수의 선수가 참여하는 하위 그룹의 각 라운드에서 한 명의 선수는 프리이다(0과 경기한다).

아래 표를 사용하여 라운드 로빈 경기의 페어를 만들기 바란다.

라운드 로빈에서의 페어 만들기

하위 그룹에 속한 선수의 수	라운드				
	1	2	3	4	5
3	1-2	1-3	1-0	-	-
	0-3	2-0	3-2	-	-
4	1-2	1-3	1-4	-	-
	4-3	2-4	3-2	-	-
5	1-2	1-3	1-4	1-5	1-0
	0-3	2-4	3-5	4-1	5-2
	5-4	0-5	2-0	3-2	4-3
6	1-2	1-3	1-4	1-5	1-6
	6-3	2-4	3-5	4-6	5-2
	5-4	6-5	2-6	3-2	4-3

선수 등수 판정

1. 개인전에서 하위 그룹(준결승 또는 결승)의 전체 경기 결과로 가장 많은 점수를 받은 삼보선수는 이 단계의 선수 중 1위를 차지한다. 다음 등수는 선수가 받은 점수의 합계 다음으로 적은 선수이다.
2. 두 명의 선수가 동등한 점수를 가지고 있다면 두 사람이 겨룬 경기에서 승리한 사람이 더 높은 등수가 된다.
3. 여러 삼보선수가 같은 점수를 가지고 있다면, 각 선수들이 서로 만나서 승리한 점수가 더 많은 사람 순서로 순위를 결정한다.
4. 똑같은 점수와 똑같은 수의 승리를 했을 경우 등수는 아래와 같은 순서대로 결정된다.
    a) **두 사람의 경기에서 점수가 높은 기술을 더 많이 수행한 사람.**
    b) **두 사람의 경기에서 승리와 패배의 질**, 아래와 같은 선수의 경우 우세하다.
    - 한판(폴)승이 더 많음 4:0.
    - 위의 승리에 소요된 시간이 더 적음.
    - 한판승으로 인정되지 않는 상대방의 기권(불참 또는 의사에 의한 기권)으로 인해 0분 00초 4:0 승리가 더 많음.
    - 3:1 승리가 더 많음.
    - 3:0 승리가 더 많음.
    - 위의 승리에 소요된 시간이 더 적음.
    - 2:1 승리가 더 많음.
    - 상대방 기권일 때 2:0점에 의한 승리가 더 많음.
    - 위의 승리에 소요된 시간이 더 적음.
    - 패배할 때 점수가 더 많음.
    - 경기에서 파이트에 사용한 시간이 더 많음
    c) **해당 선수와의 경기에서 득점한 기술 동작의 수가 많고 질이 높음.**
    d) **하위 그룹(준결승 또는 결승)의 모든 경기에서의 승리 횟수와 승리와 패배의 질.**

e) **추첨**을 한다. 순위를 변별하는 것이 불가능한 경우, 한두 명의 선수를 경쟁의 다음 단계로 데려갈 필요가 있다면 제비뽑기를 한다.

5. 결승 또는 준결승(또는 경쟁의 다른 중간 단계)에 진출하지 못한 선수는 경기를 끝내고 그에 상응하는 순위를 공유한다.

    a) **선수가 두 개의 하위 그룹으로 나뉘어진 경우,** 두 하위 그룹 모두에서 3위를 차지한 선수는 5위와 6위를 공유한다. 하위 그룹에서 4위를 차지한 사람들은 7위와 8위를 공유한다.

    b) **선수가 4개의 하위 그룹으로 분배된 경우,** 3위를 차지했고 준결승에 도달하지 못한 선수는 9위~12위를 차지한다. 하위 그룹에서 4위를 차지한 선수는 13위~16위를 공유한다.

    비슷한 방식으로 순위를 8개와 16개의 하위 그룹으로 나눌 때 할당한다.

    선수가 분배된 후에 하위 그룹이 다른 그룹보다 선수가 한 명 더 많으면 이 하위 그룹의 마지막 자리를 차지한 선수가 체급 카테고리의 마지막 위치에 온다.

6. 선수가 병으로 인해 경기를 포기한 경우, 준결승이나 결승전에서 단 하나의 경기만 치른 경우, 놓친 모든 경기를 고려해서 등수가 매겨지며, 상대는 0분 00초 4:0(한판(폴)으로 간주되지 않음).

7. 경기에서 첫 경기가 있기 전에 의사에 의해 기권을 선언하면 해당 선수의 등수는 결정되지 않는다.

8. 심판 결정에 의해 경기에서 철회된 선수에 대한 등수는 결정되지 않고 선수가 철회되어 취소된 경기 결과(하위 그룹, 준결승 또는 최종)는 결정되지 않는다.

9. 어떤 체급 종목에 오직 한 명의 삼보선수만 있는 경우, 이 체급 범주에 대한 챔피언십은 열리지 않는다.

    삼보 경기의 라운드 로빈 체계에 따라 경쟁 선수를 하위 그룹으로 나누는 데이터는 점수표에 입력된다.

삼보경기 점수표

20___년 ___월___일

도시 _____

체급 _____

준결승 A

번호	선수이름	팀	1	2	3	4	점수	순위
1			x					
2				x				
3					x			
4						x		

결승

번호	선수이름	팀	1	2	3	4	점수	순위
1			x					
2				x				
3					x			
4						x		

준결승 B

번호	선수이름	팀	1	2	3	4	점수	순위
1			x					
2				x				
3					x			
4						x		

주심 _____ 서기 _____

부록2

두 번의 패배 후 탈락시키는 삼보 경기의 시스템

경기 절차

추첨 중에 각 체급 카테고리의 모든 선수는 시퀀스 번호를 받는다. 시퀀스 번호는 두 그룹으로 나뉜다.

- 그룹 'A' - 홀수(1, 3, 5 …) 선수
- 그룹 'B' - 짝수(2, 4, 6 …) 선수

그룹 'A'는 그룹 'B'보다 선수 한 명이 더 있을 수 있다.

한 그룹에서 예선 경기에서 2번 패배한 선수는 경기에서 탈락한다.

탈락 경기는 각 그룹에 3명의 선수가 남을 때까지 계속되며, 이 선수들은 'A' 및 'B'그룹 결승전에 간다.

그룹 결승은 라운드 로빈 체계에 의해 개최된다. 일대일 경기 결과를 고려하여 결승에 올라온 선수들끼리 일대일 경기를 하지 않았다면 실시한다. 일대일 경기 결과에 따라서 A1, A2, A3 및 B1, B2, B3으로 각 그룹의 3명의 등수를 정한다.

결승을 하는 방법은 두 가지다.

버팅 방법(플레이오프):

1위 A1 — B1

3위 A2 — B2

5위 A3 — B3

크로스 버팅 방법:

1위 A1 — B1

3위 A2 — B3

3위 A3 — B2

다음 라운드에서 두 명의 선수가 생존하게 되면 두 사람 사이의 시합 결과에 따라 그룹 내 1위와 2위를 결정한다. 3위는 전 라운드에서 탈락한 선수 중 최고가 차지한다.

다음 라운드가 끝난 후 그룹에 한 명의 선수만 남아 있으면 그가 그룹에서 1위를 차지하고 마지막 라운드에서 탈락한 최고의 선수 중 2명이 2위와 3위를 차지한다. 그룹의 다음 라운드 이후에 모든 선수가 탈락한 경우, 그룹 결승전은 마지막 라운드에서 탈락한 3명의 최고의 선수로 구성된다.

페어 추첨 순서

1. 페어 추첨은 경기 라운드의 선수 목록을 작성하는 것으로 시작된다.

   첫 번째 라운드 선수 목록은 지난 라운드 경기 과정에 따라 선수 번호를 작은 숫자에서 큰 숫자로 올라가는 방식으로 목록을 작성한다. 또한, 이 라운드에서 프리 선수(라운드 선수의 수가 홀수인 경우)가 라운드 목록의 최상단으로 이동하고, 다음 라운드의 페어 추첨은 다음 프리 선수가 목록 위에 올라올 때 시작한다.

2. 해당 라운드에서 프리로 지정된 선수는 경기에 참여하지 않고 다음 라운드로 출전한다.

   프리 선수를 지정하는 순서는 마지막 선수부터 시작하여 라운드의 선수 목록 아래쪽에서부터 시작된다.

3. 다음 라운드를 위해 페어 추첨을 할 때 라운드 목록에 있는 '상' 선수는 가장 가까운 '하' 선수와 겨룬다.

   예를 들어, A 그룹에 5명의 선수가 있는 경우 1라운드 목록을 '1, 3, 5, 7, 9'로 표시하고 1라운드의 페어 구성을 1-3, 5-7, 9-프리로 표시하다. 두 번째 라운드의 목록은 '9,1,3,5,7'이며 두 번째 라운드의 페어 구성은 9-1, 3-5, 7-프리이다. 선수 '3'이 2라운드에서 탈락 되었다면, 3라운드 리스트는 '7, 9, 1, 5'이다.

4. 마지막 페어가 이미 서로 만난 선수로 구성된 경우, 마지막에서 두번째 페어가 이 페어에 추가된다. 이 4명의 선수를 가지고 2개의 새로운 페어가 만들어진다.

   또한 '탑' 선수는 아직 만난 적이 없는 다른 모든 선수와 차례로 페어를 이루며 다른 한 페어는 아직 만난 적이 없는 선수로 구성된다.

   목표를 달성하지 못하면 또 다른 페어가 추가되고 동일한 원칙에 따라 6명의 선수로 구성된 3개의 새로운 페어가 형성된다.

5. 순차적 적용(위 4항)이 목표를 달성하는데 도움이 되지 않았다면 이번 라운드에서는 다른 선수에게 다음 차례를 지정할 필요가 있다.

   그 후, 라운드 페어가 다시 형성된다(필요하다면 4항을 사용).

6. 프리 선수의 순서는 다음 라운드에서 회복되고 5항에 따라 프리로 배정된 선수는 다시 프리 권리를 사용한다.

7. 경기 예선 과정의 마지막 라운드에서 선수가 두 번째로 프리로 배정되거나 두 명의 선수가 프리가 될 수 있다.

   어떤 경우이든 한 라운드에서 페어의 수는 최대가 되어야 한다.

선수 순위 결정

1. 1위부터 6위까지의 순위는 결승전 결과에 따라 결정된다.
2. 결승에 이르지 못한 선수의 순위를 결정할 때, 아래와 같이 달성한 순서로 최고 선수의 순위를 정한다.
   - 탈락 때까지 더 많은 라운드(프리였을 때 라운드 포함)를 소화한 사람.
   - 그룹 내의 전체 경기에서 획득한 점수가 더 많음.
   - 남아있는 선수들과의 경기에서 승리를 더 많이 했으며 승리와 패배의 질이 더 좋음.
   - 그룹 내 경기에서 더 많은 승리를 했으며 승리와 패배의 질이 더 좋음.

이 단계에서 똑같은 결과를 얻은 선수는 해당 순위를 공유한다.

3. 마지막 라운드에서 그룹에서 탈락한 선수 중 가장 높은 순위는 다음과 같은 선수이다.
   - 그룹의 모든 경기에서 더 많은 점수를 얻은 사람.
   - 해당 선수와의 경기에서 승리를 했거나 할 사람.

4. 최종 결승전에서 순위를 결정할 때엔 다음과 같이 한다.
   - 그룹 결승전의 모든 경기에서 더 많은 점수를 얻은 사람.
   - 그룹 결승전에서 더 많은 승리 및 더 좋은 질의 승리와 패배.
   - 한판승(폴)을 더 짧은 시간에 함.
   - 그룹 결승전에서 더 많은 수와 질적으로 나은 기술점수.
   - 그룹 결승전에서 더 적은 수의 경고.
   - 대회 동안 더 많은 점수 획득.
   - 대회 동안 더 많은 승리와 더 나은 질의 승리와 패배.
   - 모든 경기에서 한판승(폴)에 소비되는 시간이 짧음.

   결과를 비교해서 세 선수의 지표가 다른 경우, 세 선수의 순위는 이 지표로 정한다. 최고의(또는 최악의) 선수만 지표를 통해서 정할 수 있고, 다른 두 사람은 같을 경우 두 선수에 대한 그룹 결승전의 순위는 두 사람의 했던 경기 결과로 가린다. 3명의 삼보선수가 모두 동등한 지표를 가지고 있다면, 그룹 결승에서 최고를 제비로 뽑는다.

5. 의사에 의해서 선수가 기권한 경우, 기권한 라운드 및 기권 당시의 결과에 따라 순위를 차지한다. 최종 그룹에 진출한 경우, 이 단계에서 선수 페어와 최종 페어가 되며, 0분 00초에 0-4로 이 경기를 패배한 것으로 간주되고 그 순위를 차지한다.

6. 삼보선수가 주심 결정(불참, 중대한 규칙 위반)으로 기권하게 되면 선수의 순위는 결정되지 않는다.

   이러한 일이 결승전에서 일어난다면, 상대방은 시간이 0분 00초에 4-0의 승리를 얻고, 결과에 따라 두 사람의 순위가 결정된다. 최종 결승에 오르지 못한 선수들의 순위는 한단계 올라간다. 삼보 대회 체계에 따르면 두 번의 패배 이후 탈락으로 점수 기록표에 기록된다.

삼보경기 점수표

20___년 ___월 ___일

도시 _____

체급 _____

번호	이름	팀순위	라운드 별 시합									녹아웃 라운드	점수	순위
			1	2	3	4	5	6	…	1/2f	F			
1			-	-	-	-	-	-	-	-	-			
3			-	-	-	-	-	-	-	-	-			
5			-	-	-	-	-	-	-	-	-			
…			-	-	-	-	-	-	-	-	-			
2			-	-	-	-	-	-	-	-	-			
4			-	-	-	-	-	-	-	-	-			
6			-	-	-	-	-	-	-	-	-			
…			-	-	-	-	-	-	-	-	-			

주심_____ 서기_____

부록 3

토너먼트에 의한 삼보 경기 시스템과 패자부활전

경기 절차

1. 추첨을 통해서 모든 선수는 A(홀수)와 B(짝수)의 두 그룹으로 나뉜다. 각 삼보선수의 시퀀스 번호는 체중 측정 전이나 후에 제비 뽑기로 결정되며 선수는 전체 경기에서 그 번호를 유지한다.
2. 그룹 A와 그룹 B에서 예선에서 승리한 선수는 경기의 다음 단계로 이동하다. 두 명의 결승 진출자를 가릴 때까지 계속된다(A1 및 B1).
3. 가장 강한 두 명의 선수에게 경기를 진 선수들 간에 패자부활전을 실시하여서 그룹 내에서의 순위를 가린다(A2, A3 및 B2, B3).
4. 패자부활전을 수행하는 다른 방법은 다음과 같다. 4명의 준결승 진출 선수들에게 진 선수들과 준결승에 진출했다가 진 선수들이 경기를 벌이게 한다.
5. 패자부활전에 참여할 수 있는 사람이 너무 많다면 시행하지 않을 수도 있다('올림픽' 시스템이 적용됨).
6. 패자부활전에 대하여서는 경기 규정에 명시되어 있다.
7. 시합 마지막에는 1위 자리를 위한 경기 뿐만 아니라 3위와 5위 자리를 위한 경기도 시행한다. 대회 규정에 명시된 경우 3위와 5위 자리를 위한 경기는 개최되지 않는다.

페어 추첨 순서와 순위 결정

1. 시합 예선의 첫 번째 및 순차적 라운드는 체계에 따라 추첨한다.

2. 순위 결정전을 정할 때 첫 번째 라운드에서 가장 강한 선수에게 진 선수는 두 번째 라운드에서 가장 강한 선수에게 진 다른 선수와 경기를 한다. 이 경기에서 승리한 선수는 세 번째 라운드에서 가장 강한 선수에게 진 다른 선수와 경기를 하는 식으로 진행한다. 결승에서 패자부활전의 승자들(A2와 B2)은 마지막 패자부활전에서 3위 자리를 놓고 경기를 하고 마지막 패자부활전에서 진 선수들은(A3과 B3) 5위를 놓고 싸운다.

3. 패자부활전을 할 때 첫 번째 라운드 준결승에서 두 번째 라운드 준결승 선수에게 진 선수가 시합하고, 이 시합의 승자는 3라운드의 동일한 준결승에서 패배한 선수와 시합하는 식으로 경기가 진행된다. 이 경기에서의 승자는 자신의 그룹을 대표해서 다른 그룹의 선수 중 준결승에서 진 선수와 시합할 권리가 있다. 이 시합의 승자는(A2와 B2) 3위 결정전으로 가고 패자는(A3과 B3) 5위 결정전으로 간다.

4. 그룹에서 시합에 패배한 적이 한 번도 없는 1위 삼보선수들(A1과 B1)을 위한 결승전을 진행한다.

5. 5-6위(A3, B3)를 결정지은 후에는 패자부활전에서 패배한 선수들이 7-8위를 결정하는 경기를 한다.

6. 이 경기 다음에는 패자부활전에 올라가지 못한 나머지 선수들의 순위를 그 선수들이 마지막으로 한 라운드에 따라서 결정한다. 같은 라운드에서 탈락된 선수들은 해당 순위를 공유한다.

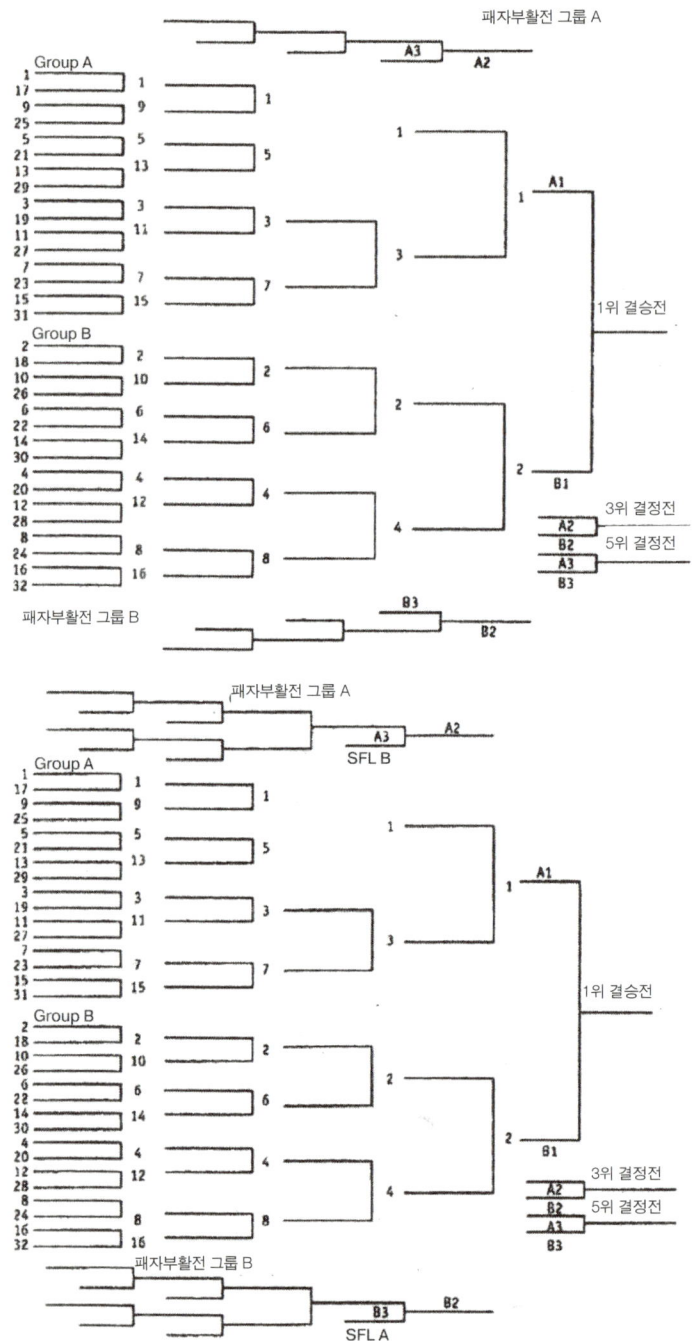

삼보 경기 기록표
* SFL A- 그룹A 준결승에서 패배한 선수, SFL B- 그룹B 준결승에서 패배한 선수

부록 4

패널티 점수를 받은 참가자를 탈락시키거나 하위그룹으로 보내는 삼보 경기의 시스템

페널티 점수를 일정한 양만큼 받게 되면 선수를 탈락시키도록 하는 시스템이다. 본 부록에 나와 있는 표에 따라 경기 결과를 살펴야 한다.

경기 절차

1. 추첨하는 동안 모든 선수는 상과 하 두 그룹으로 나눈다. 각 선수의 순서 번호는 체중 측정 시 또는 체중 측정 후 추첨으로 결정되며, 선수는 전체 경기 동안 그 번호를 유지한다. 가장 강한 삼보선수들은 여러 그룹으로 분배된다. 선수 수가 홀수인 경우 최상위 하위그룹에는 한 명이 더 참여할 수 있다.

2. 규정(6, 7, 8)에 의해 설정된 벌점을 받은 선수는 더 이상 경기를 하지 못한다. 단, 경기 규정(6, 7, 8)만큼 또는 그 이상으로 페널티 점수를 얻은 경우라도 그 경기에서 승리를 하면 다음 라운드에 진출할 수 있다. 승리의 경우는 대회 규칙에 나와 있다. 그렇지 않은 경우, 이 규정은 3라운드에서 적용되며 승리는 최소한의 우세(2.5 : 3)승을 제외하고 모든 승리에 적용된다.

3. 각 하위 그룹에 두 명의 선수가 남을 때까지 하위 그룹의 경기가 열린다. 하위 그룹에 남아있는 두 명의 선수가 이미 서로 싸웠다면 둘의 순위는 두 선수간의 경기의 결과로 결정한다. 하위 그룹에 남아있는 두 명의 선수가 아직 시합한 적이 없다면 시합을 한다.

   한 명의 선수가 남으면 그 선수는 하위 그룹에서 최고로 간주된다. 2위는 마지막 라운드에서 탈락한 선수 중 최고가 차지한다. 모든 하위 그룹 선수가 마지막 라운드에서 탈락

되었다면, 그 중 3명의 더 나은 선수를 결정하고 그들이 필요한 경기를 더 하게 한 뒤 이들 중 더 나은 사람 두 명을 결정한다.

하위 집단의 모든 선수가 이미 서로 시합을 했고, 녹아웃하지 않은 선수가 3명이라면 다음에 따라 두 명의 최고의 선수가 결정된다.

a) 페널티 점수가 작은 선수

b) 모든 경기의 승리의 질에 따라. 연속적으로 아래와 같이 획득한 선수에게 우선권이 주어진다.
- 0 : 4 승리가 더 많음
- 승리에 소요되는 시간 짧음
- 1 : 3 승리가 더 많음
- 2 : 3 승리가 더 많음
- 0 : 4 패배가 적음
- 패배에 지속된 시간이 김
- 1 : 3 패배가 적음
- 2 : 3 패배가 적음

c) 앞의 규정 하에서 최고의 선수를 식별할 수 없어서 다음 라운드에서 한 명 또는 두 명의 선수를 데려와야 한다면, 하위 그룹의 선수가 보유한 모든 경기의 결과를 고려해야한다 이 선별은 a)와 b) 항에 따라서 한다.

d) 앞의 규정에 따라 남은 세 명의 삼보선수를 결정할 수 있다면 두 번째 선수는 남은 두 명의 선수의 상호 경기 결과에 따라 결정된다.

e) 앞의 규정에 따라 남아있는 세 명 중 최고의 선수 두 명을 결정할 수 있다면, 그들 중 최고는 경기 결과에 의해 결정된다.

4. 하위 그룹에서 나간 네 명의 선수는 "올림픽" 체계에 따라 개최되는 시합 결승 페어를 구성한다. 준결승 진출 팀의 승자는 1위를 차지하기 위해 결승전을 치른다.

주의. 경기의 결승에 도달 한 선수들의 하위 그룹 경기 결과는 고려되지 않는다. 이 선수들은 다시 시합한다.

페어 추첨 순서

1. 하위 그룹의 선수 수가 짝수인 경우, 1라운드의 페어는 1-2, 3-4, 5-6 순서로 결정한다. 뒤에 오는 페어는 동일한 규칙에 의해 구성한다. 번호가 작은 선수('상')가 아직 시합하지 않은 선수 중 가장 근접한 번호의 선수와 시합한다.
2. 하위 그룹에 홀수의 선수가 있는 경우, 번호가 가장 큰 수(하위 그룹의 마지막)의 선수는 첫 번째 라운드에서 프리로 할당된다. 이후 단계에서 프리 선수는 이전 라운드에서 프리가 아니었던 선수 중 가장 가장 수가 큰(또는 프리 횟수가 가장 적은) 선수이다.
3. 나머지 선수들 사이에 이미 서로 시합한 선수만 있어서 마지막 페어를 만들 수 없다면 바로 이전의 페어를 하나 추가된다. 이 네 명의 선수는 새로운 페어를 두 개 형성하게 된다 (각각의 페어는 서로 전에 시합한 적이 없는 선수로 구성).
4. 다음 라운드에 선수가 진출했는데 의사의 의견으로 경기를 기권하게 되는 선수가 생기면, 그 페어에 지정되어 경기를 하지 않은 선수는 프리의 권리를 갖게 된다.
5. 하위 그룹에서 페어를 구성하는 경우 아래와 같은 선수는 다음 라운드에 포함되지 않는다.
    a) 시합을 끝낸 사람.
    b) 주심의 결정(의사의 견해에 의해)으로 경기에서 제외된 선수.

선수가 마지막 하위 그룹 경기에서 의사의 의견으로 기권했지만 준결승에 진출할 권리를 얻은 경우 준결승에 포함된다.

준결승 진출의 순서: 상 그룹에서 1위를 차지한 선수는 하 그룹에서 2위를 차지한 선수와 싸운다. 하 그룹에서 1위를 차지한 선수는 상 그룹에서 2위를 차지한 선수와 싸운다.

선수 순위 결정

1. 체급 카테고리의 최종 승자는 결승전에서 승리한 삼보선수이다. 패자는 2위를 차지한다.

준결승전에서 패한 두 명의 삼보선수가 3위를 차지한다.

2. 다음 순위는 라운드에서 선수의 탈락에 따라 분배된다.
3. 하위 집단에서 순위를 결정할 때 해당 선수들 간의 시합이 고려되어야 한다(시합이 이루어졌을 경우).
4. 한 라운드에서 하위 그룹에서 탈락한 선수의 순위를 결정할 때 다음과 같은 선수가 최고의 순위를 차지한다.

    a) 하위 집단에 속한 모든 경기에서 벌점이 적음.

    b) 하위 집단의 모든 시합에서 더 많이 승리함.

    c) 몇몇 선수가 같은 양의 페널티 점수와 동일한 승수를 가졌다면, 가장 높은 순위는 승패의 질과 소요 시간으로 결정한다.

    - 0:4 승리가 더 많음
    - 승리에 소요되는 시간 짧음
    - 1:3 승리가 더 많음
    - 2:3 승리가 더 많음
    - 0:4 패배가 적음
    - 패배 소요 시간이 김
    - 1:3 패배가 적음
    - 2:3 패배가 적음

    d) 최고의 선수를 결정할 수 없고 선수 중 한 명 또는 두 명을 경기의 다음 라운드에 데려오는 것이 필요한 경우 제비뽑기를 한다.

    그 외의 경우 선수들은 자신이 얻은 순위를 공유한다.

5. 선수가 의사의 의견으로 하위 그룹에서 기권한 경우, 해당 선수는 라운드에서 제외된 것으로 간주되고, 기권 시의 페널티 점수도 제외된다.

    준결승에 진출하여 의사의 의견에 의해 기권한 선수는 준결승전에서 제외된다.

결과 및 선수 점수

경기의 결과는 한 선수의 승리와 다른 선수의 패배, 또는 두 선수의 패배 일 수 있다.

1. 승리는 다음과 같다.

    a) 한판승

    b) 판정승

    c) 우세승

    d) 기술승

경기 결과표

번호	경기 결과	페널티 점수	
		승자	패자
1	한판승(프리팀) a) 순 메치기 b) 통증기술 c) 확실한 우세(8점 이상 차이) d) 경기를 지속하는 것이 불가능(거부, 외상, 의료 치료 시간 초과) e) 상대방이 규정 위반으로 자격 상실	0 0 0 0 0	4 4 4 4 4
2	판정승(1-7점 우세) - 상대가 기술점수가 없을 경우 - 상대가 기술점수가 있을 경우	0 1	3 3
3	기술승(양선수의 점수가 같은 경우) a) 기술점수를 많이 받은 선수가 승리 b) 기술점수 난이도가 높은 선수가 승리 c) 모든 점수표에서 양선수의 점수가 같은 경우에는 마지막으로 득점한 선수가 승리 d) 기술점수도 없고 경고수가 같은 경우에는 경고 점수를 마지막으로 받은 선수가 승리	0 0 0 0	2 2 2 2
4	양 선수가 패시브 또는 규정 위반으로 자격 상실하여 기권	0	0

2. 선수가 시합 직전에 의사의 견해로 경기를 취소하거나 매트에 1.5분 이상 출장하지 못하는 경우(출전 실패), 상대방은 0분 00초에 0:4의 점수를 얻는다(상대 기권에 의한 승리).

한판승

1. 한판(폴)에 의한 승리: 한판 메치기, 통증기술, 선수 중 한 명이 확실한 우세가 있는 경우, 상대방이 기권한 경우.
2. 확실한 한판 메치기는 공격수가 넘어지지 않고 수행하는 메치기이며, 그 결과 '서서' 위치에 있는 수비수는 등뒤로 넘어 지거나 뒤로 구른다(정지하지 않고).
3. 통증기술에서 선수 중 한 명이 항복 신호를 주었을 때 점수가 주어진다. 항복의 신호는 '예스!'라는 소리로 전달한다. 또는 매트나 상대방의 손이나 발을 두 번 친다.
4. 경기 중에 한 선수가 상대보다 8점 이상 더 많은 점수를 받으면, 경기가 중단되고 해당 선수는 확실한 우세로 승리를 얻는다.
5. 한판승의 경우 우승자는 페널티 0점을, 패자는 페널티 4점을 얻는다.

판정승

1. 경기가 끝날 때 선수 중 한 명이 1~7점의 우세를 획득하면, 해당 선수는 점수로 승리를 얻는다. 이 경우 우승자는 페널티 0 또는 1 점을 받으며 패자는 페널티 3점을 받는다.
2. 선수가 동일한 수의 '능동적인' 동작을 하는 경우, 기술 동작(메치기, 굳히기)에 대한 점수가 더 많은 사람에게 승리가 주어지고, 기술 점수가 동점인 경우에는 더 우수한 질의 행동을 한 선수에게 승리가 주어진다(기술 점수 4점 또는 2점).
3. 두 선수 모두 행동 측정 지표가 동일하다면, 기술(1, 2, 4 점 또는 능동적인 움직임)을 마지막으로 수행한 선수에게 승리가 주어진다.
4. 경기 종료 시 기술 점수가 없고 경고 수가 동일한 경우, 마지막으로 경고를 받은 선수에게 최소 우세가 주어진다.

위의 경우 승자는 페널티 점수 0점을 받고, 패자는 페널티 점수 2점을 얻는다. 페널티 점수를 받은 참가자를 탈락되거나 하위 그룹으로 이동을 시켰을 때 삼보 경기의 시스템에 따르면 점수표에 데이터가 입력된다.

삼보경기 점수표

20___년 ___월 ___일

도시 _____ 체급 _____kg

번호	이름	팀	라운드 별 시합									녹아웃 라운드	점수	순위
			1	2	3	4	5	6	7	8	...			

주심_____ 서기_____

주의. 정수는 선수가 시합한 상대의 번호이다. 분수는 분자에 기록된 페널티 점수와 분모의 시합 시간으로 구성된다.

예: $2\dfrac{4(\text{페널티 포인트})}{3.20(\text{시합 시간})}$

부록5

개인-단체 경기에서의 단체 경기 결과 판정

순위는 팀 목록에 포함된 선수의 개별 결과에 따라 결정된다. 경기 규칙에 다른 선수 명단이 명시되어 있다면, 팀은 각 체급 범주에 하나의 멤버가 있어야 한다.

순위는 다음 두 가지 방법 중 하나로 결정된다.

a) 원칙에 따라 점수를 매긴 선수가 점수를 많이 받는 경우: 최고 순위 - 더 많은 점수.

b) 모든 명단의 선수가 받은 페널티 점수가 적은 것에 따라: 1위-1점, 2위-2점 등 원칙에 따라 순위 정함. 명단에 제시되지 않은 각 선수에 대해 팀은 해당 카테고리의 선수가 받은 페널티 점수(또는 경기 규정에 따라 가장 많은 사람이 참여한 체급의 페널티 점수)에 1점을 추가해서 페널티 점수를 받는다.

두 개 또는 그 이상의 팀이 같은 점수를 얻은 경우, 평가에 들어간 선수들이 다음과 같을 때 그 팀에게 우선권을 준다.

a) 더 많은 1위의 수, 2위의 수, 3위의 수 등..

b) 평가에 들어간 선수가 1등 자리를 차지한 카테고리 체급에 더 많은 선수가 참여하였을 경우. 평가에 들어간 이 선수들이 거둔 승리의 수, 승리의 질이 더 높은 경우.

c) 평가에 들어간 선수가 2등 자리를 차지한 카테고리 체급에 더 많은 선수가 참여하였을 경우 등.

한 명의 선수만이 한 체급 카테고리에서 체중을 측정하였을 경우 이 선수가 속한 팀은 해당 선수가 1위에 해당하는 점수를 받는다.

팀 챔피언십의 결과는 점수표에 입력된다.

삼보 팀 챔피언십 점수표

20___년 ___월 ___일

도시 _____

순위	팀	총점	체급 범주별 점수								비고

주심_____ 서기_____

팀 경기에서

1. 팀 경기는 개인 경기에 사용되는 체계 중 하나로 개최할 수 있다. 경기 체계 및 방법, 팀원 수, 체급 범주, 후보자 지명, 그리고 경기 중 팀원의 교체 등은 대회 규정에 의해 결정된다.

2. 각 팀의 최소 팀 라인업은 전체 라인업의 절반 이상이어야 한다. 경기를 위해 제출했으나 팀 발표에 참석하지 않은 선수는 실격 처리된다.

3. 팀 시합에서 한 팀은 각 페어 구성원이 승점 1점을 얻으며, 불참하면 0점을 얻는다. 만약 선수가 지명되지 않거나 나타나지 않는다면, 상대방은 0분 00초에 4:0의 승리를 얻는다.

팀 시합의 점수표

_____

20___년 ___월____일

도시 _____

팀 _____ 팀 _____

체급 범주	참가선수 이름	점수	점수	결과, 시간	점수	점수	참가 선수 이름

팀의 총 점수

매트 의장 _____ 주심_____

중재자(아르)_____ 서기_____

측면 심판_____

경기에서 더 많은 점수를 얻은 팀이 승리하다.

점수가 동일한 경우 다음과 같은 우세를 얻을 수 있다.

a) 대회의 전경기에서 팀원들이 더 많은 점수를 획득.

b) 0분 00초를 포함하여 4:0 우승이 더 많음.

c) 승리에 소비된 시간이 적음.

지표들이 동일한 경우 팀 구성원들이 얻은 기술적인 점수가 더 많은 팀에 우세가 주어진다.

팀 시합 지표가 완전히 같을 경우, 가장 큰 체급 범주에서 승리한 팀이 우승한다.

4. 전체 팀 시합에서 승리하면 팀에게 1점, 패자 팀에게 0점이 주어진다.

5. 라운드 로빈 경기에서 준결승과 결승에 속한 팀의 순위를 결정할 때 다음 사항을 고려한다.
   a) 팀 시합에서 득점한 점수
   b) 상호 시합의 결과
   - 상호 시합에서 팀 승리 횟수.
   - 대회에서 이긴 경기의 횟수.
   - 대회에서 선수가 받은 총 점수.

하위 그룹, 준결승 또는 결승 등 모든 시합에서 더 많은 승리를 얻은 팀에게 더 많은 우세가 주어진다.

하위 그룹(준결승)에서 같은 순위를 차지했으나 준결승에 진출하지 못한 팀의 최종 순위는 다음과 같이 분배된다.

a) 하위 그룹에서 팀 승리 횟수(준결승).
b) 하위 그룹(준결승)에 이루어진 모든 팀 시합에서의 승리 횟수.
c) 대회에서 선수들이 득점한 점수의 합.

팀이 하위 그룹(준결승)에서 50%의 시합을 갖기 전에 경쟁에서 탈락한 경우, 이 단계에서 발생한 모든 결과가 취소되고 하위 그룹의 마지막 자리를 차지한다(준결승).

팀이 준결승 또는 준결승에서 50% 이상의 시합으로 경기에서 탈락한 경우, 이 시합의 결과에 따라 순위가 결정된다. 놓친 시합은 상대 라인업에 의해 0분00초에 0:4점으로 경기에 졌다고 가정된다.

의사의 의견으로 선수가 기권하여 규정이 정한 수보다 적게 경기를 치른 팀의 순위는 팀원이 기권할 때 얻은 결과에 의해 결정된다.

선수가 체중 측정 시 나타나지 않거나 규정을 위반하여 주심이 경기에서 실격처리하는 경우 팀은 순위를 받을 수 없다.

삼보:
승리의 과학

초판 인쇄 | 2019년 8월 12일
초판 발행 | 2019년 8월 26일

지은이 | 바실리 셰스타코프·스베틀라나 예레기나·효도르 예멜리아넨코
편 집 | 강완구, 소지은
디자인 | 임나탈리야, 김율하
펴낸이 | 김선명
펴낸곳 | 뿌쉬낀하우스
출판등록 | 2004년 3월 1일 제2004-0004호
주 소 | 서울시 중구 동호로 15길 8, 리오베빌딩 3층
인터넷 | www.pushkinhouse.co.kr
이메일 | book@pushkinhouse.co.kr
전 화 | 02-2237-9386~7   **팩 스** | 02-2238-9388
ISBN 979-11-7036-026-1 03690

© Shestakov V. B., Eregina S. V., Emelianenko F. V., 2012
© Korea Sambo Federation, 2019
© Pushkin House, 2019

정성을 다해 만들었습니다만, 간혹 잘못된 책이 있습니다. 연락주시면 바꾸어 드리겠습니다.